本书得到教育部人文社会科学研究项目“中国学习者英语依存结构习得的输入加工机制研究”（项目编号：21YJA740030）资助

英语依存结构习得的输入加工机制研究

潘 娟 著

科 学 出 版 社
北 京

内 容 简 介

本书以输入加工理论为理论框架，以 wh-问句为研究对象，探讨输入加工教学对中国英语学习者依存结构习得的影响，旨在探究依存结构习得的输入加工机制。研究发现了影响学习者依存结构习得的因素，并揭示了二语学习者抽象句法原则习得的输入加工机制。本书为依存结构教学实践提供了指导，有助于提升二语学习者的语言学习效率。

本书的写作风格简明扼要，理论分析与实证研究相结合，旨在方便读者理解和应用研究成果。本书适用于二语习得研究者、英语教师和学习者，具有较高的实用性和参考价值。

图书在版编目（CIP）数据

英语依存结构习得的输入加工机制研究 / 潘娟著. -- 北京 : 科学出版社, 2024. 11. -- ISBN 978-7-03-079484-0

Ⅰ. H319.3

中国国家版本馆 CIP 数据核字第 2024NA0983 号

责任编辑：王 丹 张翠霞 / 责任校对：贾伟娟
责任印制：赵 博 / 封面设计：润一文化

科学出版社 出版
北京东黄城根北街 16 号
邮政编码：100717
http://www.sciencep.com
北京市金木堂数码科技有限公司印刷
科学出版社发行 各地新华书店经销
*
2024 年 11 月第 一 版 开本：720×1000 1/16
2025 年 7 月第二次印刷 印张：16 1/2
字数：269 000
定价：98.00 元
（如有印装质量问题，我社负责调换）

序

欣闻潘娟的著作《英语依存结构习得的输入加工机制研究》即将出版，我很高兴为她的著作撰写序言。

初识潘娟博士，源自我的一次学术讲座。当初，她对语言习得研究充满热情并表现出笃实好学的精神，给我留下了深刻的印象。她说作为一名英语学科教学论的博士，希望做“接地气”的研究，不仅要能提升学术界对英语语言习得机制的认识，同时也要能为教学实践提供有益的启示和指导，让更多的学生从中受益。近年来，她勤奋刻苦，一步一个脚印，在《外语与外语教学》、《解放军外国语学院学报》（自 2024 年第 1 期起更名为《外语导刊》）等国内外语类核心期刊上发表了论文数篇。

比尔·范帕滕（Bill VanPatten）提出的输入加工理论是第二语言习得研究的重要理论之一，具有较高的学术地位。该理论为人们认识和理解第二语言的习得过程提供了重要指导，为第二语言教学奠定了科学的理论基础。而输入加工教学干预是范帕滕基于其输入加工理论提出的一种二语习得（second language acquisition，SLA）干预方法，它关注学习者的认知加工策略，通过一系列教学任务促使学习者在理解输入意义的同时注意目标语形式，从而建立形式和意义的正确联结；输入加工教学干预的对象是学生在二语学习过程中所面临的实际问题，其研究结果可直接反哺课堂教学。

国外对输入加工教学的研究始于 20 世纪 90 年代。范帕滕和卡迭诺（VanPatten & Cadierno，1993）首次明确提出了输入加工教学干预能够改变学习者采用的错误加工策略，优化输入，提升二语习得效率。后续研究以不同母语背景的二语学习者为受试者，以不同语言的特定结构为研究对象，或阐释了输入加工干预方法各个组成部分的效应，或对比分析了输入加工干预与其他干预方法之间的差异。另外，一些研究还分析了影响该方法效果的变量因素，如外语学习动机、输入模态等。国内对输入加工教学干预的研究还不够丰富，研究数量极少，而且研究涉及的语言结构也非常有限，因此，该方法在国内的研究还存在相当大的空间。

潘娟的著作《英语依存结构习得的输入加工机制研究》丰富和发展了输入加工教学在国内的研究，是课堂二语习得研究领域的一项重要学术成果。这一著作不仅直面英语语言学习的核心问题，更紧扣初级英语学习者的实际需求。该研究通过实证研究和理论分析，深入探讨了学习者在习得 wh-问句时的认知加工机制，并提出了一系列切实可行的教学建议和策略。这些建议和策略不仅在理论上具有创新性和开拓性，而且能直接应用于英语教学实践，对提高学生的语言习得能力具有重要的指导意义。

该著作属于典型的小口径大容量研究，既能解决具体的教育教学实践问题，也具有较高的理论价值。作者对输入加工教学干预的原理、操作方法以及运用过程的问题和困难有较好的把握；针对初级学习者在中心语移位和 wh-疑问词移位习得中的特征，研究输入加工教学干预对两个移位习得的影响，探究中国初级学习者 wh-问句习得的输入加工机制。该著作的选题具有扎实的理论基础、明确的问题意识和较实际的运用价值。该著作针对中心语移位习得和 wh-疑问词移位习得设计了两项实验，采用了前测、干预、后测和延后测的设计方案，每项设计都有国内初中年级自然班分别作为实验组和参照组参与实验，实验过程、数据统计和分析方法都符合教学改革实验的常规操作。实验涉及的模型、表格和统计数据表等，全部依据充分。数据可信度高、分析方法科学、分析结果有说服力。该著作有多项重要发现，均具有重要的学术价值。其中包括：中国初级英语学习者在中心语移位和 wh-疑问词移位习得中表现出的特征；初级学习者的 wh-问句习得具有相对固定的发展顺序，输入加工教学干预虽然未改变学习者的 wh-问句习得路径，但有效加速了习得过程；初级学习者的 wh-问句习得呈现出渐进性和非线性发展的双重机制。这些发现尤其具有重要的学术参考价值和指导教学改革的实际意义。

潘娟的著作是她学术道路上的一个重要节点，她将继续在课堂二语习得和外语课程教学研究领域深耕细作，为学术界和外语教育实践带来更多的新思路和新成果。我相信，在该著作的基础上，她会在今后的学术道路上继续努力并不断突破创新，出版更多高质量的研究成果，为推动中国的英语教育教学事业做出更大的学术贡献。

最后，衷心祝贺这部学术专著的出版！

徐锦芬

2023年12月

于华中科技大学

前　言

输入加工教学（Processing Instruction，PI）是基于范帕滕（VanPatten，1996，2002，2005）的输入加工理论提出的一种二语习得干预方法。该方法主张通过一系列教学任务引起二语学习者对目标语形式的注意，同时还致力于改变他们在语言理解中使用不当的认知加工策略，促使二语学习者在加工目标语输入的过程中建立形式和意义的正确联结。有研究证明，输入加工教学干预能够有效提升学习者理解和产出语言的效果，但其促学效果却因二语学习者的不同语言结构、不同母语背景等因素而异。由于句法的复杂特性，该方法在干预句法错误方面的研究相对较少，针对句法内部特征的干预研究则更为罕见。

本书以输入加工理论为理论框架，借鉴已有的输入加工教学干预研究成果，探讨该干预方法对中国初级英语学习者 wh-问句中填充语-空位依存关系习得的影响，并探究中国学习者 wh-问句结构习得的输入加工机制。研究旨在回答以下具体问题：①初级学习者在英语 wh-问句中心语移位（主语和助动词倒置）的理解和产出中呈现何种特征？输入加工教学干预是否能够促进 wh-问句中心语移位的习得？②初级学习者在英语 wh-问句 wh-疑问词移位的理解和产出中呈现何种特征？输入加工教学干预是否能够促进 wh-疑问词移位的习得？③在输入加工教学干预下，不同学习阶段的初级学习者的 wh-问句习得过程呈现何种特征？哪些因素有可能导致这样的特征？

为了解决上述研究问题，本书共设计了两项实验，采用了前测、干预、后测和延后测的实验设计。实验一（中心语移位习得）选取了中国初二和初三年级各两个自然班的学生，在其中两个年级各任意选取一个班作为实验班，另一个班则为对照班。实验二（wh-疑问词移位习得）则另选取了同质的初二、初三年级各两个自然班。随后，对收集到的口头产出数据进行转写、编码，并对语法判断测试、问卷调查、选择测试等数据进行统计和分析。本书的主要成果包括以下几个方面。

（1）中国初级英语学习者在加工处理 wh-问句结构时，表现出实词优先、句子定位和题元角色优先的输入加工策略。实验一的数据表明，受试者在 wh-问句的中心语移位习得中，优先加工句中的实词以获得句子意义，而忽略助动词 do 和处于内嵌子句中间位置的助动词 do 这个参数。实验二的数据表明，在 wh-疑问词移位习得中，初级学习者采用了 wh-疑问词题元角色优先的策略来加工处理 wh-问句，忽略了语序、助动词等信息。或许是受制于有限的加工资源，受试者未能进行有效的句法分析（parsing），而是依赖句中实词、句首 wh-疑问词等信息来加工处理 wh-问句。

（2）输入加工教学干预可以有效促进初级学习者对 wh-问句中心语移位的习得。实验一的结果表明，在句子合法性判断和句子口头产出任务方面，两个学习阶段的实验组均表现出后测和延后测显著优于前测的现象，而实验组的表现显著优于对照组。这说明，在一定程度上，输入加工教学干预有助于受试者克服实词优先和句子定位的加工倾向，从而优化他们对 wh-问句句法形式的加工。这为输入加工教学干预的效应提供了新的实证支持。

（3）结构化输入练习能够有效促进初级学习者对 wh-疑问词移位的习得。实验二的数据表明，在两个学习阶段中，实验组在句子理解和口头产出方面的后测和延后测表现均显著优于前测，而实验组的表现也显著优于对照组。这说明，输入加工教学干预能够帮助受试者克服 wh-疑问词题元角色优先的加工偏好，优化他们对 wh-问句句法形式的加工处理，提高他们对 wh-问句的习得成就。

（4）初级学习者的 wh-问句结构的习得具有相对固定的发展顺序。输入加工教学干预未改变受试者对 wh-问句的习得路径，但加速了习得过程。在中心语移位习得中，受试者表现出的习得难度顺序为：wh-主语问句 < wh-宾语问句 < wh-状语问句。在 wh-疑问词移位习得中，受试者表现出的习得难度顺序为：who 做主语 < what 做宾语 < what 做主语 < who 做宾语。输入加工教学干预未改变习得顺序，但激发了不同的心理认知过程，影响了习得的进度和程

度，消除了部分条件下存在的不对称习得现象。这为外语教学能促进语言习得而不会改变习得路径的论断提供了新的论据。

（5）初级学习者的 wh-问句结构习得表现出渐进性和非线性发展两种机制。在前测中，初三组在绝大部分条件下的习得成就均优于初二组。通过输入加工教学干预，初二组（尤其是在内嵌子句 wh-问句方面）的水平得以向初三组水平方向发展。然而，初三组在习得 wh-问句（尤其是主句 wh-问句）的过程中出现了返生现象。两组受试者的测量时间和句法特征交互效应均非常显著，这说明初级学习者 wh-问句的习得过程并非线性，wh-问句结构习得初期存在不稳定性（destabilization）。因此，教学干预对处于外语学习环境下的初级学习者显得尤为必要。

本书首次将输入加工教学干预应用于中国初级英语学习者对 wh-问句结构的习得，拓展了输入加工教学干预的研究范畴，丰富并发展了输入加工理论。同时，本书系统地探究了初级学习者习得 wh-问句的特征，揭示了他们的习得过程。研究结果可为中学英语教材中疑问句内容的编排和疑问句的教学提供实际参考，具有重要的学术和实践意义。

本书是基于笔者的博士学位论文改写而成的，在即将出版之际，我要特别感谢我的导师蔡龙权教授。蔡老师勤奋睿智，学识渊博，治学严谨。在课堂上，他总是春风满面，潇洒自信，用纯正流利的“BBC 口音”赢得了所有学生的赞叹和敬佩。在课堂外，他总是和蔼耐心，为学生答疑解惑，循循善诱，充满正能量。他对我既宽容又“苛刻”，给我充分的空间，又严格规定时间，让我在完成研究的过程中丝毫不敢松懈、马虎。

感谢所有参与本书研究的受试者、任课教师以及分管领导。没有他们的慷慨支持，我将无法获得研究所需的数据。感谢上海师范大学外国语学院的硕士研究生张银青和陆瑶两位师妹，她们不辞辛劳地帮我整理、转录和统计了大量的数据，我深表感激。

感谢淮阴师范学院的领导和同事们长期以来对我的支持和关照，这是我安心从事科研的强大动力和重要保障。同时，我也要感谢上海师范大学外国语学院和教育学院的教授们，他们的课程思路清晰，发人深思。

感谢上海交通大学的王同顺教授和陈永捷教授、华东师范大学的邹为诚教授、上海外国语大学的陈坚林教授、上海师范大学的丁念金教授和蒋宇红教授。他们在我的博士论文开题、评阅和答辩中提出了许多宝贵的修改意见，给予了我殷切的鼓励。他们的真知灼见和严谨的治学精神激发我深入思考。同时，我还要感谢美国密歇根州立大学的范帕滕教授、华中科技大学的徐锦芬教授、江苏科技大学的吴明军教授、南京工业大学的吴吉东教授、浙江工商大学的张素敏教授和西安外国语大学的贺琳副教授。正是他们坚定了我在输入加工教学研究方面的信心，他们还慷慨地分享了许多宝贵的文献，给予了我耐心的引导。

本书得到教育部人文社会科学研究项目“中国学习者英语依存结构习得的输入加工机制研究”（项目编号：21YJA740030）的资助，在此深表感谢。同时，本书的出版也得到了科学出版社付艳社长、王丹编辑等的大力支持和帮助，特此致谢。

最后，我要感谢我的家人。他们的爱无时无刻不与我同在，他们给予了我温暖的港湾和无限的支持。我无以回报，谨以此书献给我亲爱的家人！

由于本人才疏学浅，难免会有不足之处，在此恳请专家同人和广大读者批评指正。

潘　娟

2023 年秋

于淮阴师范学院

目　　录

第 1 章

绪　　论

1.1　研究背景

第二语言习得和教学是一个复杂的系统工程，涉及语言学、心理学、教育学等多个领域。随着这些研究领域的不断发展，二语教学和习得的研究从探索正规教学（formal instruction）是否能够促进习得到确立正规教学的有效性地位，在不断往前发展。目前，教学性二语习得（Instructed Second Language Acquisition，ISLA，也译作课堂二语习得）研究的新发展为二语教学研究提供了新的动力和方向。

1.1.1　二语语法教学新尝试

语法是语言使用的基本框架结构，构成了语言的结构规则系统。回顾外语教学的历史，我们发现外语教学是在支持和反对语法教学这两种不同观点之间不断向前发展的。每个与语言教学或语言学习相关的人对语法教学都持有自己的观点和态度。

外语教学的历史可以追溯到 16 世纪的拉丁语教学法，当时也被称为“语法模仿法”，它是语法翻译法（Grammar-Translation Method）的雏形。到了 18 和 19 世纪，欧洲一些国家确定了语法翻译法的教学地位，该方法统治了欧洲外语教学长达数百年。从语法翻译法这个名称就可以得知语言教学的重点是语法教学，它将语法视为语言的核心，通过分析和讲解目标语言的语法规则，以将目标语翻译成母语或者将母语翻译成目标语的方式来教授目标语。外语学习重视阅读和写作，轻视听力和口语，主要通过机械地背诵和记忆语法规则，熟练掌握目标语的形态和句法等知识，语言学习的效果和水平通过翻译的水平来衡量。母语语法是目标语习得的参照体系。

随着资本主义的发展，19 世纪中期国际政治和经济格局发生了巨大变化，各国之间的交流日益频繁，现代语言的教学日益受到重视。因为语法翻译法不能满足培养学习者口头交际能力的需要，外语教学迎来了一场革新运动。19 世纪中后期，直接法（Direct Method）诞生并得到发展。直接法以儿童习得母语的过程为参考，强调直接用外语讲练，不用母语和翻译，不直接讲解语法规则，主张让学习者自己总结语法规则，其语法教学采用归纳法。直接法的产生被认为是教学法历史上的一大进步。理查德和罗格斯（Richards & Rodgers，2001）认为直接法标志着外语教学方法这个概念的诞生，因为它引发了学者们对语言教学的目标、语言学习性质等问题的深度思考与辩论，成为以后的听说法、视听法以及功能法等外语教学法的发端。

到了 20 世纪 40 年代，听说法（Audiolingual Method）在美国迅速兴起。作为一种基于行为主义理论的学习方法，听说法认为语言的习得如同习惯的形成，需要反复操练以加强语言技能。该方法着重于通过持续反复地操练句型结构来培养听说能力，并且语法教学在其中扮演着重要角色。相对于传统的语法规则学习方法，听说法坚信学习者无须专门关注语法规则的学习过程，而是应该频繁且机械性地进行操练，直接产出目标语言中正确的语法结构。

20 世纪 60 年代中期，随着认知科学的发展，基于艾弗拉姆·诺姆·乔姆斯基（Avram Noam Chomsky）的转换生成语法理论和认知心理学理论的认知符号法（Cognitive-Code Method），又称认知法，作为听说法的对立面，应运而生。认知法反对机械性的操练，认为语言的学习不像习惯的形成那样简单。完全忽视语法规则的学习可能导致学习者仅仅掌握了表面上的语言表达能力，而无法理解语言背后的深层次逻辑和内在规律。因此，学习者需要注重理解，在理解的基础上发现和掌握语言规则，建构语言能力。认知符号法视域下的语法学习被认为是对语法知识进行理解、认知加工的过程，机械记忆表层的语言形式无助于习得，创造性的语言运用是建立在对语法规则理解的基础之上的。认知法肯定了强调语法学习的语法翻译法，赞成显性的语法规则教学，故又被称为“现代语法翻译法”。

20 世纪 70 年代，交际语言教学法（Communicative Language Teaching，CLT）兴起。交际语言教学法以培养学习者的交际能力为教学目标，强调“用语言去学”（using language to learn）和“学会用语言”（learning to use language）。交际教学法注重意义，轻视语言形式，反对将语言划分为各种支离的语言点或是规则教给学习者，也不强调学习者必须精确地掌握这些语言规则。强式的交际教学法甚至主张语法教学应彻底从课堂中消失。从此外语教学中传统的语法教学越来越受到人们的冷落和歧视，有研究者甚至指出语法教学对外语学习非但没有促进作用，反而会给外语学习带来一些负面作用（Hossein & Fotos，2004），强调语法会影响学习者输出的流利度。特拉斯科特（Truscott，1996）认为显性语法教学的作用是短暂且肤浅的，它不会提高学习者的“真正的语言知识”，即使有研究显示了语法教学的积极作用，那也是因为那些研究结果仅测试到了语言学习者的元语言知识（meta-linguistic knowledge），而研究本身并没有考察到语言学习者在自然语言交际中运用目标语言的能力。因此，语法的讲解和教学是没有必要的。

然而，大量语言实验和课堂教学实证研究发现，若完全以交际法进行二语教学，即便学习者接触了大量的真实语料，多年后他们仍然无法自然习得目标语，语言能力和语法的准确程度不尽如人意。例如，斯温（M. Swain）和她的同事对法语（作为外语）沉浸式教学进行了大量研究，结果表明，学习者尽管在相当长的一段时间里进行了大量的外语输入，但在某些语法形式方面就是达不到理想的准确性（Lapkin et al.，1991；Swain & Lapkin，1989）。换句话说，学习者要想准确地掌握和使用目标语言，有重点、有目的地学习语法知识显得尤为必要。第二语言的学习，仅仅通过交际性语言教学是不够的（Ellis，1997；Mitchell，2000）。拉森-弗里曼和隆（Larsen-Freeman & Long，1991）以及理查德（Richards，1998）指出，语法是语言运用能力的基础，语法教学对于促进语言习得和提高二语水平具有重要作用。海姆斯（Hymes，1972）阐释语言交际能力时也具有类似观点，他认为语法能力是语言交际能力中极为重要的一个方面，语言交际能力应包括语法的正确性、语言的可行性或可接受性、语言的得体性和语言的实际操作性四个方面。这些研究结果不仅给语法教学带来了新生，而且又重新激发了人们对语法教学及其相关研究的兴趣。

语言教学中如何在注重意义的过程中兼顾形式，同时在有意义的情境下兼顾语法的教学？语言教学研究者们开始尝试并开辟新的语法教学的路径。沙伍德-史密斯（Sharwood-Smith，1981）提出了意识提升（Consciousness-Raising）的概念，后来更名为输入强化（Input Enhancement），主张在输入中有意突显第二语言的某些形式特征以引起学习者的注意，达到隐性语法教学的目的。隆（Long，1991）提出了“聚焦于形式”（Focus on Form）的教学方法，主张在课堂教学中，一旦学生对某个语言形式的理解、输出表现出困难时，应及时将注意力聚焦于语言形式，使学生注意到相关的语言形式，或对其进行讲解，但课堂上的主要教学活动仍聚焦于意义或者交际活动。还有一些比较流行和有影响力的语法教学模式，如输入加工教学、互动反馈（Interactional Feedback）、篇章强化（Textual Enhancement）、任务型教学（Task-Based Instruction）、合作输出任务（Collaborative Output Tasks）以及基于语篇的教学方法（Discourse-Based Approaches）（Hossein & Fotos，2004；戴炜栋和陈莉萍，2005）等。这些语法教学的方法有着不同的理论基础和干预手段，基本都强调广泛的语言输入和注重目标语的形式对语法知识习得的影响。

中国的外语教学受到国际外语教学理论与实践的影响，对语法教学的态度也发生了类似的转变过程。20 世纪 80 年代初，自胡文仲（1982）和李筱菊（1984）等学者将交际教学法引进国内之后，90 年代交际法教学在大中小学逐渐兴起，传统的语法课逐渐淡出各个层次的外语教学安排。从小学到中学直到大学，外语教学的重点被放在培养学生使用外语进行交际的能力上。然而，由于背负着各种升学考试的压力，教师们在考试前往往会加班加点给学生补充语法知识（衡仁权，2007）。随着英语课程的不断改革，新阶段义务教育英语课程标准（中华人民共和国教育部，2012）强调，英语教学的目标是培养学生综合语言运用能力。综合语言运用能力是在语言技能、语言知识、情感态度、学习策略和文化意识等素养基础上整体形成和发展起来的。其中，语言技能，除了听、说、读、写、译外，还应包括语法技能（grammaring）（Larsen-Freeman，2009）。如何在课堂教学中进行有效的语法教学，让学生在关注意义的同时也兼顾语言形式，国内的语言教学研究者以及一线教师在此方面也不断开展研究。这些研究当中，任务型教学和互动反馈的研究最为丰富，研究数量最多。而输入加工教学干预、篇章强化、合作输出任务等研究则极为罕见，这表明此类研究在国内还有很大的发展空间。

1.1.2　教学性二语习得发展

经过几十年的发展，二语习得研究的理论体系正在逐步建立与完善。人们对第二语言的习得过程及其涉及的生理、心理、认知和社会文化因素等有了更为深入的理解。然而，二语习得研究也常常饱受诟病，有人认为该研究领域一味地借用和依赖其他学科理论，自身缺乏理论贡献。现有的二语习得研究并没有为优化外语教学实践提供实质性的理论指导（Klein，1998）。因此，为了求得继续发展的空间，二语习得需要在理论研究层面实现跨学科发展；需要在实践研究层面，更加“接地气”，贴近现实，考察教学环境下的二语习得，从而为有效教学提供科学的指导。“教学性二语习得”脱胎于二语习得研究，成为二语习得研究更为务实的走向。它专注于二语习得中的教学因素，在实践层面更加接地气（桑紫林，2016），贴近现实，能够适时为课堂教学提供指导，能转化为课堂生产力（邹为诚，2019）。

从 20 世纪 80 年代初到 21 世纪的前 10 年，这近 30 年中国际上二语习得和教学的研究常围绕正规教学是否真正能够促进第二语言的习得，其中主要有三种学派的观点。

第一是以克拉申（Krashen，1982）为代表的“无接口说”（Non-interface Position）学派。他们认为有意识学得的知识与潜意识习得的知识是相互独立的知识系统，这两种知识系统不能双向融通，口语能力只来自习得体系，学得的知识无法转换成习得的知识，只能被用来监察习得知识的输出（Krashen，1985）。正规的课堂语言教学只能提升学习者学习的意识，而学得的知识在自然交际中难以使用。正规的课堂教学有助于提高学生的学习效率，但不能改变学习者语言发展的顺序。正规的课堂教学能给学习者提供可理解的输入，但并不能有效促进二语习得，因为教师的教学大纲是“学得”大纲，而学习者内在的大纲是“习得”大纲（Ellis，1985），两者并不同步。克拉申的理论在 1980—

1990年有很大的影响力。

第二是弱接口说（Weak Interface Position）。以塞利格（Seliger，1979）为代表的“弱接口说”学派认为，在正规教学环境下，学习者有意识地学习到的显性规则可能成为“习得促进器”。虽然不能够改变习得顺序，但是可以帮助学习者在二语习得过程中进行更有效的假设检验，在某种程度上可以帮助准备好内在习得机制的学习者内化规则，巩固已经习得但还不够牢固的语言知识，从而提高习得的速度。尼克·埃利斯（Ellis N，2005）也认为学得的显性知识和隐性知识之间存在接口，可以互相转化。

第三是强接口说（Strong Interface Position）。以斯特维克（Stevick，1980）、比亚韦斯托克（Bialystok，1979）、麦克拉格林（McLaughlin，1978）和沙伍德-史密斯（Sharwood-Smith，1981）为代表的“强接口说”学派认为学得的显性知识可以通过特定的方式（比如记忆、操练）转变为潜意识的习得系统的知识，两者之间可以相互转化、相互影响。沙伍德-史密斯认为不管二语学习的过程如何，最后的自发的语言运用都可以通过操练获得，操练到达一定熟练程度，自动化的输出自然会发生，因此正式的课堂二语教学有着不可或缺的作用。德凯泽（DeKeyser，1997）也认为语言习得同技能习得，都是从习得that知识（陈述性知识）开始，再到自动化了的how知识（程序性知识）的。

那么，二语的正规教学究竟是否能够促进二语习得呢？如果答案是否定的，那么为什么通过课堂正规学习二语的学习者数量如此庞大？如果答案是肯定的，那么接下来的问题是课堂该如何优化教学，有效促进习得？这两个问题隶属不同层面，前者关乎效用（effectiveness），后者重视成效（efficiency），两者密切相关。

围绕着这两个问题，教学性二语习得研究者开展了广泛的实证研究。这些研究与二语习得研究领域中的非干预派开始分道扬镳，它们着重关注教学可以干预的因素，研究思路基本上采用验证某一教学干预手段的效果，同时进一步探究影响该干预手段发挥效用的个体因素的方法。例如，作为一种常见的教学干预手段，反馈（feedback）是二语习得研究中的热门话题，围绕反馈展开的研究基本遵循这一思路。研究者从验证不同类型反馈的效果着手，逐步细化到影响其发挥效果的调节因素，如语言学能、学习策略、情感态度等。又比如输入加工教学干预，研究者从输入加工教学干预和传统法所产生的不同效果对比入手，逐步探索影响输入加工教学干预发挥效果的变量。这种研究范式有利于很好地探究第二语言习得过程中教学干预产生的功效和作用。教学性二语习得研究在二语教学和二语习得之间架起了桥梁，反映了二语教学实践的理论支撑诉求，也成为二语教学实践研究发展的新动能。

“教学性二语习得”这个术语目前已经在诸多研究中出现，比如亨利等（Henry et al.，2009）、麦基（Mackey，2006）、罗德·埃利斯（Ellis R，1990）和罗文（Loewen，2015）在他们发表的研究论文和著作的题目中就直接采用了 instructed SLA、instructed second language learning、instructed second language acquisition。那么什么是“教学性二语习得”？罗德·埃利斯在他以“教学性二语习得”命名的著作中强调，他所关注的是课堂上的语言习得是如何发生的。15 年后，罗德·埃利斯（Ellis R，2005）又将其定义为干预学习者语言学习过程的教学。罗文（Loewen，2013）将其定义为调查研究教学条件下的二语学习或者习得，所谓教学条件指的是有教师、教材等教学条件，这些条件在学习者的二语习得过程中起引导和辅助的作用。豪森和彼拉德（Housen & Pierrard，2005）的定义则更加全面，他们认为“教学性二语习得”就是在理解第二语言学习原理的基础之上，通过操纵学习的进程或者与学习进程相关的条件而达到系统地促进和提高第二语言学习的效果。

教学性二语习得研究的蓬勃发展启示并推动着第二语言教学的研究应当从研究如何教向研究并帮助学习者如何学转化。外语教学仅靠实践经验是不够的，必须将习得的理论与教学的实践结合起来，才能使教学更加有效。在进行外语教学之前，了解学习者如何习得语言是非常重要的，否则就像医生在不了解人体是怎样运作的情况下给患者开处方一样。为了推动语言教学科学化进程，二语教学应以二语习得理论为基础，将理论与实践相结合，尊重学习者内在的心理机制和语言发展过程，更科学地进行教学实践。

1.1.3 输入加工教学干预研究新路向

输入加工教学干预是一种聚焦于形式的二语语法教学干预方法，是范帕滕的输入加工理论在二语教学实践中的运用，它被称为是应用二语习得（Applied SLA）研究领域的一个典型范例（Sharwood-Smith，2015）。

该方法秉承克拉申提出的输入是习得之源的思想，将语言习得视为“语言输入—语言加工—语言输出”（input-processing-output）的过程。在加工处理语言输入信息的过程中，二语学习者或因认知资源有限，或因跨语言之间的差异等，可能会存在不当的认知加工策略，从而无法准确并充分加工目标语形式，导致目标语形式与意义出现割裂的现象。输入加工教学干预针对学习者在加工过程中可能存在的问题，通过采用特定的干预任务来刺激学习者在获得目标语意义的同时，注意目标语的形式或功能，建立语言形式和意义或功能在工作记忆中的正确联结。人们预期这种联结会进入学习者的语言发展系统，从而促进习得。

输入加工教学方法首先被应用于干预母语为英语的学习者对西班牙语宾语代词的习得。范帕滕和卡迭诺（VanPatten & Cadierno，1993）以英国的西班牙语学习者为受试者，首次对比研究了输入加工教学干预和传统教学法干预对西班牙语直接宾格代名词（Spanish direct object pronouns）习得的效果，结果发现输入加工教学干预在促进理解方面的效果显著好于传统方法，在提升产出能力方面与传统方法有着同样的促学效果。他们得出的结论是输入加工教学干预影响了语言发展系统（developing system），促进了习得，而强调重复和机械操练的传统干预范式只能提升克拉申（Krashen，1982）所称的“学得”知识。

近 30 年来，输入加工教学干预研究在国际上一直是热点。研究者们从不同的视角开展了大量的相关研究。这些研究包括对该方法各组成部分的促学效果的研究，挖掘真正起到促进学/习得效果的关键性因素（VanPatten & Oikkenon，1996；Sanz & Morgan-Short，2004）；同时，还有将该方法与其他各教学干预方法作对比的研究，即探究该方法与其他干预方法之间存在何种差异（VanPatten & Cadierno，1993；Morgan-Short & Bowden，2006）。此外，还有关于调节该方法发挥效果的诸多变量的研究（VanPatten et al.，2013）等。经过 30 多年的发展，输入加工教学干预的研究数量持续增长，目前已经涉及十多种语言结构，包括西班牙语、法语、意大利语、德语、俄语、英语和日语等七种语言。同时，研究所涉及的受试者母语背景也在不断丰富。

尽管已有相当数量的研究证明输入加工教学干预能够有效提升学习者对目标结构的理解和产出的效果，但是，对其促学效果的研究结果却因不同语言结构、不同母语背景的第二语言学习者而存在差异。目前的研究多聚焦于语言的形态特征，而涉及句法干预的研究较少。由于句法的复杂特性（Celce-Murcia & Larsen-Freeman，1999），针对句法内部特征（例如英语 wh-问句的中心语移位和 wh-移位）的干预研究则更为罕见。为了进一步探索输入加工教学干预的促学效果，应该将句法结构和学习者语言水平等个性化因素纳入研究，这是该干预方法研究发展的新路向。

1.2　研究缘起

在我国这个英语为外语的国家，课堂学习是中国学习者学习外语的最主要途径。我们拥有人类历史上最庞大的英语学习群体和教师群体，数以亿计的同胞正在学习英语，数以万计的同胞正在教授英语。绝大部分的教师和学习者都认为课堂教学对英语学习至关重要，否则我们为什么要花费大量的时间和精力进行课堂教学呢？至于教和学的方法，尽管有学者强烈批判中国的外语教学总是盲目追随国际潮流，认为中国英语教学和国际上的二语教学走的是同一条路，只不过每个时期都比西方晚一二十年而已（肖礼全，2005），但是批判并不是解决问题的最终途径。相反，这正说明中国课堂外语教学的研究有着巨大的发展空间和前景。在批判的同时，我们不能够走向另一个极端。中国的外语教学研究是世界二语教学研究的重要组成部分。吸取国际上先进的研究成果，检验它们在中国环境下的适用性，探索符合中国学习者学习外语的有效路径才是理性的出路。

在国内，似乎很少有学者对输入加工教学干预感兴趣。人们对输入加工理论及其在教学干预中的应用似乎缺乏足够的重视与关注。通过在中国知网检索相关研究，不难发现，与其他教学方法相比，输入加工理论和输入加工教学干预在国内核心期刊中发表的论文数量稀少，且研究者群体相对单一。这一现象突显了在国内学术圈内，输入加工理论及其在实际教学中的应用尚未引起足够的关注和重视。然而，在国际上，尤其是在一些发达国家的二语教学研究领域，输入加工教学干预研究却颇受瞩目，反映出其在教育领域的重要性和潜力。

值得注意的是，在国内的外语教育研究中，基于互动论的反馈教学研究相当丰富，这与对输入加工教学干预的重视形成了鲜明对比。互动论强调学习者与环境的互动对知识的建构和内化起到关键作用，而输入加工理论则更注重信息加工过程中的认知机制和个体差异。然而，尽管互动论在国内得到了广泛的应用和研究，但输入加工理论所蕴含的认知加工机制及其在教学干预中的潜在应用却并未得到充分的挖掘和利用。因此，对这一现状的深入分析和反思显得尤为迫切。

通过对国内外相关文献的比较研究，可以发现在国际上，输入加工教学干预研究已经成为教育心理学领域的热点话题之一。研究者们通过实验、观察和理论推导等多种方法，探索了输入加工理论在课堂教学、语言习得、阅读理解等方面的应用，取得了丰硕的研究成果。在这些研究中，研究者们不仅关注个体在接受信息时的认知加工过程，还着眼于如何通过调整教学策略和提供有效的教学干预手段来优化学习者的学习效果和成就。因此，国际上对输入加工教学干预的研究不仅在理论上取得了突破，也为实践教学提供了有益的启示和指导。

然而，相较于国际上的研究热潮，国内关于输入加工理论和输入加工教学干预的研究则相对滞后。虽然国内教育界在外语教学方法和教学效果方面的研究已经取得了一定的成就，但对认知加工过程的深入理解和在外语教学中的应用研究却仍处于起步阶段。这一现状值得引起我们的高度重视和关注，尤其是在当前信息时代，教育领域对认知加工能力的培养和提升显得尤为迫切和重要。

作为一名从事课堂外语教学的实践者及研究者，笔者基于对实际教学经验与能力的深入理解，怀揣对科研的好奇心与热情，选取中国英语学习者作为研究对象，专注于英语中的 wh-问句结构，探索输入加工教学干预对母语为汉语的初级英语学习者的影响。此项研究旨在揭示中国学习者在 wh-问句习得中的输入加工机制，试图阐明输入加工教学干预如何促进语言结构的掌握和使用。

本书意在将国际先进的教学理论与方法融入中国特定的教育环境，进而优化和创新当前的外语教学实践。通过对输入加工教学干预在中国外语教学中应用的深度分析，拓展输入加工教学干预的研究视野，为提高中国外语教学的效果和质量提供理论依据和实践指导。

此外，输入加工教学干预的理念也契合《义务教育英语课程标准（2022 年版）》（中华人民共和国教育部，2022）的总目标对英语语法学习的目标要求。该目标要求帮助学生建立以语言运用为导向的“形式-意义-使用”语法观，引导学生在语境中掌握语法形式的表意功能。而输入加工教学干预强调通过干预学习者的认知加工策略，帮助他们建立语言形式与意义或功能的正确联结，以使学生在实际交际中用语流利而准确。这与新课标所倡导的语言学习目标相一致，即让学生在学习过程中能够全面掌握语法知识，并将其运用于实际语境中。输入加工教学干预符合当前教育标准对英语教学的期望和要求。

1.3　研究目标

本书以初二和初三两个不同学习阶段的学生为研究对象，采用 E-Prime 编程的任务，首先对他们英语 wh-问句的习得状况进行实证研究调查前测。在详细描述两个阶段学习者中介语 wh-问句习得特征和习得差异的基础之上，探究他们对英语 wh-问句的输入加工策略。接着进行课堂上的输入加工教学干预，最后通过后测和延后测，探究输入加工教学干预对英语 wh-问句习得的影响。总体目标如下：①探究中国初级学习者对英语 wh-问句的输入加工策略；②考察输入加工教学干预对中国初级学习者英语 wh-问句习得的影响，以期更好地促进他们对英语 wh-问句的习得，促进 wh-问句的教学从经验性教学走向理据性教学；③分析中国初级学习者英语在 wh-问句的习得过程中所呈现出的特征，揭示母语为汉语的学习者英语 wh-问句习得的输入加工机制。

1.4 研究价值

本书的意义和价值在于将国际上前沿的教学干预理论和实践应用于中国环境下的外语教学。一方面，这为中国外语教学研究提供了新的视角，促进中国外语教学的研究跟上世界外语教学研究的发展潮流，吸收先进的理念和方法，促进本土外语教学的研究和发展；另一方面，本书也将扩展输入加工教学干预的研究范围，丰富和发展输入加工和二语习得研究理论，增强这些研究领域相关理论的科学性和阐释力。具体而言，本书具有以下学术价值和实践意义。

1.4.1 学术价值

1.4.1.1 丰富和发展输入加工理论

自从范帕滕（VanPatten，1996）初步建立输入加工模型以来，输入加工理论经过 20 多年的发展，当下的输入加工理论模式主要由两个原则和一系列的推论组成。其中，意义首位原则（The Primacy of Meaning Principle）和第一个名词原则（The First Noun Principle）是两个核心原则。随着实证研究的发展，输入加工理论的丰富和发展也在不断推进。输入加工教学干预被运用到对不同目标语结构的干预上，与目标语结构密切相关的输入加工策略也逐渐具体化。本书以句法结构较为复杂的英语 wh-问句为切入点，考察分析母语为汉语的学习者在加工处理英语 wh-问句的过程中使用何种输入加工策略，以及输入加工教学干预是否能够优化他们对 wh-问句的加工处理，即促进他们对 wh-问句的理解和产出。研究结果将进一步充实范帕滕提出的输入加工理论，或为输入加工理论提供新的实证证据，进一步增强输入加工理论的阐释力。

1.4.1.2 揭示输入加工难度与句法复杂度的关系

根据转换生成语法理论，句子的生成是通过合并和移位操作而实现的。

当学习者在接受听力或者阅读的输入时，大脑的句法加工器会将句子分解成动词短语（VP）、时态短语（TP）、从句（CP）等而进行处理。因此，相对于简单句，复杂句更加难以理解，句子的复杂程度越高，加工处理难度也越大。这正是复杂性派生理论（Derivational Theory of Complexity，DTC）（Radford et al., 2009）所描述的。本书研究结果将揭示二语初级学习者对 wh-问句的加工处理难度是否也遵循复杂性派生理论，以探明初级学习者对 wh-句法的加工处理难度与句法复杂程度之间的联系。通过对学习者的实验研究，深入了解他们在加工处理不同句法结构时的认知负荷和加工难度，以便更好地理解他们在学习语言时所面临的挑战，并为语言的教学干预提供理据。

在研究加工难度和句法复杂程度的关系方面，英语 wh-问句是一个合适的研究切入点。英语和汉语疑问句之间存在很大差异。在汉语疑问句中，"谁""什么"等疑问词的位置和它们在相应的陈述句中的位置相同。而在英语的 wh-问句中，who、what 等 wh-疑问词必须移位至句首。因此，英语被认为是一种 wh-移位语言（wh-movement language）。此外，在英语中，主句疑问句（main clause questions）和内嵌子句疑问句（embedded clause questions）所涉及的移位也不相同。中国的学习者在加工处理英语 wh-问句的过程中是否受到英语句法复杂度的影响，输入加工教学干预是否能够以及在多大程度上能够优化受试者对 wh-问句的加工处理，从而促进他们进行疑问句参数的重置？本书将对这些问题进行探讨以揭示输入加工难度与句法复杂程度之间的关系，并进一步验证语言学关于句子加工过程的相关理论。

1.4.1.3　丰富疑问句习得顺序假说

根据皮耶尼曼、约翰斯顿和布林德利（Pienemann et al., 1988）的研究，二语学习者在学习英语疑问句时，其发展具有相对固定的层级。这些层级遵循从单个词或者词组使用升调表达疑问，到 SVO 陈述句使用升调表达疑问，到前置"do+SVO、wh-疑问词放置句首"，到 be 动词和主语无倒装"wh+(be/do) SVO?"，到伪倒置、yes/no 倒置(wh)+copula be+S、aux/modal+SV，再到助动词置于疑问词后 wh+aux/do，最后到取消倒置、否定疑问句、反义疑问句的发展顺序。本书聚焦于疑问句中的 wh-问句，具体涉及两种句法结构（主句和内嵌子句）、wh-疑问词的三种语法功能（做主语、宾语和状语）以及不同疑问词的 wh-问句（who 和 what 问句）等。我们研究初级学习者在习得 wh-问句的过程中是否也表现出相对固定的习得顺序，以及这种顺序的具体表现。本书的研究发现将进一步丰富和发展英语疑问句的习得顺序假说。

1.4.2 实践意义

1.4.2.1 探究输入加工教学干预在中国环境下的适用性

输入加工教学干预研究源于以英语为母语的学习者对西班牙语的学习，随后发展于不同母语背景的学习者对第二语言的学习。在中国环境下，它对中国外语学习者的英语学习是否有促进作用，以及其影响程度，需要通过教学的实验来探究。然而，在国内，这方面的研究数量稀少，还比较欠缺。已有的研究仅聚焦于词的屈折形态变化方面，例如对动词第三人称单数习得的影响和对一般过去时的习得影响（冯辉和张素敏，2012；张素敏和陈先奎，2015；张素敏，2014）等。因此，输入加工教学干预对中国学习者习得英语句法的影响还有待进一步的实证研究。

本书从中国初级学习者英语 wh-问句习得现状出发，从输入加工的视角探究制约他们 wh-问句习得的因素。本书将基于输入加工理论的输入加工教学干预应用到英语句法层面的干预，并采用实证研究的方法考察对比干预前后的效果，探索输入加工教学干预在中国课堂教学环境下的可行性和适用性。研究具体考察输入加工教学干预是否对疑问句的不同句法特征（主句疑问句和内嵌子句疑问句）的习得、伴随不同语法功能疑问词（疑问代词和疑问副词）移位的助动词移位习得以及不同疑问代词（主语疑问词和宾语疑问词）移位习得产生效果，探究产生或者未产生显著效果背后的因素。研究可为英语 wh-问句教学提供认知理据，结果可以指导教学实践。同时，本书还可为中国儿童和成人的第二语言习得和教学提供教学理据。此外，疑问结构的生成是一个复杂的过程，因此研究疑问结构的习得也可以很容易地扩展到研究其他结构的习得，为其他结构的习得教学提供参考。

1.4.2.2 为教材编写和教法设计提供指导

本书可为教材的编写提供理论指导。教材中的教学内容编排应符合学习者认知发展的规律。本书结果可为英语教材中疑问句内容的编排提供依据，使教材中疑问句内容的呈现更加科学合理。这有助于让学习者在接触疑问句之初就能够建立起疑问句的形式和意义的正确联结，科学规避因内容呈现顺序的不合理而导致的理解错误、习得缓慢等问题。例如，研究发现初二阶段的学习者常将 who 宾语问句（即 who 在句中做宾语）错误地理解为 who 主语问句，这或许与 who 宾语问句在教材中的出现早于 whom 宾语问句有关。whom 在牛津英语教材九年级（初三阶段）上册第三单元（王守仁和何锋，2013）中才出现。学习者在接触 wh-问句的初期，面对一种语言形式（who）对应多种意义/功能（可做主语也可做宾语）的情况，表现出了理解上的错误和习得困难。

本书可为中学英语教师的课堂教学设计和实践提供实际的指导。英语 wh-问句是初中阶段学习者的学习重点和难点内容之一。初一、初二阶段学习主句 wh-问句，初三阶段开始系统学习内嵌子句 wh-问句。前期调查研究发现，中国初级英语学习者在习得英语 wh-问句的过程中存在很多问题，尤其是主语-助动词倒置问题。本书从输入加工视角分析英语 wh-问句习得中存在的问题，并针对这些问题进行相应的干预。研究结果可直接用于指导 wh-问句的教学，干预的材料可直接为一线教师所用。

1.4.2.3 为英语在线学习材料的开发提供参考

本书研究成果可为在线学习材料的开发和设计提供参考。在线学习更多的是基于输入式的学习，学习者需要利用现代信息技术进行自主学习。相较于传统的课堂学习，在线学习缺乏互动和输出操练的机会，因此对输入材料的内容和设计有更高的要求。输入加工教学干预着眼于输入，针对学习者在加工目标语输入的过程中存在的问题，旨在通过控制输入内容和调整输入方式帮助学习者解决问题，建立语言形式和意义的正确联结，优化输入（input）为摄入（intake），从而促进他们习得目标语结构（Russell，2012）。由此可见，输入内容和方式在输入加工教学干预中起着关键作用。输入加工教学干预所采用的结构化输入练习能够促使学习者在加工处理输入的过程中规避一些不当的加工策略，引导他们产生认知上的变化，从而习得目标语结构。这类练习的设计原则可为在线学习材料的开发和设计提供重要参考。本书所采用的干预 wh-问句习得的结构化输入材料则可直接作为 wh-问句在线学习的材料。

1.5 全书结构

本书分为八个章节。

第 1 章，绪论。该章简要介绍研究的背景、选题缘由、研究目标、研究意义以及全书结构。

第 2 章，核心概念与理论背景。该章首先对关键术语进行界定；其次，详述输入加工教学干预的理论基础——输入加工理论和形式-意义联结理论；最后，介绍输入加工教学方法的组成部分和句法移位理论的相关内容。

第 3 章，国内外研究现状。该章着重梳理国内外有关输入加工教学干预的实证研究，同时也简要综述母语和二语有关英语 wh-问句习得的研究，并对相关研究进行评析。通过综述，笔者发现将输入加工教学方法应用于干预中国初级英语学习者对 wh-问句的习得研究目前仍然是空白。

第 4 章，研究设计与实施。该章详细介绍研究的设计和具体的实施过程，包括研究问题、研究方法、实验步骤和两个实验的具体实施过程。两个实验分别考察 wh-问句中两个移位的习得，具体介绍了两个实验的研究设计、受试者、干预材料、测量工具、实验过程，以及数据的收集、处理与分析方法。

第 5 章，学习者 wh-问句中心语移位习得特征及 PI 的影响。该章针对研究问题，根据实验的结果对两个学段的受试者在第一个实验中的具体表现进行分析，探究受试者在习得中心语移位中呈现出的特征。同时，考察输入加工教学干预对学习者中心语习得的影响。

第 6 章，学习者 wh-问句 wh-疑问词移位习得特征及 PI 的影响。该章针对研究问题，根据实验的结果对两个学段的受试者在第二个实验中的具体表现进行分析，探究受试者在习得 wh-疑问词移位中呈现出的特征。同时，考察输入加工教学干预对学习者 wh-疑问词移位习得的影响。关于输入加工教学干预对学习者 wh-问句习得特征的影响，该章针对研究问题三，通过三次测量的结果，分析输入加工教学干预对 wh-问句涉及的两个移位习得的影响，并探讨输入加工教学干预下学习者 wh-问句习得所呈现出的特征以及导致这些特征的因素。

第 7 章，学习者 wh-问句习得的输入加工机制。该章根据研究结果，分析受试者在加工处理 wh-问句时所采用的输入加工策略，探讨 wh-问句习得的输入加工影响因素，探究学习者 wh-问句习得的输入加工机制。

第 8 章，结论与启示。该章对本书的主要成果进行总结，并评价其创新价值和实际指导意义。同时，指出本书存在的不足，并提出对未来研究的展望。

第 2 章

核心概念与理论背景

本章将介绍研究中涉及的核心概念，包括输入加工教学干预的理论基础、干预方法的组成部分及其特征，以及与 wh-问句句法相关的移位理论。

2.1 核心概念

2.1.1 依存结构

依存结构（Dependency Structure）是一种描述句子中词与词之间语法关系的表示形式。它基于依存关系，即词与词之间的直接依赖关系，来刻画句子的结构。依存结构是依存句法用于表示句子结构和语法关系的形式化表示。依存句法的概念诞生于法国语言学家卢西恩·泰尼埃（Lucien Tesnière）的著作《结构句法基础》（*Eléments de Syntaxe Structurale*）。泰尼埃认为，一个句子的结构是由词与相邻词之间的“联系”组成的。造句就是在一些不同的词之间建立起一个完整的“联系”框架。换言之，句子是词这种基本元素通过相互联系组织起来的语言单位，理解句子的前提是要识别句子中不同词之间的各种关系。依存句法的核心观点是，句子中各个成分（词）的地位是不平等的，存在着支配与从属的关系。处于支配地位的称为支配词（governor）或者中心词（head），居于被支配地位的称为从属词（dependent）。

英语 wh-问句结构是一种论元偏离典型句法位置的结构，属于填充语-空位依存结构。如句（1）中，疑问词 what 位于句首，在句中担任动词 bite 的宾语。这种从原先的论元位置移开的成分被称作填充语（filler），其移位后留下的语迹（trace）在心理语言学中被称作空位（gap）。填充语与空位之间必须建立依存关系，句子才能得到正确解读。

（1）[What$_i$] did the lion bite t_i in the wood?

填充语与空位之间如何建立依存关系已成为探讨人类语言加工机制的热门选题（陈中毅和丛茂萍，2023）。深入探讨填充语与空位之间的依存关系，对人类语言加工机制的理论研究具有重要意义。研究这种依存关系的形成和特点，可以为认知科学领域提供新的视角和方法，进一步推动该领域的发展。

在语言教学方面，依存结构的输入加工分析可以帮助学习者更好地理解句子结构和词汇之间的关系，从而提高语言学习效率。通过探究依存结构的输入加工，学习者能够更清晰地把握句子内部成分的功能，有助于他们准确理解和运用语言表达。

本书以 wh-问句中的填充语-空位依存关系为研究对象，考察中国学习者对依存结构的输入加工，探究输入加工教学干预是否影响以及如何影响依存关系的习得，揭示中国学习者对依存结构习得的输入加工机制。

2.1.2　输入加工

输入加工（input processing）是指工作记忆中的一种在线处理现象。在二语习得中，输入加工指的是学习者在听到或读到目标语言的过程中，将接收到的语音形式或者阅读到的语言形式和意义建立联系，以获取输入信息的意义（Gass & Selinker，2008）。不同的学者从不同的角度对输入加工进行了定义和解释。范帕滕（VanPatten，1996）认为输入加工的过程是建立形式-意义联结的过程。奥格雷迪（O'Grady，2003）认为，由于大脑的运算资源（computational resources）有限，大脑在加工处理二语的过程中只能优先关注典型的语言特征，而复杂的语言结构会导致加工的困难。卡罗尔（Carroll，2001）认为，在加工输入的过程中，对输入信息加工的失败是学习发生的契机。学习是一个归纳的过程，加工失败会促进大脑内在句法分析系统进行调整，从而促进语言习得机制的运作。克拉森和福瑟（Clahsen & Felser，2006）提出，二语学习者在加工输入信息的过程中，主要受词汇-语义和语用线索的引导。他们提出浅层结构假说（Shallow Structure Hypothesis），认为与母语者不同，二语学习者的输入加工很难充分有效地使用句法信息，更多的是依赖词汇语义线索进行句子解析。

范帕滕的输入加工理论关注二语学习者在加工语言输入的过程中所采用的普遍加工原则。该理论主要包括两大原则（详见 2.2.1.1 节）和一系列的相关推论，阐释了学习者在加工处理输入时所采用的策略。范帕滕（VanPatten，2004a）指出，输入加工的过程具体包含两个子过程。第一，建立初步的形式-意义联系。例如，在第一时间内将听到的语音内容/kæt/与它所表达的意义 cat 建立联系。又如，将听到的形态内容和意义进行联系，听到 dishonest，知道它是 honest 的反义词；听到 talked，知道它和 talk/talks 不一样，表达了“过去”这个意义。第二，指在听到句子的时候，大脑进行实时的句法分析。句法分析指学习者的内在句法加工器（parser）给接收到的句子中的词分配句法成分，也就是分辨词在句子中承担什么样的句法角色，目的是搞清楚词与词之间的关系和功能以获得句子的意义（VanPatten，2014）。

如果将二语习得的过程描述为以下从输入到输出的过程（图 2-1），那么输入加工关注的则是箭头 1，即从输入到摄入的过程（VanPatten & Cadierno，1993；VanPatten，1996）。也就是在学习者接触可理解性输入（comprehensible input），建立语言形式-意义联结的这一过程，它处于习得的起始阶段。

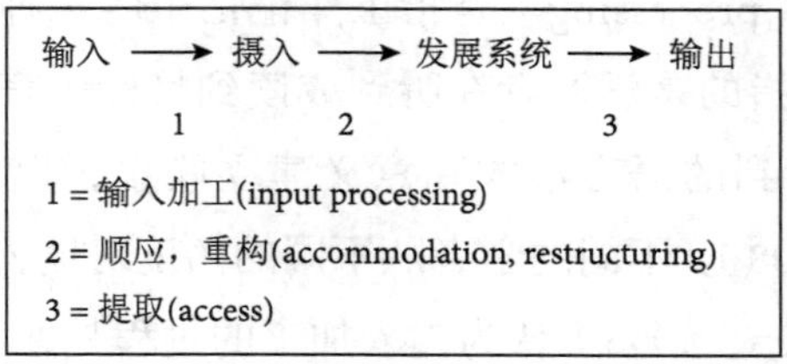

图 2-1　二语习得的过程

输入加工与感知（perception）和注意（noticing）不同（VanPatten，2015）。感知通常指人的听觉器官或者视觉器官对所有声音或者视觉信号刺激所获得的感觉信息。我们的感觉记录器仅保留感觉信息约 200 毫秒（1/5 秒），因此感觉记录器记录的信息是瞬息即逝的，很可能在大脑获得意义之前就已经丢失了。注意是指有意识地关注某种形式，但并不一定能够获得意义。也就是说，虽然注意到了某个形式，但不一定能够加工这个形式并获得意义。而加工不同，加工是指感知和注意都发生了，并且将感知和注意到的形式进行加工处理获得了意义。在语言习得中，加工了的信息是摄入。

2.1.3　输入加工教学干预

输入加工教学干预是由范帕滕（VanPatten，1996）正式提出的。该方法以输入加工理论为理论基础，旨在通过结构化输入任务干预二语学习者内在的输入加工策略，促使学习者在加工输入的过程中建立目标语形式和意义正确联结的教学干预方法。该方法结合了克拉申的“可理解性输入”，是习得的必要条件的观点和认知心理学对人类注意机制的研究成果。该方法针对二语学习者在加工语言输入的过程中存在的两大原则，即意义首位原则和第一个名词原则，主张通过显性信息和结构化输入练习来改变学习者内在的不理想的认知加工策略，优化学习者对输入信息的加工程序，从而建立语言形式和意义在工作记忆中的正确联结（VanPatten & Cadierno，1993）。

输入加工教学干预以学习者如何处理加工语言输入为出发点，关注信息输入加工过程中影响正确加工的因素，通过设计特殊的干预任务，让学习者注意并加工到目标语结构，改变先前存在的不当加工策略，从而达到习得目标语结构特征的目的。

完整的输入加工教学干预由三个部分构成。第一部分是讲解语言规则，主要关注语言形式，学习者获得目标语言的语法规则，理解其语法形式与意义的对应关系。第二部分介绍加工策略，教师向学习者阐述自然语言处理中可能出现的加工偏好，强调语法形式与意义的正确匹配。第三部分是结构化输入练习，通过设计和控制输入内容，旨在激发学习者在接收听或读等输入信息的过程中通过加工目标语的形式而获得相应的意义，将部分注意资源分配给目标语言形式。第一部分类似于传统教法（Paulston，1972），而第二、第三部分是输入加工教学干预所特有的特征。

2.1.4 英语 wh-问句结构

根据伦道夫·夸克（Randolph Quirk）等人的研究，wh-问句也被称为信息疑问句（information questions）。wh-问句借助于一个 wh-疑问词构成，一般遵循以下规则：①wh-成分（即包含 wh-疑问词的成分）出现在句首（某些联加状语，如 on the other hand 除外）；②在 wh-成分中，wh-疑问词本身处于首位（伦道夫·夸克等，1985）。第二条规则的唯一例外是当 wh-疑问词出现在介词补足语中时，有两种结构可供选择。在正式语体中，介词在补足语前面；在中性语体中，则补足语在前面，介词留在句尾。

（2）On what did you base your prediction?（正式语体）

（3）What did you base your prediction on?

偶尔，在有些陈述 wh-问句（echo question）中，wh-成分留在陈述句中的那个词项的通常位置上，这种陈述 wh-问句用于采访或者查询。

（4）A: So you boarded the train where?

B: At Los Angeles.

wh-成分放在句首时，主语和功能词一律倒装。如果没有功能词，疑问句中就需要用 do 来充当功能词。主动词 be 和 have（偶尔，尤其在英国英语中）也可以作为功能词，例如“Where is she?”“What kind of car have they?”。唯一例外的是当 wh-成分作主语时，疑问句中的 wh-成分必须放在句首，这个规则压倒了倒装的规则。

英语 wh-问句用于提问（asking）或质疑（questioning），通常包含 who、what、how、why 等疑问词。这些疑问词除了 how 之外，都以 wh-开头。因此，在文献研究中，这些词被统称为 wh-疑问词，含有 wh-疑问词的疑问句被称为 wh-问句（章振邦，2003）。无论哪一种语言，都可以使用 wh-成分构成直接疑问句，但是 wh-成分的使用方法却不尽相同。如例（5）、例（6）所示，英语构成 wh-问句时需要把 wh-成分移至句首，而汉语的 wh-成分则保持原位不动。

（5）a. They like syntax.

b. What do they like?

（6）a. 他们喜欢句法学。

b. 他们喜欢什么？

英语 wh-问句可按不同的分类方法分为多种对应的类型（董燕萍，1996）。根据提问的方式，可分为直接型 wh-问句和间接型 wh-问句。直接型 wh-问句指 wh-疑问词出现在主句的句首，而间接型 wh-问句指 wh-疑问词出现在主语谓词 tell、ask、wonder 等后面，位于内嵌子句句首的内嵌子句疑问句，也叫宾语从句疑问句。根据 wh-疑问词的句法位置，可分为主目类型 wh-问句（argument wh-questions）和附加语类型 wh-问句（adjunct wh-questions）。以 what、who、whom、which 等疑问代词引导的一般是主目型 wh-问句，常出现在主语、动词（介词）宾语位置，而常常出现在状语的位置上，以 how、where、why 或相当于它们的 wh-疑问词词组，比如 on which day、for what reason 等引导的 wh-问句一般属于附加语类型 wh-问句。根据 wh-疑问词词组的内部结构，可分为 wh-疑问词独行型 wh-问句和 wh-疑问词伴随型 wh-问句。如 when、where、why 通常只能独行，而 whose、which、how many/much 等通常有伴随语。

转换生成语法认为，英语 wh-问句的结构是由陈述句形式的底层结构经过两次移位生成的。一次是 wh-疑问词从陈述句中的相应位置移至标句词短语（Complementizer Phrase，CP）的标志语（Specifier，Spec）位置［Spec，CP］；另一次是中心语移位，这在生成语法研究的早期称为主语和助动词倒置（Radford，2009a），在最简方案阶段称为功能词时态（T）从时态短语的中心语至标句词短语的中心语移位（Radford，1988）。而在内嵌子句 wh-问句中，不需要主语和助动词的倒置，如例（7）所示：

（7）Mary doesn't know what he is eating.

认知语言学和构式语法认为英语 wh-问句是一种语法构式（wh-construction）。该构式是 wh-疑问词（包含 how）置于句首，表示情态或时间的助词紧随其后，句末问号表示疑问语气，即形成“wh-疑问词+助词+其他词语+？”的句式，是认知主体在概念识解中突显了 wh-事件存在的空间属性和 wh-事件存在的时间属性，心智突显的结果进而被投射到了句法层面（曾国才，2014）。

疑问句在任何一门语言中都占有很重要的地位，因此成了重要的研究对象。疑问句的习得，尤其是儿童疑问句的习得情况，能直接反映儿童语言发展动态，也能反映儿童思维能力的发展（杨田芳，2017）。同样，成人二语疑问句的发展也是他们二语水平发展的直接反映。

2.2 输入加工教学干预

输入加工教学干预是范帕滕等于 1996 年提出的一种第二语言习得的干预方法，该方法被认为是应用二语习得（Sharwood-Smith，2015）的典型范例。为了全面了解输入加工教学干预，下面将从输入加工教学干预的理论背景、教学方法的组成部分以及特征方面进行详细阐述。

2.2.1 理论背景

2.2.1.1 输入加工理论

范帕滕提出的输入加工理论关注学习者加工语言形式的过程。根据克拉申（Krashen，1985）、卡罗尔（Carroll，2001）、范帕滕和罗斯曼（VanPatten & Rothman，2014）以及怀特（White，1987）的研究，习得在很大程度上取决于学习者对输入的正确理解。如果没有正确理解，习得就难以发生。而理解的过程又是形式-意义联结的过程。与母语者不同，二语学习者在加工输入的时候不能像母语者那样达到自动化加工，而是需要耗费更多的大脑运算资源。二语水平越低，能够释放出来的加工资源越少，加工越困难。因此，在加工第二语言输入信息的过程中，学习者会依赖普遍的加工原则或者依赖母语概念结构来加工二语。加工过程以获取意义为优先，会过滤掉语言形式的信息。输入加工理论基于二语学习者的认知心理，关注他们在加工输入的过程中所采用的策略和影响因素（VanPatten，1996，2004b，2007，2008，2012）。

范帕滕所建立的输入加工理论经历了从 20 世纪 90 年代的建立到 21 世纪初的发展和完善两个阶段。

1. 早期的输入加工理论

1996 年，早期的输入加工理论模型建立（VanPatten，1996），其中包含四大原则和一系列的相关推论。第一，学习者加工输入信息首先为获取意义，其次为获取形式：学习者首先加工实词；学习者倾向于加工词汇而非语法（形态标记）以获得语义；学习者倾向于先加工有意义的形态，后加工冗余的形态。第二，只有在内容的理解成为学习者自发（automatized）技能的前提下，学习者才有可能兼顾输入中的意义和形式。第三，第一个名词原则：学习者倾向于将句子中的第一个名词或者名词短语分配给句子做主语；只有在掌握了其他的线索（如格标记、重音）之后，学习者才重新分配句法成分。第四，学习者先加工句首成分，再加工句尾成分，最后加工句子的中间成分。从以上的原则可以看出，输入加工的过程既有语义的加工，也有形态和句法的加工。输入加工的过程可以具体描绘为图 2-2。

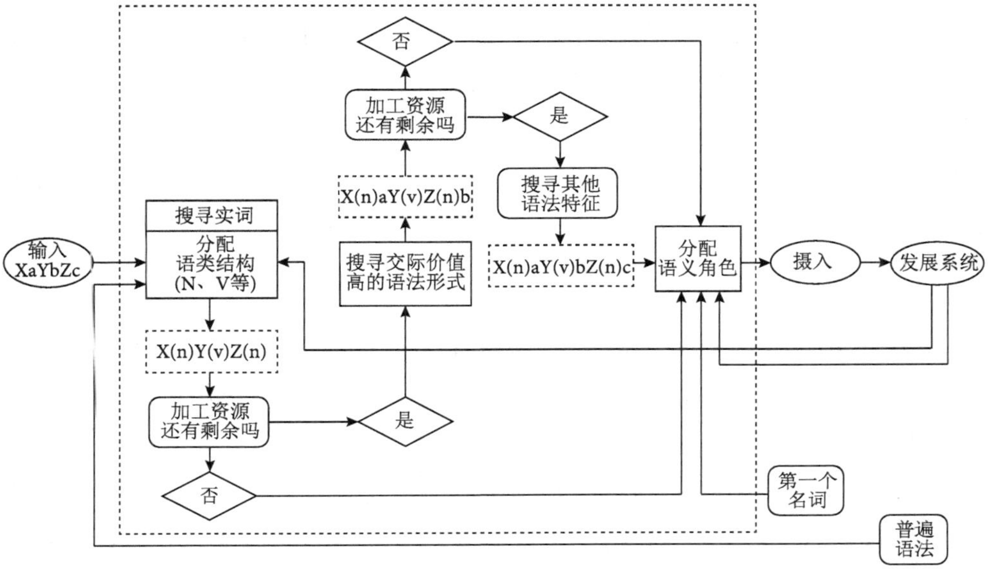

图 2-2　二语输入加工过程模型（改编自 VanPatten，1996：43）

注：X，Y，Z=实词；a，c=高交际价值的形式；b=低交际价值的形式；N，n=名词；V，v=动词

图 2-2 中虚线方框所示的过程即为输入加工的过程。可以看出，为了理解输入并从中获得意义，学习者首先将注意力集中于搜寻实词，依赖实词来获得意义。只有在加工资源还有剩余的情况下，学习者才会加工交际价值高的语法形式（例如动词的词缀-ing 形式）。随着学习者获得意义的过程逐步自动化，更多的加工资源被释放，那些在加工初期被忽略的形式才能得到加工。也就是说，当输入进入加工处理器（processor）时，处理器首先加工实词以获得意义。如果此时加工资源全部耗尽，那么进入发展系统的摄入就仅仅是实词。如果加工资源还有剩余，加工处理器会继续加工交际价值高的语言形式，为它们分配意义，这些形式和它们所对应的意义开始在工作记忆中得到联结。如果此时加工资源已全部耗尽，那么进入发展系统的摄入就仅包括实词和部分语法形式。如果此时加工资源仍有剩余，那么加工器会继续加工低交际价值的语法形式，进入发展系统的摄入就包括之前被忽略了的语法形式。加工的过程和阶段由加工资源决定，是一个不断发展的动态过程。

二语初级水平的学习者通常在加工初期就会耗尽他们的加工资源，因此他们摄入的数据中绝大部分是实词。随着二语水平的不断提高，他们建立语言形式-意义联结的能力增强，需要耗费的加工资源变少，释放出来的资源便可用来加工具有高交际价值的语法形式。随着加工自动化程度的进一步提高，又有更多的资源被释放出来，可以用来加工交际价值低的语言形式。输入加工的过程就是将输入中的信息不断进行形式和意义匹配的过程。在这个过程中，普遍语法与输入共同影响大脑输入加工器的运作，第一个名词原则也影响语义角色的分配，同时学习者发展中的语法系统也不断影响着加工过程。

2. 成熟的输入加工理论

经过 10 多年的发展，范帕滕（VanPatten，2005，2007）在早期的输入加工模型和大量的实证研究的基础之上，进一步更新和完善了输入加工过程的理论模式。该理论模式主要由两大原则和相关的推论组成。

原则一，意义首位原则：学习者在加工输入时，首先关注获取意义，其次才关注形式。该原则主要衍生出以下以意义为中心的推论：实词首位原则（The Primacy of Content Words Principle），学习者在对其他语言成分进行加工之前，首先加工输入中的实词；词汇优先原则（The Lexical Preference Principle），当词汇和语法形式都能解码相同的语义信息时，学习者倾向于依赖词汇而不是语法形式来获取意义；非冗余性优先原则（The Preference for Nonredundancy Principle），学习者可能首先加工特殊的有意义的语法形式，然后再加工一般的有意义的语法形式；意义优先于无意义原则（The Meaning Before Nonmeaning Principle），学习者可能优先对有意义的语法形式进行加工，然后再加工无意义的形式；资源可适用性原则（The Availability of Resources Principle），只有在对整个句子意义的加工过程中没有耗尽可适用的加工资源的情况下，学习者才会对有意义或无意义的语法形式都进行加工；句子定位原则（The Sentence Location Principle），学习者倾向于首先加工位于句首的项目，然后再处理位于句尾和句中的项目。

原则二，第一个名词原则：学习者倾向于将句子中的第一个名词或代词视为主语或施事。该原则主要包括以下三个相关推论：词汇语义原则（The Lexical Semantics Principle），即动词的词汇意义可能会减少学习者对第一个名词原则的依赖；事件可能性原则（The Event Probabilities Principle），即事件的可能性或许会减少学习者对第一个名词原则的依赖；语境限制原则（The Contextual Constraint Principle），如果语境限制了短语或句子的可能解释，学习者会减少对第一个名词原则的依赖。

这些原则和推论从意义（原则一）到形式（原则二）逐步解释了加工过程的发生。每个原则中的推论都试图解释为什么句子或话语中的某一部分占据了中心位置，为什么意义优先于形式被加工。范帕滕和基廷（VanPatten & Keating，2007）认为第二语言的加工过程始于一个普遍的原则，而具体的语法分析路线则从普遍原则中的某一个点开始。

范帕滕（VanPatten，2004a）提出，输入加工的过程包含着两个子过程——建立形式和意义的初步联结（initial form-meaning connections）、句法分析，即建立句法结构和话语之间的映射关系。这两个子过程相互影响，不是彼此独立的。初步的联结发生在学习者刚一接触输入的时候，将输入中的形式和意义（或者功能）进行联结。但是，形式和意义匹配通常有三种情况：一种形式对应一种意义、一种形式对应多种意义和多种形式对应一种意义。因此，这种初步联结有时是片面的（partial），可能正确，也可能错误。例如，当输入中出现-s这个词素时，学习者可能建立起-s这个形式和复数这个意义的联结，但它也可能表示第三人称单数，或者所有格。句法分析指学习者的内在句法加工器给接收到的输入中的词分配句法成分，即分辨出这些词在句子中承担什么样的句法角色（Pritchett，1992；Clifton et al.，1994）。分配的结果可能正确，也可能错误。例如，英语被认为是 SVO 语言，母语为英语的西班牙语学习者通常在一听到或者读到西班牙语的句子时，句法加工器也采用这样的语序分析句子，将遇到的第一个名词视作句子的主语（第一个名词原则）。然而，西班牙语的语序比较灵活，包含 SVO、SOV、OVS、OV 等不同表层语序结构的句子。这就导致了错误的形式-意义联结（VanPatten，2000a），从而不能为语言的习得提供正确的输入数据（input data）。再以英语二语学习者学习英语疑问句为例，学习者通常在习得 do 的过程中存在问题。在刚刚接触疑问句的时候，二语学习者可能将 do 仅仅当作一个疑问的标志，和日语的 wa、法语的 est-ce que 一样。因为从句子的表层结构上看确实如此，“Do you like chocolate?”这句话中，you like chocolate 是一个正常的 SVO 语序的句子，do 只是直接加在了这个陈述句的前面。如学习者的句法加工器将 do 分析成出现在句首表疑问的小品词，就像汉语中出现在问句末尾的“呢”“吗”等，do 作为屈折语的抽象语法特征便不能进入学习者的语法系统，他们就不能习得正确的疑问句。这从学习者的中介语语料中得到证实，比如“*Do you can say this?”（参见 Hawkins，2001）。学习者未能建立起 do 的形式和意义（和功能）的正确联结，这影响了接下来的句法分析，导致了分析错误。直到学习者意识到 do 携带着人称、数和时态这些意义之后，他们的句法加工器开始再次分析句子结构，遇到 do，首先投射成一个屈折短语（Inflectional Phrase，IP）。只有当学习者将限定屈折的意义和 do 这个形式正确联结之后，错误的句法分析才能得到更正。因此，正确的形式和意义的联结才最终形成。

基于以上原则，输入加工理论模型聚焦于学习者在何种条件下建立起初步的语言形式和意义的联结，以及为什么建立了某些特定联结而非其他联结；此外，该模型还探究了学习者在理解输入的过程中内在的认知策略是什么，以及这些策略将会如何影响习得。范帕滕（VanPatten，2007）将输入加工过程类比为蜜蜂制造蜂蜜的过程。为了制造蜂蜜，蜜蜂需要找到花朵并采集花蜜。然而，在这个过程中，它们可能会采集一些花朵而忽略其他的花朵。然后，它们回到自己的巢，处理花蜜，制造蜂蜜并筑巢存储蜂蜜。输入加工理论关注的部分类似于蜜蜂如何聚集花蜜，为什么选择了某些花朵采蜜，而忽略了其他花朵。因此，我们需要探索是否有可能让它们注意到更多的花朵，采集更多的花蜜。

既然输入加工的过程影响形式和意义的正确联结，从而影响输入转化为正确的摄入，那么是否有方法可以干预这个过程，优化输入从而丰富摄入呢？在给学习者提供输入的过程中，教师是否可以引导他们重新分配注意资源，通过改变输入的方式促进他们将语言的形式与意义进行正确联结呢？因此，输入加工教学干预应运而生，它是输入加工理论在二语习得教学实践中的直接应用。

2.2.1.2　形式和意义的联结

输入加工教学干预的另一个理论基础是形式和意义的联结。输入加工教学干预强调学习者理解语言形式所表达的意义，建立形式和意义之间的联结。

1. 概念

一般认为，语言是由语音、词汇和语法三个部分构成的。无论何种语言，其表现形式均为语音和序列，具体分化为语序、重音、语调、功能词、形态屈折变化和实词等可用形式（金立鑫，1993）。重音和语调归入语音，实词和功能词归入词汇，而语序和形态屈折变化则属于语法。语法形式是指通过对语言形式的操作（这种操作具有较强的规律性，例如语言语序和形态的变化）所反映出来的表现形式。目前，输入加工教学干预研究主要关注的形式是语法形式。

范帕滕（VanPatten，2004a）等学者对形式、意义及二者的联结作出了如下定义和解释。所谓“形式”，是指语言的表面特征，或者说是语言内在特征的外在体现。这些特征包括词位（lexeme，即最基本的词语单位，如英语中 eat 是 eating、ate、eaten 等的词位）、动词屈折形式（verbal inflection，如动词加-s 表示一般现在时第三人称单数）、名词屈折形式（nominal inflection，如

she/her 的变化表示不同的格）、名词派生屈折形式（nominal derivational inflection，如 dis-advantage、thought-less）、形容词短语的屈折形式（adjectival inflections）以及功能词（functor）等语言的表面特征。除了词层面的形式，惯用表达式（formulaic expression）等也可以被认为是语言形式。不同语言具有不同的表面特征。例如，英语通过动词变化来表示时态，比如动词加-ed 表示过去时态，加-ing 表示进行时态；而汉语则使用时间名词、时间副词或助词表示时态，例如，用“明天”表示将来时态，用“着”表示进行时态，而无须像英语那样对动词本身进行改变（罗恒和方开罗，2007）。总之，“形式”指的是语言的外在表现形式，词汇只是一种简单的“形式”。“意义”指的是语言形式所反映的意义，包括实质性语义所指意义（concrete semantic referential meaning）、移位或抽象语义所指意义（displaced or abstract semantic referential meaning）、社会语言学意义（sociolinguistic meaning）及语用意义（pragmatic meaning）等（VanPatten et al.，2004）。输入加工教学干预所强调的形式-意义联结中的意义指的是实质性语义所指意义和移位或抽象语义所指意义。

2. 重要性

克拉申（Krashen，1985）提出了输入假说。认为语言习得源于学习者接受“可理解性输入”。在其《二语习得原则与实践》（*Principles and Practice in Second Language Acquisition*）一书中，克拉申指出，习得的发生需要学习者理解输入，其中理解指的是“学习者理解输入信息的意义而非形式”（Krashen，1982）。克拉申的观点强调意义，认为意义的理解是语言习得的关键，形式只是附属，会自然而然地习得。然而，后来大量的语言实验和课堂教学实证研究发现，即使学习者接触了大量的真实语料，有了可理解的输入（Harley & Swain，1984；Spada & Lightbown，1989），以意义为主的输入（Marsden，2006），多年后他们仍然无法自然习得目标语中的许多构式，语言能力和语法的准确程度也难以令人满意。

尼克·埃利斯（Ellis N，2004）指出，第二语言习得就是习得形式和意义结合体的构式，学习者需要将二者进行关联才能逐渐接近目标语。因此，语言习得不仅关注流利度，还要注重准确性。

形式和意义的联结是语言学习的基本过程，也是二语习得和外语教学研究中的重要组成部分。此外，它也是学习者在语言学习过程中面临的难点之一。心理语言学的研究发现，语言形式的习得和意义的习得是不同的过程。习得意义之后，形式并不会自然习得，反之亦然，加上形式-意义联结本身具有复杂性，即包含至少三种可能性——一种形式对应一种意义、一种形式对应多种意义（可以是在不同的语境下或在同一个语境下）、多种形式对应一种意义，因此，形式-意义联结远非“一对一”那样简单。在语言习得的过程中，关注形式所表达的意义，建立形式和意义的正确联结至关重要。加斯（Gass，2004）认为，相较于在词汇学习的过程中建立形式和意义的联结，在语法学习中建立形式-意义联结要更加困难。范帕滕（VanPatten，2004a，2004c）等认为，输入和学习者因素是影响形式-意义联结的主要因素。输入加工关注影响获得语法形式-意义的因素，输入加工教学干预的目的是帮助学习者通过聚焦输入中的语法形式而获得意义，关注形式所表达的意义，增强形式和意义的联结。

3. 过程

范帕滕等指出，形式和意义建立联结的过程包括三个步骤（VanPatten et al.，2004）。首先是建立初期联结；其次是持续地加工巩固强化联结；最后是应用联结。当学习者了解了一种形式及其所表达的特定意义时，他们就建立了该形式与意义的初步联结。然而，初步的联结可能并不完整，可能很脆弱，如果没有后续持续的输入来加强，初期的联结很容易退化并从记忆中消失。因此，在第二步中，学习者需要通过不断的输入和产出来巩固和加强联结，这比单纯在输入中感知更为有效。只有这些联结得到了巩固和加强，学习者在实际加工输入的过程中才能够发现它们并加以应用。这三个步骤并不是定向的，而是不断循环往复的，运用联结的过程也是发现和强化联结的过程。

2.2.2 输入加工教学方法

完整的输入加工教学干预包含三个部分。首先是显性信息讲解，这一部分主要集中在语言形式上，教师向学习者讲解目标语语法的规则，使他们了解目标语的语言形式及其所表达的意义；其次是加工策略提醒，教师向学习者明示自然情况下在加工输入的过程中可能会产生的加工偏好，强调语法形式和意义的正确匹配；最后是结构化输入练习，该部分旨在促进学习者在接受听或者读等输入的过程中注意并加工目标语结构，最好是提供给学习者加工语言形式的机会。下面将具体描述该方法的各个组成部分和特征。

2.2.2.1 组成部分

1. 显性信息（Explicit Information，EI）

与其他显性教学的方法相似，输入加工教学干预首先向学习者提供目标语言的元语言知识，并结合目标语的语法特征给学习者提供显性的教学指导，使他们能够理解目标语言形式及其形式所表达的意义。以马斯登（Marsden，2006）的研究为例，英语母语者在学习法语动词过去时态时，接受以下显性信息。

在法语中，当我们谈论某人过去做过某事时，通常采用“avoir+动词的过去分词”构成复合过去时，具体举例如表 2-1 所示。

表 2-1 法语动词现在时和过去时的表达样例

现在时	过去时
Il mange （= he eats，is eating）	Il a mangé （= he ate，has eaten）

学习者通过显性信息初步建立法语过去时的形式与该形式所表达的表示过去的意义之间的联系。

2. 加工策略（Processing Strategy，PS）

在讲解语法规则后，学习者被告知在处理这些目标语结构时可能会出现的问题。或由于疏忽，或因母语中不存在类似的语言形式等，他们很可能会忽略目标语中冗余的形式，或者在加工处理目标语的过程中过度依赖之前讨论的输入加工原则（例如第一名词原则）去加工二语输入中的信息，导致理解错误的发生，这是需要注意的问题。

同样以马斯登（Marsden，2006）为例，当呈现以上的显性信息后，接下来提醒学习者可能会遇到的习得难点是忽视 a，并可能会说出诸如 Il mangé 或

Il mange 等错误的句子。为什么会忽视 a？可能是因为没有注意到，或者因为句中可能还存在表示过去时间的短语，例如 le weekend dernier 等，学习者在加工过程中会采用词汇优先策略，通过时间短语获得表示过去这一信息，而忽略同样表示过去的 a 这一语法形式。

3. 结构化输入（Structured Input，SI）

结构化输入练习包含两个部分：指示题（referential activity）和表意题（affective activity）。

指示题的内容包含一系列句子或者短语，学习者需要加工语言形式才能准确理解意义，建立起语言形式和意义的联结，此类型的任务有明确答案。

以英语母语者学习西班牙语宾格代词为例，英语句子基本是 SVO 结构，而西班牙语的语序则较为灵活。英语学习者在理解西班牙语非 SVO 结构时常常出错，将句子宾语当作句子主语，因为他们采用了类似于处理英语句子的加工策略。针对此问题，指示题练习采用让学习者将所听到的句子和图画相匹配的方法，激发学习者通过处理加工句子的形式（如西班牙语第三人称宾格代词 la、lo）等去获取句子的正确意义。以范帕滕（VanPatten，1996：73）著作中的练习为例：

请听句子，找出与其相匹配的图画。

"Lo saluda la niña."

He greet the girl.

The girl greets him.

女孩向他问好。

学习者需要选择与这句话相符的图片。正确的图片是女孩打招呼的图片b，而不是男孩打招呼的图片a。

同样的目标语结构，此练习还可以设计成让学习者根据图画去选择句子。例如范帕滕（VanPatten，1996：72）将此练习设计为：

请看下面的卡通，谁亲吻谁？

____ Lo besa la mujer.

（Him kiss the woman. The woman kisses him. 那个女人吻他。）

____ La besa el hombre.

（Her kiss the man. The man kisses her. 那个男人吻她。）

选择的过程是学习者注意并加工宾格代词la、lo的过程。为正确理解其意义，学习者必须注意并加工其形式，不再依赖语序做判断，避免错误地将句子首位的代词当作句子的主语。

表意题要求学习者根据所给的包含特定语法结构的句子或者语篇的内容表明自己的观点或者态度。表意题无明确答案，旨在通过正面输入（positive input），帮助学习者巩固刚刚建立起来的形意联结。表意题的题型以贝纳蒂（Benati，2005）干预中国和希腊学生学习英语过去时为例：

你将听见10个句子，想一想周末你是否也做了同样的事情呢？

（8）students hear: I played sport.

a）Me too. b）I did not.

（9）students hear: I visited my friend.

a）Me too.　　　　　　b）I did not.

这些输入内容是经过设计和控制的，旨在解决学习者在输入加工过程中可能遇到的问题。其目的在于干预学习者的学习过程，从语言学习的源头即可理解性输入入手，改变学习者内在不理想的加工策略，促进形式和意义在学习者工作记忆中的正确联结，为学习的下一阶段即重构和顺应（restructuring and accommodation）提供优质的摄入。

输入加工教学干预的第一部分类似于传统教学方法，而第二、第三部分则具有其独特之处。结构化输入练习被认为是输入加工教学干预最关键的一部分。这些练习旨在解决学习者在加工处理输入过程中遇到的问题而不涉及输出操练。主要的类型包括连线匹配、二元选择、填补信息、多项选择、排序等。设计这些练习需要遵循六个基本的原则（Lee & VanPatten，2003）：一次聚焦一个语言点；以意义为中心；从句子到语篇；采用口头和书面两种形式的输入；让学习者在实践中学习；时刻考虑学习者可能采用的加工策略。

2.2.2.2　特征

输入加工教学干预具有基于输入性、干预性和重（全）形式等特征（潘娟，2018）。

1. 基于输入性

输入加工教学干预是一种基于输入而非输出的干预方法。它聚焦学习者在加工输入信息过程中可能存在的不理想加工策略，通过操纵输入的方式，让学习者注意并改变所存在的不当的认知加工策略，促进理解。该方法不要求学习者有与目标语结构相关的任何输出操练。该方法是在克拉申的观点“可理解性输入是语言习得的前提”的基础之上发展起来的。强调输入是语言习得之源，这也是众多语言习得研究者们的共识。无论是母语习得还是二语习得，都与可理解性输入密不可分（Larsen-Freeman & Long，1991）。输入加工教学干预的观点与语言的理解应该发生在语言的输出之前的观点一致（Loschky & Bley-Vroman，1993），强调在加工输入的过程中，在获取意义的同时兼顾形式。无论是母语习得还是二语习得，都与可理解性输入密不可分。

范帕滕（VanPatten，1996）强调，应该重新审视传统的语法教学（以输出为主），并认识到输入对于语言习得的重要性。传统的语法教学通常要求学生在向他们呈现目标语法结构后进行机械的输出操练。然而，这种以输出操练为主的教学方法被认为与语言习得的规律相悖。在大脑还未建立起目标语结构的表征之前，让学习者进行输出是不科学的。这就好比让车行驶得快，主要在于要供给它优质的汽油（input），语言学习的重点也在于提供优质的输入。以输出为主的语法教学就像是用汽车的尾气（output）去发动汽车，效果不佳。克拉申也认为在习得初期，给学习者提供可理解性的输入至关重要，不应要求学习者过早进行输出，因为这会增加学习者的焦虑感，而他们内在的习得机制还未准备好进行输出。

2. 干预性

可理解性输入是习得的必要条件，但并非充分条件。科德（Corder，1967）将输入和摄入作了区分（他使用了 taken in 一词），摄入的信息才是进入学习者语言发展系统的信息，是习得的语源。然而，如果摄入的信息是错误的，有效的习得同样无法发生。输入加工教学干预基于范帕滕提出的输入加工过程模型，关注从输入到摄入的过程中影响输入转变为正确的摄入的因素，聚焦学习者加工输入的过程中依赖的策略和可能出现的问题。在此基础上，它干预输入，帮助学习者在理解意义的同时加工语言的形式，以提高学习效果。

二语学习者在加工输入的过程中存在两种问题：优先关注语义而忽略形式；过分关注形式而无法理解语义。为解决这样的问题，输入加工教学干预可以通过有效的干预，帮助学习者在关注语义的同时兼顾语言形式。

基于输入加工教学干预的干预主要体现在结构化输入练习上。通过巧妙设计练习，改变输入方式，干预能够帮助学习者在理解意义的同时，进一步对语言形式进行加工，并借助目标语结构的形式去获得意义。结构化输入练习是输入加工教学干预中的关键性任务（essential task）。任务的关键性和非关键性区别在于是否能促使学习者通过加工形式去获得意义。以马斯登（Marsden，2006）的研究为例，同样是干预输入的方法，马斯登将输入加工教学干预和强化输入法（Enriched Input）作了比较，干预了法语二语学习者第一人称单复数动词变位的习得。输入加工组的结构化输入练习让学习者根据语法形式挑选出哪些行为是个人完成的，哪些行为是两人共同完成的。强化输入法组的练习为判断任务，让学习者阅读含有第一人称单复数动词变位的短文，判断哪些行为是个人完成的，哪些行为是两人共同完成的。结果发现输入加工组显著好于强化输入法组。这表明输入加工组的任务促使学习者注意并加工了动词的形式，建立了形式和意义的联结。加工不同于感知和注意，加工是指感知和注意都发生了，并且将感知和注意到的形式进行加工处理从而获取意义。经过加工的输入成为摄入，进入学习者的语言发展系统。

3. 重（全）形式

重形式（Focus on Form）教学是在对全形式（Focus on Forms）教学和重意义（Focus on Meaning）教学的批判与改进的基础上形成的概念（张一平，2006）。全形式教学是一种传统的教学方法，要求学习者将注意力全部集中于某个特定的语言形式，以便掌握该形式；重意义教学则要求学习者将注意力集中于想要表达的内容，注重流利胜过注重准确；而重形式教学则要求学习者在注重意义的同时兼顾形式，提高表达的准确性。

输入加工教学干预被认为是一种既重形式（VanPatten，2002）又属于全形式的方法（Shintani et al.，2013），它不仅包含显性的语法规则讲解，还将对语法形式的处理纳入以意义为主的教学框架中。全形式教学的特征体现在显性信息的呈现和输入加工策略的讲解方面。学生被明确告知目标语的语法规则以及可能会错误地加工此语法规则的策略。显性的教学对没有机会在课外接触目标语的学习者来说尤为重要（Klapper & Rees，2003）。第二语言成人学习者对第二语言学习会产生选择性和偏向性的注意力，因此需要显性的信息来吸引他们的注意力，以便让他们注意到中介语和目标语之间的差异，从而促进他们学习目标语。显性信息在建立全面的、接近目标语的形式和意义关联过程中发挥着重要的作用。但在接下来的结构化输入干预（包括指示题和表意题）方面，学习者的注意力又在完成以意义或交际为主的任务中，不知不觉被引导到语言形式上，教学过程仍以意义而非语言形式为中心，这又体现了重形式的特征，因此也是一种重形式的方法。此外，有实证研究（VanPatten & Oikkenon，

1996）发现，在某些条件下显性信息的作用显得可有可无，而结构化输入练习才是输入加工教学干预的核心。因此，输入加工教学干预在更多情况下被认为是一种重形式的方法。

输入加工教学方法并非一种综合的教学法（method），而是一种干预学习者加工输入的策略和技巧（technique）。它基于输入，不要求输出。与篇章强化（text enhancement）、重塑（recast）以及其他以强化输入为基础的干预技巧不同，输入加工教学强调学习者在实时加工输入的过程中可能存在的问题，并有预见性地针对这些问题采取相应的干预措施和技巧，帮助学生规避不理想的认知加工策略和加工习惯，促使他们去加工形式从而获取意义，最终建立形式和意义的正确联结。虽然文本凸显和重塑等会提升学习者的意识，但根据输入加工理论，注意到的内容也并非一定会被加工。

2.3 句法移位理论

生成语法认为句子表层结构中的词序是深层结构的移位结果。在句法移位理论中，最典型的 wh-移位就发生在 wh-问句中（温宾利，2002），包括直接 wh-问句和间接 wh-问句。典型的中心语移位也发生在 wh-问句中。在生成语法研究的早期，这种现象被称为主语和助动词倒置（Subject Auxiliary Inversion，SAI）（温宾利，2002）。下面将具体描述 wh-问句的推导过程。

根据句法移位理论，直接 wh-问句（10）和句（11）的表层结构中的词序都经过了两种移位：中心语移位和 wh-疑问词移位。标句词短语的中心语 C 含有时态特征（Tense，TNS），吸引最近的时态（现在时或过去时）中心语 T，使 T 成分移位至 CP 的中心语位置，因为句（10）和句（11）的 T 中心语没有助动词或情态动词，只有表示过去时的附着词缀，所以在 C 的中心语位置采用 do 支持，实现为 did；C 的边缘特征（Edge Feature，EF）吸引最近的 wh-疑问词移位至 C 的标志语位置（C-spec），即宾语 wh-疑问词 who 和状语 wh-疑问词 when 移位至 C 的标志语位置。它们的推导过程见图 2-3。wh-移位也发生在间接 wh-问句中，在内嵌子句 wh-问句（12）中，只需移位 wh-疑问词

who 至内嵌子句中心语 C 的 C-spec 即可，无须中心语 T 的移位。

（10）Who did Mary see yesterday?

（11）When did Mary see him?

（12）I want to know who he saw yesterday.

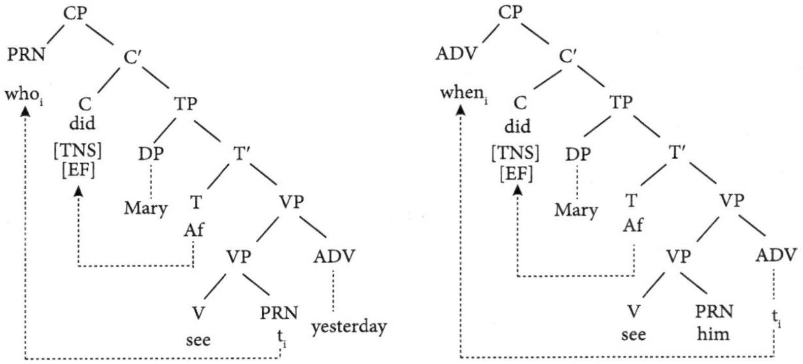

图 2-3　主句宾语 wh-问句和状语 wh-问句的推导过程

然而，学者们对主句中的主语 wh-疑问词和 T 是否发生移位存在两种不同的观点。一种观点（Chomsky，1986）根据表层结构中词序和深层结构的相同，认为句中做主语的 wh-疑问词没有移位，也不允许 T 至 C 的移位，或不需要 do 支持。另外一派（Cinque，1990）则认为宾语和状语的 wh-问句都是以 C 为中心语的 CP，为了使所有 wh-问句的结构都相同，主语 wh-疑问词也应该发生了移位。雷德福（Radford，2009b）根据 on earth 在宾语 wh-问句中位于 C-spec 和 C 之间，如句（13），在句（14）的主语 wh-问句中，主语 wh-疑问词 who 位于 on earth 之前，推断主句主语 wh-问句 who saw him yesterday 中的 wh-疑问词也发生了移位，见句（15）。需要解决的问题是，如果主语 wh-问句也发生移位，其推导过程是什么？为什么没有伴随 T 至 C 的移位？

（13）Who on earth is she going out with?

（14）Who on earth called the police?

（15）[$_{CP}$ Who [$_{C}$ ø $_{EF}$]][$_{TP}$ [who [$_{T}$ PAST] [$_{VP}$ see him yesterday]]]]

帕克（Parker，1999）发现查美古洛语（Chamicuro，秘鲁的一种土著语言）中时态在主语上有显性的标记。佩塞兹基和托雷戈（Pesetsky & Torrego，2001）把该发现推广到英语中，提出 T 和主语之间的一致关系，把主语人称和数的特征复制到 T 上，T 的时态特征复制到主语上，在主句主语 wh-问句（15）中，who 是过去时 T 的主语，所以它除了带有疑问特征外，通过和 T 的一致关系，还带有过去时特征。C 的边界特征[EF]和时态特征[TNS]联合起来，吸引 who 的移位，C 的 EF 保证了 who 可以移至 C 的 C-spec，由于它是代词，动词性的 T 附着词缀不能提升依附于它，只能下降依附于动词 see，拼读为 saw。在主句主语疑问句的推导中，只需把 who 从 T 的 C-spec 移位至 C 的 C-spec，就能同时满足 C 的时态和边界两个特征（图 2-4）。根据经济原则（Chomsky，1995），单个 who 的移位操作比 who 移位+助动词移位更经济，更受推导机制欢迎。在主句疑问句中，wh-疑问词作主语的移位操作比作宾语和状语的少，习得起来应该较容易。

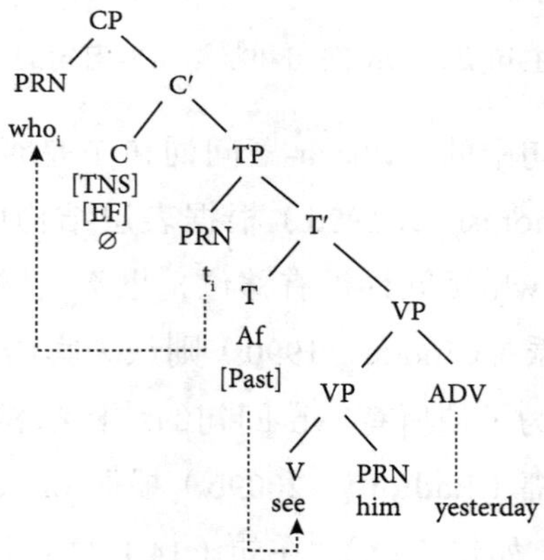

图 2-4　主句主语 wh-问句的推导过程

wh-移位中的移位成分还可以是作标志语的 wh-短语，如句（16），或 wh-短语做补语的介词短语，如句（17）。

（16）Whose book do you like best?

（17）With whom will you go to the cinema?

（18）Who will you go to the cinema with?

句（18）中的 wh-短语移位了，但介词留在原来位置，句（17）中的现象称为介词并移（pied-piping），句（18）中的现象称为介词留守（preposition-stranding）。

根据 Chomsky（1981）的原则与参数理论，wh-移位并不具有普遍性，而是在不同语言中呈现参数变化。英语中的 wh-成分必须要进行移位，而汉语则不需要移位。这是因为不同语言的功能性中心语 C 具有的[+wh]特征的强弱程度不同。英语的 C 具有强[+wh]特征，其 wh-成分必须移位，以保持标志语-中心语一致。在最简方案阶段称为"特征核查"（feature checking）。汉语的 C 具有弱[+wh]特征，其 wh-成分留在原位（in-situ）。因此，wh-移位不是一项普遍原则，而是在不同语言中呈现参数变化。这种参数被称为 wh-参数（wh-parameter）。英语是 wh-移位语言（wh-movement language）[①]，而类似汉语的语言则被称为非 wh-移位语言（wh-in-situ language）。语言间存在的类似差异称为参数差异（parameter variation）。

① 在英语中只有多项问句（multiple wh-question）中的疑问词才会留在原位，比如：Who found *what?*

第 3 章

国内外研究现状

本章文献综述主要涵盖输入加工教学干预研究和 wh-问句习得研究两个方面。在对相关文献进行综述的基础之上，对已有的研究进行客观全面的评析，为本书的研究奠定基础。

3.1 输入加工教学干预研究

大量的实证研究表明，输入加工教学干预能够有效提高学生的理解能力和输出能力。实验研究发现，输入加工教学干预对于那些出现频率很高，但学习者学习多年仍经常出错的语法项目有显著促进效果。由于操作相对省时省力，该干预方法被认为是二语教学中的一个重要发现（Dekeyser & Prieto Botana，2015）。

近 20 年来，国外有关输入加工教学干预的研究日益丰富，研究数量持续增长，已涉及多种语言的 10 多种语法结构，受试者多数为大学生，较少为初中生和高中生。绝大部分研究中，干预效果的测量常包括理解型和产出型两种。这些研究的设计多种多样，总体而言可以归纳为四大类：第一类是关于输入加工教学干预方法本身的研究，例如 PI 与 I 的对比研究，以及有表意题干预和没有表意题干预的效果对比研究；第二类是将 PI 与其他干预方法进行对比的研究，例如与“呈现-操练-输出（Presentation，Practice and Production，PPP）”的 3P 教学法、基于意义的输出教学法（Meaning-Based Output Instruction，MOI）、交际语言教学法（Communicative Language Teaching，

CLT）和合作听写法（Dictogloss）等这些干预方法的对比研究；第三类是关于调节 PI 效果的其他变量研究，例如个体差异（学能、工作记忆等）；第四类为 PI 的迁移效应和累积效应研究。

下文将根据本书研究需要进行分类综述。

3.1.1　PI 的组成部分 EI 和 SI 的效用研究

PI 包含三个部分。其中，SI 被认为是最关键的部分，发挥着最重要的作用。那么，EI，即显性的语法规则讲解，其作用是什么，是否可有可无？早期关于 PI 促学效果的研究主要集中在各组成部分的效果上。这些研究使用了不同的目标语结构，涵盖了不同的第二语言和母语背景的二语学习者，并且学习者的语言水平各异，因此研究的结果也存在差异。

1993 年，范帕滕和卡迭诺进行了第一个有关 PI 的实证研究。他们以母语为英语的大学生为受试者，考察 PI 和传统语法教学干预对他们习得西班牙语宾格代名词的效果。研究结果表明，PI 显著优于传统语法教学干预。实验分为 3 组，PI 组、TI（Traditional Instruction，传统教学法）组和对照组。在理解任务方面，PI 组的表现显著优于 TI 组和对照组；在输出任务方面，PI 组和 TI 组的差异不显著，但两者都优于对照组。虽然这个结果已明确了 PI 的显著优势，但是部分学者批评该研究未厘清两种干预方法所包含的各个变量：TI 和 PI 不仅在干预方式上不同，它们各自包含的 EI 内容也存在差异。为了进一步明确 PI 的效应是否和 EI 相关，范帕滕和奥凯农（VanPatten & Oikkenon，1996）仍然以西班牙语宾格代词为目标语法，以母语为英语的大学生为受试者，将受试者同样分为三组：完整的 PI 组（EI+PS+SI）、SI 组（只有 SI，没有 EI 和 PS）和作为对照组的 EI 组（EI+PS）。结果发现，PI 组和 SI 组都显著好于 EI 组，但 PI 组和 SI 组之间没有显著差异。这表明 PI 的效果和 EI 的关系不大，而是 SI 发挥了关键的作用。此研究进一步证明了范帕滕和卡迭诺（VanPatten & Cadierno，1993）的研究结果，即 PI 的干预效果好于 TI，同时又表明 SI 优于 TI。

近年来，越来越多的研究关注基于 PI 对于语法习得的有效性。其中，许多研究复制了范帕滕和卡迭诺的研究。贝纳蒂（Benati，2004）的两项研究采用了范帕滕和奥凯农（VanPatten & Oikkenon，1996）的研究设计，研究了以英语为母语的学习者在意大利语将来时态和性别一致性方面的学习。研究将受试者分为 PI 组、SI 组和 EI 组三组，结果发现 PI 组和 SI 组的表现均显著优于 EI 组，而 PI 组和 SI 组之间没有显著差异。王（Wong，2004）研究了 PI 对以英语为母语的大学生学习法语否定结构的影响，将受试者分为 PI 组、SI 组、EI 组和对照组四组，同样发现 PI 组和 SI 组的表现显著优于 EI 组和对照组，但 PI 组和 SI 组之间的差异不显著。这三项研究结果表明，PI 的有效性主要来源于 SI，而干预中 EI 发挥的作用不大，可有可无。

法利（Farley，2004）首次研究了 PI 对更为复杂的语法结构习得的效应，即西班牙语虚拟语气的习得。该研究对象是以英语为母语的大学生，分为两个组：PI 组和 SI 组。结果表明，PI 组和 SI 组均有显著提升，但是 PI 组的提升幅度显著大于 SI 组。这表明 SI 虽然能够有效促进习得，但其效果与 PI（包含 EI）还存在一定的差异。此项研究引发了研究者们对 EI 在 PI 中角色的再思考。他们认为在结构相对复杂的语法项目上，EI 可能具有一定的效用，更能帮助受试者进行目标语形式和意义的匹配，而非不发挥任何作用。

费尔南德斯（Fernandez，2008）参考了范帕滕早期研究的设计和法利（Farley，2004）的研究结果，对母语为英语的大学生在学习西班牙语宾格代词和西班牙语虚拟语气方面的习得进行了研究。该研究跟踪调查了学习者在学习过程中的行为。结果表明，在西班牙语宾格代词的习得方面，该研究结果与范帕滕和奥凯农（VanPatten & Oikkenon，1996）的研究一致，即 EI 的作用不明显，PI 组和 SI 组在加工速度和正确率方面均无显著差异。然而，在对虚拟语气的习得方面，PI 组的加工速度显著快于 SI 组，这一结果支持法利（Farley，2004）的研究，即 EI 在某些语法结构的习得方面具有促进作用。

鉴于以上研究结果，库尔曼等（Culman et al.，2009）和亨利等（Henry et al.，2009）参考费尔南德斯（Fernandez，2008）的研究，分别考察了以英语为母语的学习者对德语宾格代词的习得。结果表明，+EI（有 EI）组比-EI（无 EI）组更快速地处理了目标语句子结构，证明了 EI 对德语宾格代词习得的有效性。虽然在西班牙语宾语代词习得中也有类似的干预过程，但为什么

EI 仅对德语宾格代词的习得有显著效果呢？研究者认为，这很可能是因为西班牙语宾格代词的规则和解释复杂度要高于德语宾格代词，受试者很难理解西班牙语宾格代词的 EI。即使将 EI 呈现给了学习者，效果也不明显，因此 EI 未发挥功效。

拉塞尔（Russell，2012）的实验也发现 EI 具有一定的促学效果。该实验采用在线干预的方式，排除了干预者因素，研究以英语为母语的大学生对西班牙语虚拟语气结构的习得。此研究增加了一个变量：强化输入。他将受试者分为四组：+PI、+VIE（Visual Input Enhancement，视觉输入强化）组，+PI、-VIE 组，+SI、+VIE 组和+SI、-VIE 组，另外还有一个 TI 组。研究结果发现，+PI、+VIE 组显著优于+SI、-VIE 组，但是+PI、+VIE 组和+PI、-VIE 组之间没有差异，这从侧面证明了 EI 的辅助作用，因为 PI 包含 EI。

有关 PI 方法组成部分具体效果的研究表明，SI 发挥了关键作用，但是 EI 在特定条件下也发挥了一定的作用。

3.1.2　调节 EI 在 PI 中发挥效用的因素研究

哪些因素调节着 EI 在 PI 中发挥的效用？现有的相关研究发现，关键性任务和学能（aptitude）可以调节 EI 的效果。

3.1.2.1　关键性任务调节 EI 效果的研究

根据罗斯基和布莱-沃洛曼（Loschky & Bley-Vroman，1993）的研究，关键性任务是指在干预过程中能够驱动学习者对目标语结构产生认知上的变化的任务。这些任务能有效促进学习者习得目标语结构。桑兹和摩根-肖特（Sanz & Morgan-Short，2004）对干预中的关键性任务这个变量尤为感兴趣，他们同样以西班牙语宾格代词（OVS 结构）为目标语结构，增加了一个显性反馈（Feedback，F）的变量，研究 PI 对习得的影响。研究设计包含四组：+EI、+F 组，+EI、-F 组，-EI、+F 组和-EI、-F 组。尽管这四组在干预后都有显著提高，但组间差异不显著。他们发现在有 SI 存在的条件下，EI 和反馈的作用都不大。也就是说，SI 任务在 PI 中发挥着关键性作用。该项研究发现具有重要意义，将对 PI 的研究向前推进了一步。它的重要性体现在两个方面：第一，桑兹和摩根-肖特（Sanz & Morgan-Short，2004）明确提出了 SI 是 PI 的最关键部分，将实验中四个组之间差异不显著的结果归因于具有关键作用的 SI；第二，-EI、-F 组与其他三组无显著差异，表明 SI 不仅能够弥补 EI 的空缺，而且还能够替代 EI 和反馈的共同作用。SI 任务为什么具有关键作用？是不是帮助学习者自动总结出了语法规则？德凯泽（DeKeyser，2008）认为，通过关键任务加上适当的反馈，学习者获得的信息或等同于他们从完整 PI 中获得的信息。王和伊藤（Wong & Ito，2017）的研究也支持了这样的观点，即关键性任务可以替代 EI 的作用。他们首次采用眼动技术考察以英语为母语的大学生的法语使役结构习得，研究包含两个实验。在实验一中，受试者被分为两组：PI 组和 TI 组。这两组受试者都没有 EI 的讲解，结果表明 PI 组无论在正确率还是眼动模式（eye-fixation pattern）上都显著优于 TI 组。这表明即使没有 EI，SI 同样有效促进了目标语结构的习得。实验二采用同质的受试者，分成同样的两组，不同的是他们都接受了 EI。结果发现 EI 帮助 TI 组受试者更快注视到了正确的图片，注视速度同 PI 组一样。但相较于实验一，EI 并没有让实验二中的 PI 组在正确率或是加工速度上好于实验一中的 PI 组。这在一定程度上说明 SI 具备了关键性任务的性质，EI 在 TI 组中有效，但在 PI 组中则可有可无。从这些研究中，我们发现在 PI 中，发挥关键性作用的是 SI 任务。

另外一个影响 EI 在 PI 中发挥作用的因素可能是学习者的个体因素。在学习过程中，他们可能没有特别关注 EI，未给予足够重视，或者并不能够充分理解 EI，这也可能是导致 EI 没有发挥作用的原因。关于这个问题，马斯登（Marsden，2006）以及马斯登和陈（Marsden & Chen，2011）的研究提供了有力的证据。

马斯登（Marsden，2006）的研究设计了两项实验。实验一以低水平受试者为研究对象，将其分为两组，分别接受了 PI 干预和 EI+non-task-essential SI（非关键性任务）干预。结果发现，只有 PI 组取得了显著效果，而 EI+non-task-essential SI 组没有任何提高。另一个实验以较高水平的受试者为研究对象，采取同样的分组。结果显示，PI 组有显著提高，而 EI+non-task-essential SI 组也有所提高。作者将 EI+non-task-essential SI 组提高的结果归因于较高水平的学习者具有更加丰富的显性知识。马斯登和陈（Marsden & Chen，2011）又进一步比较了 SI 所包含的两项任务：指示题任务和表意题任务。结果发现，指示题任务有显著促学效果，而表意题任务则没有。这两个研究进一步证实了关键性任务的重要性。然而，该研究也引发了思考，即如果受试者在接受干预的过程中仅仅依赖于 EI，那么结果会如何呢？普列托・博塔纳（Prieto Botana，2013）的实验聚焦这个问题，设计了–EI+task-essential SI、–EI+non-task-essential SI、+EI and task-essential SI、+EI and non-task-essential SI 四种条件，再加上一组对照组，考察了 130 名西班牙语二语学习者在习得 ser/estar 系动词和 OVS 结构方面的效果。研究采用计算机进行实验干预，结果发现在关键性任务缺失的情况下，无论是在 ser/estar 系动词还是和 OVS 结构的习得中，无论是在理解任务还是产出任务方面，EI 都是必要条件。这表明在关键性任务缺失的条件下，当受试者无法理解并归纳目标语规则时，EI 就显得格外重要。此外，该研究还发现，EI 的效果也受不同目标语结构的调节，EI 对 OVS 结构的习得具有更持久的效应，这再次证明了 EI 的有效性。

因此，关于 EI 对学习的作用，仍需要进一步的研究。尽管在某些情况下，学习者可能不需要 EI，但在更多情况下，缺乏 EI 可能会影响学习效果。

3.1.2.2　学能调节 EI 效果的研究

显性的语法规则讲解对于不同的学习者是否具有不同的效应，以及高学能者是否比低学能者更能从中获益，范帕滕等（VanPatten et al.，2013）研究了学习者的语法敏感度即学能和 EI 发挥作用的相关性。该研究以美国的大学生为受试者，考察了 PI 对他们习得法语使役结构，以及德语、西班牙语和俄语 OVS 结构的影响，针对的都是“第一个名词加工策略”，即二语学习者倾向于将句中的第一个名词当作句子的主语。研究结果发现，PI 干预的效果因涉及的语种不同而不尽相同。西班牙语和俄语学习者的学能与 EI 的相关性不显著；德语学习者的学能和 EI 呈正相关，即 EI 对高学能的学习者促学效果明显；法语学习者在加工处理使役结构时，EI 发挥了重要作用，显著提升了他们加工处理的速度，但是这与学能这一变量并不显著相关。范帕滕等（VanPatten et al.，2013）对于实验结果的解释是这样的：俄语 OVS 结构的规则较为复杂，显性语法规则不易理解，而德语和法语 OVS 结构的显性规则信息要比俄语简单，因此俄语 OVS 结构的 EI 发挥的辅助效果不明显。而法语使役结构的显性规则信息又比德语简单，因此对于高学能和低学能的学习者都有辅助效果。学能和语种共同调节 EI 发挥效果，调节 PI 教学干预的效果。

范帕滕等（VanPatten et al.，2013）的研究再次证实了 EI 的有效性。EI 至少能够帮助学习者明确目标语的语法规则，在加工处理目标语的过程中更加迅速、准确地建立语言形式和意义的联系，为接下来的学习提供保障。通过综述，我们还发现，仅仅简单地向学习者讲解 EI 可能无法充分发挥其促学作用。在实际的教学干预中，我们需要充分、合理、有效地利用好 EI，帮助学习者理解 EI，以便让 EI 更好地发挥促学效果。

3.1.3 PI 与其他干预方法的对比研究

将 PI 与其他教学干预方法进行对比，是 PI 研究的一个重要方面。然而，由于与本书的联系并不紧密，这里仅作为本书的背景进行简单综述，以梳理对比不同干预方法，以及 PI 的促学效果。

3.1.3.1 PI 与输出教学干预

如上所述，PI 的首个实证研究是范帕滕和卡迭诺（VanPatten & Cadierno，1993）的研究。该研究与 TI 进行了对比。在该项研究中，TI 指的是鲍尔斯顿（Paulston，1972）所定义的教学法，从显性语法规则讲解开始，到机械的输出操练，再到有意义的输出操练以运用到交际中这样的范式。此后，许多研究也将 PI 与各种带有输出操练的方法进行了对比，包括传统法、基于意义的输出教学法、合作听写法等，这些方法都包含了对目标语的输出操练，因此统称为输出教学干预（Production-Based Instruction，PB）。

大量有关 PI 和 PB 的对比研究发现，在理解任务中，PI 的促进效果显著优于 PB。例如，法利（Farley，2001b）、贝纳蒂（Benati，2005，2009）、贝纳蒂等（Benati et al.，2008a）、阿尔达格和范帕滕（Uludag & VanPatten，2012）以及秦（Qin，2008）等学者的研究表明，PI 在促进语言理解方面的确有更佳的效果。

然而，也有一些研究发现这两类干预方法在提升理解能力方面并没有显著差异，例如法利（Farley，2001a）、摩根-肖特和鲍登（Morgan-Short & Bowden，2006）、李和贝纳蒂（Lee & Benati，2007）、基廷和法利（Keating & Farley，2008）、范帕滕等（VanPatten et al.，2009）、法利和阿斯兰（Farley & Aslan，2012）以及托特（Toth，2006）等的研究。目前几乎没有研究发现在理解性的任务中，PB 的促学效果显著好于 PI 的情况。

在产出任务中，结果正好与理解任务相反：在理解任务中，大多数研究表明 PI 的促进作用优于 PB，或者至少与 PB 相当；而在产出任务中，则是 PB 的促进效果优于 PI，或者与 PI 相当。已有研究表明，尔拉姆（Erlam，2003）、摩根-肖特和鲍登（Morgan-Short & Bowden，2006）、托特（Toth，2006）、基廷和法利（Keating & Farley，2008）以及法利和阿斯兰（Farley & Aslan，2012）等发现 PB 显著优于 PI。唯一一项发现 PI 无论在理解还是产出任务中都优于 PB 的研究是贝纳蒂（Benati et al.，2008b）的研究。

梳理这些研究后我们发现，总体而言，PI 在促进理解方面具有显著优势，而 PB 在促进产出方面具有显著优势。在几项研究中，发现 PB 在促进产出方面的效果显著优于 PI，这些研究的干预任务都包含了聚焦意义的输出操练，而非 TI。这也证实了托特（Toth，2006）的假设：带有输出操练的干预方法的有效性可能是因为它所采用的任务具有交际性。PI 早期研究中提到的传统教学干预方法的效果不佳，可能是因为它包含的操练任务缺乏意义，交际性不足。

因此，对 PI 和 PB 的对比研究结果，需要谨慎解读。许多研究者还指出，在一些研究当中还存在测量工具与干预材料有着高度相似性的问题，这也影响实验结果的可靠性。此外，PB 所包含的具体干预方法也多种多样，例如 TI 和 MOI 等，各自的干预方法都存在差异性。

3.1.3.2　PI 与强化输入干预

目前仅有马斯登（Marsden，2006）的一项实证研究对 PI 和强化输入教学（Enriched Input Instruction，EnI）进行了对比。马斯登的研究以英语中学生（14—15 岁）为受试者，考察他们对法语动词变位的习得。该研究包含两个实验，干预针对受试者在习得过程中可能采用的“词汇优先策略”和“资源可适用性策略”。实验一的受试者为较低水平的学习者，分为 PI 组（14 人）和 EnI 组（13 人）；实验二的受试者水平稍高于实验一，分为 SI 组（15 人）、EnI 组（14 人）和控制组（30 人）。其中，EnI 组除了在 SI 练习上与 PI 组不同之外，其他条件均相同。EnI 组接受输入流（input flood）和表意题任务的干预，不要求受试者通过加工语法形式获取意义。测量手段包括听、说、读、写四个方面的任务。研究发现，总体而言，PI 组表现显著优于 EnI 组，说明 SI 练习对习得的关键性和有效性。同时，在实验二中，在写和说的任务方面，PI 组与 EnI 组差异不显著，说明较高水平的受试者能够更好地利用输入中的信息，在没有 SI 任务练习的条件下，EnI 组受试者也能取得与 PI 组同样的成绩。

总体而言，PI 相较于 EnI 也有一定的优势。

3.1.4 调节 PI 效果的因素研究

PI 效果受到多种因素的调节，包括语言种类和目标语结构的差异，以及学习者的个性化因素，如外语学习动机、水平和学能等。

目前，PI 的研究已经涉及多种语言的 10 多种语言结构。其促学的效果因不同的语言和不同的目标语结构而不同。张素敏（2014）、张素敏和陈先奎（2015）将个性化因素作为变量探究 PI 促学效果，他们从外语学习动机角度对比研究了 PI 与传统 3P 语法教学在语法形态和意义匹配中的效应。研究结果表明，PI 能显著促进新知识（一般过去时）的习得，同时还对已学知识（一般现在时）的再学习有显著的训练迁移效应。PI 比传统的 3P 语法教学法更为优越。此外，两种教学方法都对外语学习动机较高的学习者有显著作用，但 PI 对中等动机学习者的促学作用最为明显。PI 模式相对优于 3P 语法教学模式，但其促学作用因学习者外语学习动机不同而存在差异。他们还发现，外语学习动机显著影响学习者对 EI 的加工。学习者学习动机较强时，EI 的促学作用明显，而学习者学习动机较弱时，显性和无 EI 的差异并不显著。库尔曼（Culman et al.，2009）的研究包含了学习者水平这个变量，但是研究发现，水平并未影响 PI 的效果，这可能与所学的语言结构有关。范帕滕等（VanPatten et al.，2013）的研究将学能作为一个变量，用 PI 干预以英语为母语的大学生学习西班牙语、德语、俄语和法语主格宾格结构的习得。针对的是“第一个名词加工策略”，结果发现，同样的语言结构，在德语学习中，学能和 EI 的效果呈正相关。在高学能的学习者中，EI 的促学效果明显。在法语、俄语和西班牙语学习者中，学能并不影响 PI 的促学效果。目前，将水平和学能作为变量，考察 PI 效果的研究还比较少见。

3.2　PI 研究评析

PI 的效果已在许多语言结构的学习上得到了论证。研究者们或对其组成部分的效果进行探究，或将其与其他教学方法的效果进行对比研究。这些研究所涉及的语言结构包括西班牙语直接宾语代词、一般过去时、虚拟语气、ser 和 estar、被动语态等结构中的 se，法语动词变位、使役结构，英语一般过去时、一般现在时，意大利语将来时，德语主宾格结构、俄语主宾格结构等。

然而，这些研究对 PI 促学效果的阐述并不一致，研究本身也存在一些局限性，这些局限性在某种程度上影响了 PI 的解释力和推广力。

（1）绝大部分 PI 的研究聚焦于词的屈折变化或形态句法（morpho-syntactic）特征方面，极少数研究考察 PI 对句法习得的干预效果。无论是有关 PI 本身的研究，还是将其与其他干预方法进行对比的研究以及调节 PI 效果的因素研究，多以词的屈折变化或形态句法特征为切入点。相比之下，用 PI 干预句法结构习得的研究仅有少数几项，主要针对西班牙语虚拟语气和法语使役结构的习得，例如科伦廷（Collentine，1995）、法利（Farley，2001a，2004）、拉塞尔（Russell，2012）、王和伊藤（Wong & Ito，2017）以及范帕滕等（VanPatten et al.，2013）等的研究。因此，PI 是否能够促进其他句法结构的习得急需更多后续的实证研究。

（2）PI 研究的受试对象多数为大学生，研究对象的背景不够丰富。PI 的研究对象主要为大学生，且多为二语环境下的二语学习者。除了艾伦（Allen，2000）、尔拉姆（Erlam，2003）、贝纳蒂（Benati，2005）、马斯登

（Marsden，2006）、范帕滕和奥凯农（VanPatten & Oikkenon，1996）、冯辉和张素敏（2012）、张素敏和陈先奎（2015）和张素敏（2014）的研究对象为 13—14 岁的初中生，其他有关 PI 的研究主要考察大学生对目标语结构的再学习，极少数研究考察初学者对某种语法结构的初学习，即 PI 在学习者刚接触目标语时促进形式-意义联结的有效性，因此，PI 的研究结果不能轻易推广到中小学学习者的二语学习中。

（3）PI 干预英语 wh-问句习得的研究较为罕见。笔者仅检索到两篇博士论文（ÇELİK-YAZICI，2007；Oh，2010）和一篇硕士论文（Xu，2001），且均未深入探讨 wh-问句的内在句法结构，只笼统地比较了前后测试结果。

（4）许多研究的样本数量过于有限，缺乏对照组，从而削弱了结果的可靠性。很多研究中每组受试者样本数量极少（小于 15 人），例如贝纳蒂（Benati，2001）、马斯登（Marsden，2006）、摩根-肖特和鲍登（Morgan-Short & Bowden，2006）以及萨拉贝利（Salaberry，1997）的研究，其中萨拉贝利的研究中受试者 PI 组仅有 9 人，控制组 7 人。此外，还有一些研究缺乏对照组，例如法利（Farley，2001a，2004）与范帕滕和费尔南德斯（VanPatten & Fernandez，2004）等的研究。

（5）许多研究因缺乏延后测，未能完整反映 PI 对干预结构的影响。例如贝纳蒂（Benati，2004，2005）、桑兹和摩根-肖特（Sanz & Morgan-Short，2004）、范帕滕和奥凯农（VanPatten & Oikkenon，1996）以及范帕滕和桑兹（VanPatten & Sanz，1995）等研究的范式未采用完整的教学干预模式，不能反映 PI 干预之后一段时间内的保持效果。

（6）采用口头产出作为测量方式的研究很少，不能表明 PI 是否能够有效促进限时的口头表达。

以上的局限性在一定程度上影响了 PI 研究的推广力。这些局限性可能源于课堂实验存在较多难以克服的客观困难和难以控制的变量。实验的开展在一定程度上对常规的教学秩序存在干扰。然而，在将来的研究中，包括本书研究在内，应在最大限度上努力克服这些局限性，以提高 PI 研究的推广和应用价值。

3.3 wh-问句中填充语-空位依存关系习得研究

本章将简要综述母语和二语 wh-问句中的填充语-空位依存关系习得的研究，其中包括中心语移位的习得和 wh-疑问词移位的习得研究。

英语是 wh-移位语言，wh-问句中的疑问词要移位至句首。无论是母语者，还是二语学习者，在建立句首的 wh-疑问词和其移位后留下的空位之间的依存关系时均存在不同程度的困难。

3.3.1 中心语移位习得研究

在母语习得研究中，贝卢吉（Bellugi，1965，1971）最先开展了母语 wh-问句习得研究，结果发现儿童在 wh-问句的产出中存在未倒置结构，例如“*What he can ride in?”“*Where I should put it?”“*What you will do?”等。这种未倒置现象会持续相当一段时间，儿童一般要到 5—6 岁后才能产出和成人相同的疑问句。此后的儿童 wh-问句习得研究聚焦于对比论元疑问句和附加语疑问句是否进行中心语移位，结果不尽相同。斯特罗姆沃尔德（Stromswold，1995）发现英语母语儿童习得论元疑问句倒置要早于附加语疑问句倒置，儿童在论元疑问句中的倒置率为 97%，而在附加语疑问句中为 85%，存在论元和附加语不对称现象。德维利尔斯（de Villiers，1991）也发现论元疑问句的倒置率高于附加语疑问句，主句疑问句中伴随 why 疑问词移位的助动词倒置率最低。根据生成语法的移位操作，研究者认为儿童习得 wh-问句是基于普遍语法的。然而，论元疑问句和附加语疑问句的句法结构不同，导致它们在习得中出现了不对称现象。罗兰和派因（Rowland & Pine，2000）在分析了儿童亚当（Adam）从 2 岁 3 个月至 4 岁 10 个月的疑问句发展语料后，发现并不存在论元和附加语不对称的现象。亚当疑问句的倒置特征与他母亲话语中的疑问句倒置特征呈显著相关。因此，他们提出儿童疑问句的习得是基于输入频率而非规则的。安布里奇（Ambridge et al.，2006）的研究结果支持罗兰和派因的观点，认为语言环境和输入频率会影响儿童 wh-问句的习得。

二语 wh-问句习得研究的重点在于疑问句的发展顺序和阶段。聚焦中心语移位具有代表性的研究包括李（Lee，2008）以及波赞和夸克（Pozzan & Quirk，2014）的。李采用句子合法性判断任务，考察了韩国大学生对英语 wh-问句倒置的习得。结果发现存在论元和附加语不对称的现象，支持生成学派的观点。波赞和夸克采用输出任务，考察了高级水平的中国和西班牙学习者对英语 yes/no 疑问句和 wh-问句倒置的习得。由于西班牙语主句疑问句结构更接近英语，因此他们预测西班牙学习者应该表现更好，但结果发现，中国学习者习得主句疑问句的倒置却优于西班牙学习者，不支持母语迁移对英语疑问句习得的影响这一预测。其他几项研究即哈兹内达尔（Haznedar，2003）、斯帕达和莱特鲍恩（Spada & Lightbown，1999）的研究间接反映了二语学习者对 wh-问句中心语移位习得的状况。哈兹内达尔分析了一名土耳其儿童艾尔丹姆（Erdem）从 4 岁 3 个月开始历时 18 个月的语料。通过对他所收集的语料进行分析，我们发现艾尔丹姆在论元（what、who）疑问句中的倒置错误率低于附加语（how、why）疑问句，但是他的 where 疑问句的倒置错误率最低，因此还不能得出存在论元和附加语不对称现象这一结论。斯帕达和莱特鲍恩以 150 名 11—12 岁的法国学习者为受试对象，以口头表达、句子偏好选择和连词成句为测量工具，探究教学干预对他们英语问句发展的影响。通过对他们所收集的数据进行分析，我们发现在连词成句任务中，无论是干预前或是干预后，受试者对论元疑问句倒置的习得均优于附加语疑问句，表现出了论元和附加语不对称的现象。然而，在句子偏好选择任务中，两类疑问句倒置的习得无显著差异。他们的研究还发现，法语母语学习者更容易接受和产出主语是代词的倒置疑问句和主语是名词的非倒置疑问句。由于法语中仅存在主语是代词的倒置疑问句，他们认为这是受到了母语迁移的影响。

可能由于内嵌子句疑问句中只有移位 wh-疑问词，无法进行助动词移位，因此该领域的研究相对较少。有趣的是，有两篇博士论文都研究了英语儿童的疑问句习得，但结果大相径庭。斯特罗姆沃尔德（Stromswold，1990）发现，在儿童的口语语料中，内嵌子句疑问句存在倒置错误，而萨尔马（Sarma，

1991）则发现，儿童在疑问句的自发产出和诱导产出中，没有将主句疑问句的倒装过度概括到内嵌子句疑问句中，他们能正确地不倒置主语和助动词，只是在模仿产出中存在倒装错误。

母语和二语 wh-问句中心语移位的习得研究有着不一致的发现和相应的解释。这些研究主要聚焦于主句疑问句的习得，例如波赞和夸克（Pozzan & Quirk，2014）的研究虽然包含内嵌子句，但仅限于以宾语疑问句的语法结构为研究对象。李善英（Lee，2008）的研究同样也仅采用了宾语疑问句结构。对以主语疑问句作为论元疑问句的习得现象，尚未有关于二语学习者的实证研究。此外，现有研究中的受试对象主要为大学生（Lee，2008；Pozzan & Quirk，2014），或处于英语环境中的学习者（Haznedar，2003；Spada & Lightbown，1999），对汉语背景下初学者在习得外语 wh-问句的初始阶段表现出的特征及其受到的影响，尚未有实证研究。为了填补这些研究空白，本书选取中国中学生为研究对象，旨在考察他们对 wh-问句中心语移位的习得情况，分析学习者在 wh-问句中不同填充语及其空位之间依存关系习得方面是否存在差异，探索 PI 对中心语移位习得的影响，同时分析学习者在 wh-问句中心语移位习得过程中的输入加工策略及其影响因素，并评估 PI 对中心语移位习得的效果。

3.3.2 wh-疑问词移位习得研究

在母语习得研究中，泰雅克和英格拉姆（Tyack & Ingram，1977）发现，儿童理解 who 宾语问句的难度大于 who 主语问句，理解 what 主语问句的难度大于 what 宾语问句。雷德福（Radford，1990）发现，儿童理解 wh-宾语问句晚于 wh-主语问句，且会将宾语问句误当作主语问句。孔泰莫里等（Contemori et al.，2017）以 31 名英语儿童和 21 名英语成人为受试对象（均为英语单语者），采用眼动技术研究了他们对 which 主语问句和宾语问句的理解。研究发现，与 which 主语问句相比，儿童和成人更难加工 which 宾语问句，这表明，在联结句法形式和意义的过程中，which 宾语问句更容易出错。帕金斯和利兹（Perkins & Lidz，2020）则认为，儿童如果能理解句中动词的含义，那么对 which 主语问句和宾语问句的理解就不存在不对称现象。上述研究表明，母语 wh-问句习得在一定程度上受学习者加工策略的影响，而是否存在主宾不对称或其他不对称的现象，目前尚无定论。

二语习得研究发现，在不同 wh-问句句法结构中，学习者在建立 wh-疑问词与移位后留下的空位之间的依存关系时存在不同程度的困难。沙赫特和伊普（Schachter & Yip，1990）、哈林顿（Harrington，2001）以及贾夫斯（Juffs，2005）等的研究发现，wh-主语问句的加工难度更大。沙赫特和伊普（Schachter & Yip，1990）考察母语为汉语和韩语的大学生如何加工不同复杂度的长距离 wh-主、宾问句，结果发现，受试者更易接受宾语问句，将合乎语法的主语问句判断为错误句。关于导致这种不对称现象的原因，沙赫特和伊普认为，大脑在加工句子时通常采用从左到右的加工策略和最小挂靠原则（Minimal Attachment Principle）。大脑内在的句法加工器在加工整合输入信息的过程中不断组词成句。在加工句（1）的过程中，遇到动词 met 时，met 没有主语，加工器需要给 met 分配主语，于是回头追踪，违反了从左到右的加工策略，从而造成加工困难。

（1）Who$_i$ did Cathy believe e_i met her friend?

（2）Who$_i$ did Cathy believe Tom met e_i?

由于以上两个句子都合乎语法规则，因此这一现象不能解释为学习者语法上的缺陷。可能的解释是学习者加工处理这两种句型的难度不同。

贾夫斯和哈林顿（Juffs & Harrington，1995）以中国高水平学习者为受试者的研究得出了同样的结果，但他们的实验材料以 who 问句为主，仅包含个别 what 问句。贾夫斯（Juffs，2005）以中国、日本和西班牙的大学生为受试者，采用与贾夫斯和哈林顿（Juffs & Harrington，1995）相同的实验句，结果发现三组受试者也表现出对 wh-主语问句的加工难于宾语问句的现象。然而，李金华（Lee，2009）、陈晓湘等（2013）研究 who 长距离问句时却发现，受试者对主语问句的加工比宾语问句容易。依据“距离依存理论”（Distance-Based Theory），句首 wh-疑问词与其语迹之间的距离，即语迹在从句中的嵌入深度，决定了其处理的难度，距离越远加工难度越大。句（2）中的 wh-疑问词

who 与其语迹之间的距离要比句（1）远，因而更难习得。

上述研究大多以高水平英语学习者为研究对象，均未将疑问词作为考察变量，结论也相异。初级水平学习者在 wh-问句习得早期如何加工 wh-问句，是否会受到疑问词的影响，如果受影响，是否可通过输入加工干预提升其加工效果，对此目前尚未有相关研究。

与汉语不同，英语 wh-问句中疑问词位于句首，是中国初级学习者语法学习的重点项目之一（中华人民共和国教育部，2022），也是习得难点之一。根据输入加工理论，二语学习者因受制于语言水平或者母语习惯，在句子加工中倾向于优先加工句首成分，其次再加工句尾和句中成分；优先加工词汇，难以兼顾句法，导致语言形式和意义匹配错误（VanPatten，2002）。二语学习者在加工处理 wh-问句的过程中，句首的疑问词是否影响加工，如果影响，输入加工干预能否优化加工效率，尚不清楚。鉴于此，本书以中国初级英语学习者为受试者，以英语学习初级阶段最常用的 who 和 what 论元问句为目标语结构（which 在问句中常用作定语且习得较为特殊，另文研究），考察他们对 wh-疑问词移位的习得，分析学习者在不同句法结构论元问句中，建立疑问词与其移位后留下的空位之间的依存关系时是否存在差异。探究 PI 对 wh-疑问词移位习得的影响，旨在分析学习者在习得 wh-疑问词移位时的输入加工策略及其影响因素，同时评估 PI 对 wh-疑问词移位习得的效果。

3.4 wh-问句中填充语-空位依存关系习得研究简评

母语和二语 wh-问句中填充语-空位依存关系的习得研究丰富。然而，这些研究的结论并不一致。

首先，在中心语移位习得研究方面，过去的研究大多以主句疑问句为对象，较少涉及复杂句。有极少部分研究，例如波赞和夸克（Pozzan & Quirk，2014）以及李（Lee，2008）的研究，虽然包含了嵌套句型，但都以宾语疑问句为论元疑问句进行研究。主语疑问句也是论元疑问句，二语学习者在习得 wh-问句中心语移位时是否还存在主语和附加语不对称的现象，尚无实证研究支持。此外，以上相关研究的受试对象要么是大学生（Lee，2008；Pozzan & Quirk，2014），要么是处于英语环境下的二语学习者（Haznedar，2003；Spada & Lightbown，1999），对于处于汉语语境下的初级学习者在习得外语 wh-问句的初始阶段表现出何种特征以及受到哪些因素的影响，还缺乏相关实证研究。因此，本书选取中国的中学生作为研究对象，旨在考察他们对 wh-问句中心语移位的习得情况，分析学习者在习得不同填充语（who、what、how、why）和其空位之间依存关系时是否存在差异，探究 PI 对中心语移位习得的影响，并评估 PI 对中心语移位习得的效果。本书旨在分析中国中学生对 wh-问句中心语移位的输入加工策略及其影响因素，填补现有研究中的空缺。

其次，在 wh-疑问词移位方面的习得研究中，母语和二语 wh-问句中的 wh-疑问词移位存在主宾不对称现象。研究者们大多从句法结构角度解释此类不对称现象。然而，绝大部分二语 wh-问句习得研究只考察了不同母语背景下高水平学习者对 who 问句的习得，极少数研究涉及 what 问句的习得状况。也就是说，过去的研究主要关注高水平英语学习者，并未考虑疑问词作为变量的影响，因此结论存在差异。对于初级水平学习者在 wh-问句习得早期，他们如何加工 wh-问句以及是否受到疑问词及其疑问词语义角色的影响，这些问题还未有相关实证研究报告。同时，是否可以通过输入加工干预来提高初级学习者对 wh-问句的加工效果也尚未确定。与汉语的疑问句中疑问词留在原位不同，在英语中，疑问词必须移位至句首，这是中国初级学习者语法学习的重点之一（中华人民共和国教育部，2022）。根据输入加工理论，二语学习者在句子加工过程中倾向于优先处理句首成分，其次才处理句尾和句中成分；他们更注重词汇的加工，难以同时兼顾句法，导致语言形式和意义的不匹配（VanPatten，2002）。探究二语学习者在处理 wh-问句时，疑问词在句首是否会对加工产生影响，以及是否可以通过输入加工干预来优化加工效率，具有重要意义。因此，本书选择中国初级英语学习者作为研究对象，以最常用的 who 和 what 作为论元问句的目标语结构。本书旨在考察学习者对 wh-疑问词移位的习得情况，并分析学习者在不同句法结构的论元问句中，疑问词与其移位后留下的空位之间是否存在差异。同时，探讨 PI 对 wh-疑问词移位习得的影响，以分析学习者在习得 wh-疑问词移位时的输入加工策略及其影响因素，并评估 PI 的效果。

3.5 PI 与 wh-问句结构习得

英语 wh-问句的参数十分复杂，中心语移位和 wh-疑问词移位在不同语言中呈现参数变化，因此成为研究热点。这些研究表明，二语学习者在习得英语 wh-问句时存在困难，属于习得难点之一，符合范帕滕提出的输入加工理论中的特定原则。

wh-问句的意义主要通过疑问词来表达，助动词对疑问意义贡献不大，因此交际价值不高，但却是句子合法性的必要条件。从输入加工的角度来看，二语学习者在实时加工疑问句的过程中，往往忽略交际价值不高的助动词 do，不能够第一时间给它分配意义，将其形式和意义或者功能匹配起来，导致 wh-问句习得表现出中心语移位习得困难。例如，将“*Who did kick the cow?”和“*Who the cow kicked?”判断为正确句。此外，学习者还会将此类句子“Who did the cow kick?”理解为“Who kicked the cow?”。这可能是因为在加工过程中，学习者采用了不理想的加工策略，比如 wh-疑问词语义角色（题元角色，themantic role）优先加工策略，直接将 who 赋予了施事的题元角色，而未能加工 wh-问句的句法结构，意识到 who 是从宾语位置而非主语位置移出。英语与汉语的 wh-问句存在很大差异，正规的 wh-问句学习通常集中在初中阶段。根据调查，wh-问句是中国中学生习得的重点和难点之一，初级学习者在学习过程中存在许多问题。至今还没有研究从输入加工的视角分析中国初级学习者英语 wh-问句习得中存在的问题和困难，也没有相关研究考察 PI 是否有助于中国初级学习者克服 wh-问句习得时遇到的困难，促进他们对英语 wh-问句的习得。

本书将以中国初级学习者英语 wh-问句习得现状为出发点，从输入加工的视角分析制约其 wh-问句习得的因素。本书将采用基于输入加工理论的 PI 方法，针对英语 wh-问句句法层面进行干预，并采用实证研究的方法考察对比干预前后的效果，以探究 PI 在课堂教学环境下对中国初级学习者英语 wh-问句习得的影响。同时，本书还将结合文献中对 wh-问句习得研究的成果，描述中国初级学习者在英语 wh-问句习得中所呈现出的特征，探究 wh-问句句法的复杂性是否影响输入加工，以及探究 PI 对句法结构习得的影响，以丰富和发展 PI 研究，促进中国英语教学研究的发展。

第 4 章

研究设计与实施

本书采用课堂实验的研究方法，考察中国初级英语学习者对英语 wh-问句中的填充语-空位依存关系的习得特征，以及这些特征与问句输入加工的关系，同时探究基于输入加工理论的教学干预对中国初级英语学习者 wh-问句中填充语-空位依存关系习得的影响，以揭示二语学习者 wh-问句的输入加工机制。

本章包含五个部分：研究问题、实验步骤、中心语移位和 wh-疑问词移位实验的具体内容，以及实验数据的处理和分析方法。

4.1 研究问题

本书以英语 wh-问句的习得为切入点，以初二、初三两个不同学习阶段的学习者为受试者，考察 PI 对学习者英语 wh-问句习得的影响，探究中国初级学习者 wh-问句的输入加工机制。本书拟回答以下问题。

（1）初级学习者在英语 wh-问句中心语移位（即主语和助动词倒置）的理解和产出中呈现何种特征？PI 是否能够促进 wh-问句中心语移位的习得？

（2）初级学习者在英语 wh-问句 wh-疑问词移位的理解和产出中呈现何种特征？PI 是否能够促进 wh-问句中 wh-疑问词移位的习得？

（3）PI 下，不同学习阶段的初级学习者 wh-问句习得过程呈现出何种特征？哪些因素有可能导致这样的特征？

为回答以上问题，本书开展了两项实验研究。

4.2 实验步骤

本实验于 2017 年秋季学期进行，包括先导研究和正式实验。主要采用句子合法性判断任务、选择题任务、书面产出任务和引出性口头产出任务，考察不同学习阶段的受试者对英语 wh-问句的习得现状以及 PI 对 wh-问句习得的影响。两个阶段研究的具体实施过程如下所述。

4.2.1 先导研究

为了确保实验的顺利开展和实验数据收集的有效性，在正式实验之前进行了先导研究。先导研究的目的如下：①确定合理的实验步骤和时间安排；②筛选并确定测量工具在测量过程中的具体使用；③确定干预过程在课堂环境下的具体实施过程。为了实现这些目的，我们进行了详细的研究和分析，并制订了相应的实验方案。

本书的先导实验对象为江苏省一所普通中学初三年级的自然班，共有 59 名学生参与。该班级不参加后续的正式实验。在进行实验前，我们首先对这些受试者的英语学习背景开展了问卷调查。这些受试者的年龄为 16—17 岁，从小学三年级开始接受课堂英语教育，未有国外学习经历，不经常接触英语电影或者杂志，对疑问句的学习主要限于英语课堂。接着，我们进行了四项测量，工具有句子合法性判断任务、选择题任务、书面产出任务和口头产出任务。测量完成后，我们在晚自习时间对受试者进行了约 50 分钟的干预，具体步骤、任务内容及用时见表 4-1。

表 4-1　先导研究实施步骤和时间（单位：分钟）

步骤	分项任务	分项任务用时	总用时
英语学习背景调查	填写调查表	5	5
施测	句子合法性判断	25	85
	选择题	20	

续表

步骤	分项任务	分项任务用时	总用时
施测	书面产出	20	85
	口头产出	20	
干预	EI	5	50
	PS	5	
	SI 练习	40	

句子合法性判断任务旨在考察中心语移位的习得。任务采用 E-Prime 软件编程，受试者在计算机机房进行实验，进行前接受简单的培训以熟悉实验操作。判断任务共包含 96 个句子，其中实验句 48 句，干扰句 48 句。受试者被告知自定步速，但结果发现有部分同学存在部分题目上判断时间过长的问题，另有部分同学在部分句子上判断时间过短。经过去除极端值的处理，剩余受试者平均用时约 20 分钟，平均每个句子的判断时间约为 12 秒。测量后，我们随机选取 5 名同学进行了访谈，了解他们在电脑上完成判断任务时是否存在困难，是否遇到不熟悉的单词等问题，以便对判断任务进行修改和完善，以用于正式实验。

选择题任务主要考察 wh-疑问词的移位。该任务采用 E-Prime 软件编程，在机房进行，包含主句和长距离句子。结果发现，在完成长距离句子的过程中，受试者存在很大困难。结果和访谈都表明，完成长距离句子任务完全靠猜测，因为这类句子还未在初中教材中出现，受试者还未接触到此类句子。

书面产出任务旨在考察中心语移位的习得。任务参照斯帕达和莱特鲍恩（Spada & Lightbown，1999）的研究自主编制，包含两种句法特征的句子——主句和内嵌子句，每种句法特征的句子 12 题，共 24 题。该任务在自习课上完成，平均用时约 15 分钟。研究结果发现两个现象：一是完成过程中，两种句型之间相互影响，受试者在完成内嵌子句的过程中存在不将内嵌子句疑问句的词序转化为称述句词序的现象；二是测量结果显示，有相当一部分同学的正确率很高，接近满分，但也有相当一部分同学的正确率为零，没有一题正确。后测中也出现了类似情况。然而，由于书面产出任务效度较低，未能测量到想要测量的中心语移位习得状况，因此在正式研究中不予采用。

引出性口头产出任务考察受试者对 wh-问句中两个移位的习得。该任务采用 PPT 形式呈现，受试者戴上耳机在机房的电脑上完成。结果发现，受试者能够顺利完成录音的全部过程，音质清晰，但受试者之间存在声音相互干扰的情况。为了保证正式实验的准确性，需要分批进行，拉开受试者之间的距离，避免他们之间的相互干扰。

根据 PI 的要求，研究者按照规定步骤进行了干预。考虑到不干扰正常的教学秩序，干预时间选择在晚自习期间。结果发现，在干预过程中，受试者需要足够的时间完成练习，40 分钟的 SI 练习时间略显不足，因此在正式研究中需要分配更多时间。

先导研究对本书具有以下重要启示，有助于进一步完善正式实验。

（1）测试任务偏多，时间过长，需要将原来的实验拆分为两个实验，在英语水平同质但不同的班级中进行。根据先导研究，我们发现完成所有的测量任务需要占据受试者两节课的时间（不包括干预的时间），之后还有后测和延后测，占用受试者的时间过多。如果将考察两个移位的实验放在同一个班级完成，将会影响该班级的正常教学进度。因此，根据现实条件，我们将考察中心语移位和 wh-疑问词移位的实验分别安排在两个班级中进行。本实验所在学校每个年级有 20 个班级，不存在快、慢班之分。根据小升初的入学成绩（语、数、外总分），将不同水平段的学生平均分配到了各班级，形成了水平相当的 20 个班级。我们根据每个班级的英语期中考试成绩，选择英语成绩没有显著差异的班级作为实验班级。

（2）测量任务需要精简。本书将采用句子合法性判断任务和引出性口头产出任务来考察中心语移位的习得，同时放弃书面产出的任务。此外，我们还将采用选择题任务和口头产出任务来考察 wh-疑问词移位的习得。考察中心语移位习得的句子合法性判断任务采用限时判断。为避免受试者在做题过程中分心而导致个别句子判断时间过长，形成极端值从而影响数据的准确性，我们将自定步速的判断方式修改为限时判断。参考罗德·埃利斯（Ellis R，2005）的研究，我们在每个句子的平均阅读时间上增加 50%，将每个句子的最长呈现时间设定为 18 秒，并在测试说明中告知受试者根据自己的阅读速度进行句子的判断。wh-疑问词移位的习得测试中去除了长距离句子，只保留主句。由于受试者处于 wh-问句学习的初级阶段，本书放弃考察长距离句子中的 wh-疑问词移位，选择题任务和口头产出任务只采用主句。

（3）干预时间需要调整。本次先导研究中，干预的过程顺利，干预材料难易度适宜。但由于受试者需要在场内完成相关练习，50 分钟的干预时间显得紧迫。在拆分实验后，干预的材料也进行了拆分，SI 练习分别针对不同的移位习得。这样两个实验将拥有充足的干预时间，以保证干预效果。

4.2.2　正式实验

正式实验在先导研究进行一个月后开始。在先导研究的基础之上，研究者对实验的设计进行了相应的调整，将中心语移位和 wh-疑问词移位作为两个实验：中心语移位实验和 wh-疑问词移位实验。具体实施步骤详见表 4-2 和表 4-3。

表 4-2　中心语移位实验实施步骤（单位：分钟）

步骤	分项任务	分项任务用时	总用时
英语学习背景调查	填写调查表	5	5
前测	句子合法性判断	20	38
	判断任务问卷	3	
	口头产出	15	
干预	EI	10	90
	PS	10	
	SI 练习	70	
后测	句子合法性判断	20	38
	判断任务问卷	3	
	口头产出	15	
延后测	句子合法性判断	20	38
	判断任务问卷	3	
	口头产出	15	

表 4-3　wh-疑问词移位实验实施步骤（单位：分钟）

步骤	分项任务	分项任务用时	总用时
英语学习背景调查	填写调查表	5	5
前测	选择题	15	30
	口头产出	15	
干预	SI 练习	45	45
后测	选择题	15	30
	口头产出	15	
延后测	选择题	15	30
	口头产出	15	

实验一和实验二的实验设计、受试者、干预材料、测量工具和具体的实验程序将在 4.3 节和 4.4 节作详细的介绍。

4.3　实验一：中心语移位（主语和助动词倒置）

本实验旨在考察初级学习者对 wh-问句中心语移位的习得状况，探究 PI 对 wh-问句中心语移位习得的影响。本节介绍实验一的实验设计、受试者、干预材料、测量工具以及实验程序。

4.3.1　实验设计

实验一采用课堂实验法，包括前测、干预、后测和延后测四个部分。实验对象为初二和初三两个学习阶段的初级学习者，旨在考察不同学习阶段的初级学习者在 wh-问句习得中所呈现出的特征是否存在差异，以及 PI 对不同学习阶段的学习者 wh-问句习得的影响是否有所不同。实验设计为混合设计，每个学习阶段分为两个组：输入加工组和对照组。组内变量包括句法特征（两个水平：主句和内嵌子句）和 wh-疑问词语法功能（三个水平：wh-疑问词做主语、宾语和状语）；干预的效果通过前测、后测和延后测的重复测量获得。

本实验前后共持续八周。在实验的第一周，学生参与前测，完成英语学习背景调查表。第二周开始教学干预，干预分两次进行，每次一节课 45 分钟，共计 90 分钟。第三周进行后测，并完成书面采访。延后测安排在第八周。详见表 4-4。

表 4-4 实验一时间安排

周次	具体安排
第一周	英语学习背景调查、前测：限时句子判断+口头产出
第二周	教学干预：分两次进行
第三周	后测：限时句子判断+问卷+口头产出
第八周	延后测：限时句子判断+问卷+口头产出

4.3.2 受试者

根据研究的需要，我们选择了江苏省一所普通中学的初二、初三年级各两个自然班的学生作为研究对象。在两个年级中，我们各任意选取了一个班级作为实验组，另一个班级则为对照组。这些学生处于中国义务教育阶段，学习英语作为第二语言。根据《义务教育英语课程标准（2011 版）》，整个基础教育阶段的英语课程按能力水平设九个级别。初中阶段，初一、初二、初三年级学生应分别完成三级、四级、五级课程目标，初中结束时，学生应达到五级的基本要求。这些基本要求体现在五个方面，即语言技能、语言知识、情感态度、学习策略和文化意识等。其中，语言知识方面的五级要求为，在语音上主要能够做到语音、语调基本正确，根据重音变化理解不同意图等；在词汇上学会使用 1500—1600 个单词和 200—300 个习惯用语；在语法上了解常用语言形式的基本结构以及表意功能。为了更好地了解本阶段学习者的语言水平，我们在初二和初三年级分别随机抽取了两个班级的学生参加了剑桥大学考试委员会的快速定位测试（Quick Placement Test）。测试结果表明，这两个年级的学生平均分都在 30 分以下，根据该测试的分级标准属于初级水平。因此，本实验参考《义务教育英语课程标准（2011 版）》对能力水平的分级和快速定位测试成绩，将处于这个阶段的英语学习者定义为中国初级英语学习者（Pre-intermediate Chinese EFL learners）。

本实验采用初二、初三两个学习阶段的受试者，旨在考察不同学习阶段受试者在中介语 wh-问句习得方面呈现出什么样的语法特征，以及 PI 对不同学习阶段受试者 wh-问句习得的影响。实验在秋季学期的第八周进行，此时初三阶段的学习者已经学习过主句和内嵌子句 wh-问句，教材中也已经有大量主句和内嵌子句 wh-问句的输入；初二阶段的受试者已经学过主句 wh-问句，但内嵌子句 wh-问句还未进行正式的课堂学习，不过教材、校本作业等练习中已经多次出现内嵌子句 wh-问句。为确保组内水平同质，做到研究结果最大限度地归因于干预手段（Benati & Lee，2008），我们根据受试者的期中考试成绩和前测成绩（前测中对 wh-问句句法形式的掌握程度不超过满分的 80%[①]），以及英语学习背景调查资料进行筛选，以确定进入最终数据分析的受试者。背景调查采用问卷的形式，包括受试者的年龄、学习英语时间、在课外接触所研究的语言项目的频率等。进入最终数据分析的受试者参加了所有的测试和干预过程，他们均无在国外学习的经历，基本不看英语电影或者杂志，对疑问句的学习主要限于英语课堂。初二组受试者年龄为 14—16 岁，初三组受试者年龄为 16—17 岁。他们均是从小学三年级开始接受英语课堂教育的。在实验前，我们向学生和老师介绍了研究目的和内容，并获得了他们的同意。

4.3.3 干预材料

本实验的干预材料参考了李和范帕滕（Lee & VanPatten，2003）的 PI 任务设计的五大原则。针对英语 wh-问句中心语移位（主语和助动词倒置）的特征，在欧（Oh，2010）的研究干预材料基础之上，根据教育部审定的初中牛津英语教材（王守仁和何锋，2013）改编而成。

根据 PI 的组成部分，第一部分为 wh-问句的 EI 讲解。此部分的 EI 内容

① 为保证学习者在接受干预后有提升的空间，需去除在前测中已获得很高成绩的受试。不同的研究对进入统计分析的受试有不同的筛选标准，范帕滕和卡迭诺（VanPatten & Cadierno，1993）的研究去除了前测中高于总分 60%的受试，也有研究采用 70%或 75%的标准，本研究为优先确保受试数量，采用了 80%的标准。

包括主句 wh-问句（main clause wh-question）和内嵌子句 wh-问句（embedded wh-question）的语序。在主句 wh-问句中，wh-疑问词做主语，构成疑问时不需要助动词 do 支持，但做宾语和做状语时需要主语和助动词倒置；在内嵌子句 wh-问句中，无须主语和助动词倒置。此部分的内容与传统的教学干预方法类似，将显性的规则呈现给学习者。

第二部分为输入加工策略提醒。该部分向学习者说明，在遇到 wh-问句时，由于助动词或主语与助动词的倒置对句子意义的影响较少，我们通常不会过多关注这些细节。此外，由于汉语的疑问句的预习与陈述句相同，在学习英语疑问句的初期，学习者可能会混淆 wh-疑问词的主宾身份，在 wh-疑问词作宾语或状语时，可能会忘记将助动词和主语进行倒置，或忘记使用助动词 do，导致出现以下错误句子或将其判断为正确句："*[①]Where John is going?""*What Peter buy?""*When we go to the movies?"

可是在 wh-疑问词做主语时，又会将"*Who did buy a book?"判断为正确句。这些不合乎语法的句子均从受试者的前测和平时作业的书面表达中获得。输入加工策略的提醒目的在于让学习者注意到目标语结构的特征。

第三部分为 SI 练习。此项练习旨在改变学习者在加工输入的过程中优先处理实词的倾向，即范帕滕（VanPatten，2004b）所提出的实词首位原则。由于初级学习者的注意力资源有限，他们往往无法正确处理 wh-疑问词，会忽略句中的助动词。先前的研究表明，学习者不能拒绝不合法的句子，甚至会将不合法的 wh-问句判断为正确句，例如，将"*What you saw yesterday?""*What you did see yesterday?""*I wonder what did you see yesterday."等句子判断为正确句。SI 练习由指示题和表意题两部分组成。主句 wh-问句和内嵌子句 wh-问句各包含五项任务，这符合范帕滕对 SI 练习的总体设计要求。指示题旨在促进学习者通过 wh-问句的句法形式帮助学习者理解句子的意义。例如，在主句 wh-问句的第四个任务 Activity D（详见附录一）中，学习者需要听清（听的输入）电话中对方缺失的信息，然后才能做出正确选择，这个过程中，助动词起到关键作用。如果缺失的是主语，提问的句子则不需要助动词，如果缺失的部

① *表示不合乎语法的句子。

分是宾语，则需要助动词的支持。在内嵌子句 wh-问句的第二个任务 Activity B（详见附录一）中，主句、合乎语法和不合乎语法的内嵌子句被一并放入选项，正确答案不止一个，学习者在作出选择的过程中，需要认真辨别，必须通过加工处理疑问句的句法结构才能准确完成有意义的对话填空。表意题旨在让学习者表明自己的立场或者观点，通过正面的输入巩固形式-意义的联结。这些任务基于意义，有具体的情境，类型多样，包括句子和语篇，学生接受输入的方式包含阅读和听力。此外，在主句宾语和状语 wh-问句中，需要 do 支持和相应的内嵌子句无须 do 支持的干预材料互相补充，以便让学习者更容易注意到两种不同句法结构中助动词的有无（详见附录一）。表意题，例如主句 wh-问句部分的 Activity E（详见附录一）和内嵌子句部分的 Activity D 和 Activity E（详见附录一），旨在帮助受试者巩固和强化 wh-问句句法结构和意义的联结。

4.3.4 测量工具

本实验的测量工具包含两个部分：句子合法性判断任务和引出口头产出任务（详见附录三、附录四）。前测、后测、延后测三次测量的工具共有两套（A 和 B）。参照马斯登（Marsden & Chen，2011）的研究，前测采用 A，后测采用 B，延后测采用 A。下面详细描述句子合法性判断和口头产出测试的具体内容。

4.3.4.1 句子合法性判断任务

句子合法性判断任务尽管存在一定缺陷，比如受试者有 50%的猜测概率，但在许多研究中也被证明和其他的测量任务存在较好的相关性（Gass，1994；Leow，1996；Mandell，1999）。本实验采用句子合法性判断任务一方面是测量的目标语结构的需求，另一方面判断任务的结果可以有效反映出二语学习者对 wh-问句的输入加工策略（Juffs & Harrington，1995）。此外，采用句子合法性判断任务可避免测量工具与干预材料类似而导致结果缺乏信度、效度。

本实验所采用的句子合法性判断任务均选自牛津初中英语教材（王守仁

和何锋，2013），并参考了李善英（Lee，2008）的范式进行改编。共有 96 个句子，其中 48 个为实验句，分为 6 种条件。wh-疑问词分别在主句疑问句中做主语、宾语和状语，在内嵌子句中做主语、宾语和状语。示例见表 4-5。其中一半有 do 支持，在主句宾语、状语疑问句条件下正确，另外一半没有 do 支持，在主句主语疑问句和内嵌子句疑问句条件下正确。正确和错误的句子各 24 句（详见附录三）。另外 48 个含有 wh-疑问词的句子作为干扰句。根据文献研究和本书研究的需要，我们选用了 what 和 who 作为疑问代词，how 和 why 作为疑问副词，没有选用 when 和 where 的原因是它们在句子中可充当附加语，也可充当论元角色。所有的句子均由两位中学英语老师通读把关，确保没有生词，并由两名英语母语者进行语言把关，具体例句如表 4-5 所示。

表 4-5　中心语移位习得句子合法性判断任务六种条件例句

句法结构	语法功能	无 do 支持	有 do 支持
主句疑问句	wh-疑问词做主语	Who saw him yesterday?	*Who did see him yesterday?
	wh-疑问词做宾语	*Who he saw yesterday?	Who did he see yesterday?
	wh-疑问词做状语	*Where you saw him yesterday?	Where did you see him yesterday?
内嵌子句疑问句	wh-疑问词做主语	I wonder who saw him yesterday.	*I wonder who did see him yesterday.
	wh-疑问词做宾语	I wonder who he saw yesterday.	*I wonder who did he see yesterday.
	wh-疑问词做状语	I wonder where you saw him yesterday.	*I wonder where did you see him yesterday.

句子合法性判断的两套测量工具（A、B），内在信度检验由 31 名初二的学生完成，他们均不是受试者。他们分别在两天的午自习时间到机房完成两套测试。测试结果表明，复本信度良好（r=0.718；p<0.001）。

为了克服在传统的纸笔答题模式中，受试者把前后出现相同的句型修改为相同判断的缺点，我们对这些句子采用 E-Prime 编程，完全随机呈现，每个句子最长呈现 18 秒（根据先导研究得出的合适时间），属于限时语法判断（Timed Grammatical Judgment）。受试者在安装了 E-Prime 软件的计算机房完成测试。我们的假设是，如果受试者对某个条件中句子的判断准确，说明他们已经习得该条件的疑问句；如果判断错误，则还没有习得该特征或者仍处于习得该条件的过程中。干预的介入有利于提高他们判断的正确率，促进他们习得这些特征。

4.3.4.2 引出性口头产出测试

尽管引出性口头产出测试被质疑不能够测量到受试者自然的语言产出，但在二语习得研究中，该测量手段被屡屡采用（Ellis，2006；Erlam，2006）。我们认为引出性口头产出能够获得与本书研究相关的数据。口头产出的测量工具改编自波赞和夸克（Pozzan & Quirk，2014）的研究，替换了他们所采用的句子中的部分生僻单词，测试流程也与他们的研究相同。句型和条件与判断题相同，共有 24 句，主句和内嵌子句各 12 句，采用 PPT 形式呈现，学生在电脑上自主完成录音。主句疑问句的产出测试流程为：人物情境呈现/产生疑问→受试者帮忙提问→答案呈现（图 4-1）。受试者被要求根据情境帮助一个害羞的男孩 Peter 向老师提问，每个疑问句的产出过程由三张页面构成。例如，Peter 想知道是谁推了桌子，但他过于害羞不敢向老师提问，所以要求受试者替他向 Miss Lee 提问。第一张页面呈现了一个害羞男孩的照片和陈述句“Someone pushed the table. Ask Miss Lee who.”。第二张页面显示“Miss Lee 站

图 4-1 主句 wh-问句口头产出测试过程①

---

① 本书所引部分图片因无法联系到原作者，故无法支付著作权使用费，如原作者看到，请联系笔者。

在黑板前”。此时要求受试者（产出问句）帮助 Peter 向 Miss Lee 提问并录音：谁推了桌子（Who pushed the table）？在提问的过程中，受试者看不到第一张页面的文字内容。受试者提问结束后，接着第三张 PPT 呈现 Miss Lee 给出的答案：Tommy（pushed the table）.

内嵌子句疑问句的产出中，多出一个人物 Helen，Helen 对 Peter 问了 Miss Lee 什么问题感到好奇，受试者被要求向 Helen 转述 Peter 问 Miss Lee 的问题，具体流程为：所处情境/呈现问题→受试者转述问题（图 4-2）。第一个页面呈现的情境是 Peter 问 Miss Lee 的问题，要求受试者大声读出问题；第二个页面呈现 Helen 的问题“What does Peter want to know?”，要求受试者回答 Helen 的问题，产出一个完整的内嵌子句疑问句（宾语从句疑问句），以“Peter wants to know...”开头。

图 4-2　内嵌子句 wh-问句口头产出测试过程

4.3.4.3　笔头采访调查

笔头采访调查任务旨在了解受试者在完成句子的合法性判断任务过程中是如何进行判断的，是否注意到目标语结构。调查问卷的设计参考了马斯登和陈（Marsden & Chen，2011）研究中的调查问卷形式。调查在判断任务结束之后进行。调查问卷使用中文，考察受试者在完成任务的过程中是凭感觉做出判断，还是采用了某种语法规则做出判断。如果是采用了语法规则进行判断，请他们写下采用了什么规则。此项任务无时间限制，受试者需用中文回答（详见附录八）。

4.3.5 实验程序

本小节介绍整个实验的程序，包含干预程序和施测程序。

4.3.5.1 干预程序

为了不影响受试者所在学校的正常教学工作，我们选择受试者的任课教师作为实验的干预教师。在经过培训后，他们进行了随堂干预。在干预前，笔者与相关任课教师进行了深入的交流。他们了解实验的目的，熟悉干预的材料，明确干预的要求和具体时间控制，并严格执行了教学干预的过程。笔者参与了整个干预过程的观察并作了详细记录。具体过程如下：第一步，任课教师向每位学生发放教学材料（详见附录一），然后结合附录一的教学材料，教师向受试者讲解 wh-问句的构成方式，约 10 分钟。第二步，教师根据材料中的例句提醒受试者在加工处理 wh-问句时可能采用的加工策略，比如忽略 wh-问句中的助动词和 wh-问句的语序，造成判断或者表达得不准确等，约 10 分钟。第三步，任课教师按照附录一中的任务顺序，引导学生逐项完成任务。首先布置学生完成主句 wh-问句部分的练习，完成指示题任务 A、B、C、D。每项任务完成之后，教师以 PPT 的形式向学生展示标准答案，学生自行核对，教师不给予任何进一步的反馈。指示题任务完成之后，教师组织学生完成表意题（Activity E），学生两人一组，一问一答，教师在学生中间走动，观察并监督学生完成，但不打断他们。主句部分练习结束后，教师带领学生进入内嵌子句 wh-问句部分的练习，同样根据每项练习的具体要求，逐项完成。SI 练习用时约 70 分钟。整个干预过程在一周内的两次英语课上完成，第一次课堂干预结束后，教师将发放给受试者的材料全部收回，第二次干预前再次发放。两次干预的时间共计两次课，共 90 分钟。

4.3.5.2 施测程序

在实验的第一周，受试者在课间完成了英语学习背景调查表。随后，他们在机房使用电脑完成了前测的限时语法判断任务和引出口头产出任务。

限时语法判断任务全部采用 E-Prime 编程，呈现方式设置为完全随机。在正式测试前，受试者接受了简单的培训。首先，受试者阅读实验指导语以了解流程。随后，电脑屏幕上呈现 5 个练习句供受试者练习，以熟悉实验的操作。如果认为句子合法，则按计算机键盘上的 Y（es）键，否则，按 N（o）键。练习部分有正误反馈。如果受试者的判断正确，屏幕中央出现白色提示语 Correct；如果判断错误，屏幕中央出现红色提示语 Wrong，以示警告。练习句结束后，如果受试者还不熟悉实验流程，可以按 P 键再次练习；如果已经熟悉实验的流程，则按 Q 键进入正式测试。测试结束后，将生成的文件通过电脑发送到教师机。语法判断任务结束后，受试者戴上耳机，进入口头产出任务的测试阶段。

口头产出任务以 PPT 形式呈现。教师首先讲解口头产出任务的要领，使受试者了解产出流程，然后，戴上耳机，打开电脑屏幕上的“录音大师”软件，口头录入自己的姓名。随着 PPT 的呈现，受试者产出相应的问句。在正式测试之前，有 4 句练习句供受试者熟悉口头产出的流程。为避免受试者之间的互相干扰，口头产出任务分两组进行，每两个受试者之间的间隔为两台电脑。这样，他们在产出句子的时候只听见自己的声音，不受其他同学声音的干扰。录音结束后，受试者保存并用自己的名字命名录音文件，并提交至教师机。

语法判断任务的平均完成时间约为 20 分钟，口头产出任务的平均完成时间为 12 分钟，共计一节课的时间。

实验第三周的后测和第八周的延后测程序与前测相同。在前测、后测和延后测期间，受试者对 wh-问句的学习仅限于干预，英语课堂上没有相关的专项训练。

4.4　实验二：wh-疑问词移位

实验二旨在考察受试者对 wh-问句中 wh-疑问词移位的习得状况，具体而言，是研究二语学习者对 wh-问句的主语和宾语语法功能不对称的敏感程度，并探究 PI 能否有效促进初级学习者对 wh-疑问词移位的习得。本节将介绍实验二的实验设计、受试者、干预材料、测量工具以及实验程序。

4.4.1 实验设计

实验二和实验一相同，包括前测、干预、后测和延后测四个部分。实验采用选择理解任务和引出口头产出任务，研究设计为混合设计。受试者为初二和初三两个学习阶段的学习者，每个学习阶段的水平组又包含两个组间变量：输入加工组和对照组，以及两个组内变量：wh-疑问词（两个水平：what 和 who）和 wh-疑问词语法功能（两个水平：做主语和做宾语）。干预的效果通过前测、后测和延后测的重复测量获得。

在实验的第一周，学生参与前测，完成英语学习背景调查表。前测后，第二周进行教学干预，干预时长为一节课，45 分钟，后测安排在第三周；延后测安排在第八周，见表 4-6。

表 4-6 实验二时间安排

周次	具体安排
第一周	英语学习背景调查 前测：单项选择+口头产出
第二周	教学干预
第三周	后测：单项选择+口头产出
第八周	延后测：单项选择+口头产出

4.4.2 受试者

同实验一，我们同样选取江苏省一所普通中学的初二、初三年级各两个自然班的学生作为两个不同学习阶段的受试者，旨在考察 PI 对这两个不同学习阶段受试者 wh-主宾问句习得的影响。在两个年级中，各任意选取一个班级作为实验组，另一个班级则为对照组。

为确保组内水平同质，我们根据受试者的期中考试成绩、前测成绩以及英语学习背景调查资料（以问卷形式进行，包括受试者的年龄、学习英语时间、在课外对所研究的语言项目的接触量与接触时间等）筛选出符合条件的受试者进入最终的数据分析。初二组受试者的年龄为 14—16 岁，初三组受试者的年龄为 16—17 岁。他们均是从小学三年级开始接受课堂英语学习的。在实验前，我们向学生和老师介绍了研究目的和内容，并获得了他们的同意。

4.4.3　干预材料

根据文献的研究，PI 的主要效应来源于 SI 练习。由于实验条件的限制（时间上只能占用一节课），此项实验只涉及结构较为简单的主句，丢弃了对结构复杂的长距离句子的考察。因此，笔者决定该实验的干预只采用 SI 练习，不进行 wh-问句语法规则的讲解。SI 练习材料根据 PI 方法的 SI 练习要求，改编自斯旺和沃尔特（Swan & Walter，2011）的研究中 wh-问句的相关练习和范帕滕（VanPatten，1996：72-75）的研究中的部分干预任务图片材料。在先导研究中，学习者存在将 who 宾语问句理解为 who 主语问句、将 what 主语问句理解为 what 宾语问句的倾向。他们总认为 who 是施事，充当句子的主语，what 是受事，充当句子的宾语。此实验的干预材料旨在帮助受试者注意到 wh-疑问词的不同语法功能，提升他们对 wh-主语和宾语问句加工处理的正确率，促进理解。SI 任务（详见附录二）旨在让学习者通过练习建立 wh-问句句法形式与意义的正确匹配。例如，练习题（1）和（2）要求学习者选择与句子相符的图片。

（1）Who talks to Bill?（　　）

A. Picture A　　　　B. Picture B

（2）What pushes the pig?（　　）

A. the monkey　　　　B. the cow

A　　　　B

4.4.4 测量工具

本实验的测量工具包含两部分。第一部分是单项选择题测试任务，旨在考察句子理解能力。第二部分是引出口头产出任务，旨在考察产出能力。与实验一相同，前测、后测、延后测三次测量的工具共有两套（A 和 B），采用 A—B—A 的使用方式。

4.4.4.1 单项选择测试

单项选择题测试改编自许建斌（Xu，2001）的研究（详见附录五）。其中的问句均为 wh-问句（主语和宾语疑问句），不包含附加语疑问句（即状语疑问句）。这些题目均由两位中学英语老师仔细阅读，并由两名英语母语者进行语言把关。有个别含有生词的地方均用汉语注释意思。句中动词均为一般及物动词。除 wh-疑问词外，句中的论元（主语和宾语）均采用人名或动物名称，选项中句子的论元也均为人名或动物名。并且，主语和宾语互换位置后，句子在语义上完全成立。题目共分为四个条件：who 做主语、宾语，what 做主语、宾语。每个条件均有 4 道题，共计 16 道题。此外，还有 16 道干扰题。实验例句详见表 4-7。

表 4-7 wh-疑问词移位习得单项选择测试四种条件例句

wh-疑问词	语法功能	句子	选项
who	做主语	Who kissed Tom at the coffee shop?	A. Tom kissed Jane. B. Jane kissed Tom. C. I don't know.
	做宾语	Who did Tom kiss at the coffee shop?	A. Tom kissed Jane. B. Jane kissed Tom. C. I don't know.
what	做主语	What bit(咬) the lion in the wood?	A. The tiger bit the lion. B. The lion bit the tiger. C. I don't know.
	做宾语	What did the lion bite(咬) in the wood?	A. The tiger bit the lion. B. The lion bit the tiger. C. I don't know.

单项选择测试的两套测试题（A、B）的内在信度检验由 34 名初二学生完成，他们均不是受试者。他们分别在两天的晚自习时间到机房完成两套测试。测试结果表明，复本信度良好（r=0.801，p<0.001）。

我们对所有的题目采用 E-Prime 编程，完全随机呈现，无时间限制，自定步速，受试者根据要求在计算机上完成任务，按计算机键盘 A、B、C 键做出选择，E-Prime 自动记录正确率和反应时。

4.4.4.2　口头产出测试

口头产出测试材料同样改编自波赞和夸克（Pozzan & Quirk，2014）的研究，句型和条件与单项选择测试题相同，共 16 句（详见附录六）。

4.4.5　实验程序

本小节介绍整个实验的程序，其中包括干预程序和施测程序。

4.4.5.1　干预程序

与实验一相同，我们选用受试者的任课教师作为实验的干预教师。经过培训后，教师进行随堂干预。第一步，教师向学生发放干预的材料一（详见附录二）。教师不讲解 wh-疑问词的不同语法功能，也不讲解 wh-问句的句法结构。学生拿到材料后，根据要求答题，首先完成第一项练习。随后，教师用 PPT 呈现练习的答案，学生自行核对更正，教师不给予进一步的反馈。第二步，教师向学生发放材料二，学生根据 wh-问句选择与问句相应的图片，独立完成。所有学生完成此项练习后，教师采用 PPT 形式呈现练习的标准答案，学生自行核对更正，教师不作进一步讲解。第三步，指示题完成之后，教师组织学生进行表意题的练习，同桌两人一组，内化、巩固刚刚在指示题部分加工处理过的 wh-问句结构。干预时长为一节课，45 分钟。

4.4.5.2　施测程序

在第一周的实验中，受试者利用课间完成了英语学习背景调查表。接着，他们在机房里使用电脑完成了前测的单项选择题测试任务和口头产出任务。

单项选择题测试任务全部使用了 E-Prime 编程，呈现方式完全随机。在正式测试前，受试者接受了简单的培训，并阅读了实验指导语以了解流程。随后，电脑屏幕上呈现了 4 道选择题供受试者练习，以熟悉实验的具体操作。受试者需要按计算机键盘上的 A、B、C 键进行选择。如果选择正确，屏幕中央出现白色提示语 Correct；如果选择错误，屏幕中央出现红色提示语 Wrong，以示警告。练习句结束后，如果受试者还不熟悉实验流程，可以按 P 键再次练习。如果已经熟悉实验的流程，则按 Q 键进入正式测试。测试结束后，将生成的文件通过电脑发送到教师机。

口头产出任务采用 PPT 形式呈现，测试过程与实验一相同。录音结束后，受试者需要保存并用自己的名字命名录音文件，然后提交至教师机。

选择题任务每人平均用时约为 15 分钟，口头产出任务用时约为 15 分钟。整个实验共计 30 分钟。

在第三周的后测和第八周的延后测中，程序与前测相同。

4.5 数据的处理与分析

实验所收集的数据主要包括句子合法性判断任务、单项选择题测试任务和引出性口头产出任务三个部分。所有数据资料的统计分析采用 IBM SPSS Statistics 23 软件进行描述性统计、重复测量的方差分析和混合的重复测量方差分析等，其中方差分析 p 值用 Greenhouse-Geisser 校正。

句子合法性判断任务和单项选择题测试任务的数据由 E-Prime 自动收集，然后导入 Excel 软件进行分类汇总，最后导入 SPSS 软件进行统计分析。引出性口头产出任务的数据，我们首先对其进行了转写，然后进行编码、评分，再利用 Excel 软件进行初步的分类汇总，最后导入 SPSS 软件进行统计分析。

口头产出数据的转写和二次校对全部由两名英语专业二年级的硕士研究生完成。笔者和这两名研究生共同完成了口头产出数据的评分。为确保数据评分的可靠性，研究者对她们进行了培训，帮助她们熟悉如何对产出句子的不同错误类别进行编码。每个班级的口头产出数据均由两人分别对其进行编码，然后随机抽取 30%的数据，共同对其进行编码，计算两位编码者的一致程度科恩卡帕值（Cohen's Kappa）。各类别的一致性系数为 0.90—0.98。兰迪斯和科赫

（Landis & Koch，1977）提出，卡帕值在 0.21—0.40 范围内被认为是“可接受”，在 0.41—0.60 范围内被认为是“中等”，在 0.61—0.80 范围内被认为是“较大”，卡帕值大于 0.81 被认为是“几乎完美”的一致性。因此，口头产出数据评分者之间的编码具有良好的信度。编码完成后，对数据进行统计，并将其导入 SPSS 软件进行进一步的统计分析。

第 5 章

中心语移位习得特征及 PI 的影响

本章详细阐述中心语移位习得实验的结果。包括三部分内容。第一部分阐述初级学习者在英语 wh-问句中心语移位的理解和产出方面的情况，以及 PI 是否能够促进受试者对中心语移位的习得。研究结果的阐述顺序为初二、初三年级两个学习阶段受试者的句子合法性判断任务的前测数据（习得现状）、三次测量数据（PI 干预效果）以及口头产出任务的前测数据和三次测量数据。第二部分阐述 PI 干预下两个学习阶段的受试者在中心语移位习得中所呈现出的具体特征。包括他们在理解和产出两种任务中三次测量之间所表现出的特征和变化，以及组与组之间在不同特征方面表现出的差异。阐述顺序为两组受试者对不同句法特征、wh-疑问词不同语法功能问句中心语移位习得的句子合法性判断任务数据和口头产出任务数据。第三部分讨论中心语移位习得的总体特征和 PI 对中心语移位习得的影响。

5.1 中心语移位习得特征

本节将首先分析在句子合法性判断任务中，两个不同学习阶段受试者的表现，以回答研究问题一。随后，我们将阐述在口头产出任务中，两个不同学习阶段受试者的表现情况。

5.1.1 中心语移位习得特征（判断任务）及 PI 的作用

本小节首先分析在句子合法性判断任务中，两个不同学习阶段受试者的前测数据，随后分析两个学习阶段受试者的实验组和其对照组在前测、后测和延后测三次测量中的表现。

5.1.1.1　句子合法性判断任务前测数据分析

句子合法性判断任务共 96 个 wh-问句，其中包括 48 个实验句和同等数量的干扰句。实验句分为 6 种条件，其中 wh-疑问词分别在主句疑问句中做主语、宾语和状语，在内嵌子句疑问句中也做主语、宾语和状语。一半实验句有 do 支持，在主句宾语和状语疑问句条件下正确；另外一半实验句没有 do 支持，在主句主语疑问句和内嵌子句疑问句条件下正确。如果受试者的判断与此相符，得 1 分；否则，得 0 分。每种条件最高得分为 4 分。初二和初三组各条件 wh-问句的平均分和标准差详见表 5-1。

表 5-1　初二、初三组中心语移位句子合法性判断任务前测各条件的结果

组别	n	do 支持	主句 wh-问句（M±SD）			内嵌子句 wh-问句（M±SD）		
			wh-疑问词做主语	wh-疑问词做宾语	wh-疑问词做状语	wh-疑问词做主语	wh-疑问词做宾语	wh-疑问词做状语
初二组	34	无	3.26 ± 0.83	2.03 ± 1.34	1.82 ± 1.22	2.59 ± 1.23	2.32 ± 1.12	2.47 ± 1.24
		有	1.97 ± 1.60	3.32 ± 0.84	3.26 ± 1.08	2.62 ± 1.44	1.38 ± 1.37	1.44 ± 1.21
初三组	35	无	2.91 ± 1.15	1.75 ± 1.36	1.50 ± 1.16	3.06 ± 1.08	2.69 ± 1.38	2.91 ± 1.03
		有	2.31 ± 1.33	3.09 ± 0.96	3.13 ± 0.94	2.50 ± 1.34	2.25 ± 1.37	2.09 ± 1.63

注：直线____表示对正确句的接受度[1]；波浪线~~~~表示对错误句的拒绝度[2]。

根据表 5-1，总体而言，在不同句法特征的 wh-问句中，初二组在主句 wh-问句中的表现优于内嵌子句 wh-问句，而初三组在内嵌子句 wh-问句中的表现则优于主句 wh-问句。在不同语法功能的 wh-疑问词问句中，两组在内嵌子句中，wh-疑问词做主语的表现优于做宾语和状语。

为检验这些差异是否达到显著程度，对测量结果进行组别（初二、初三

① 例如：将主句主语、宾语和状语问句“Who visited Bob in the office this morning? Who did Bob visit in the office this morning? Why did they visit Bob in the office this morning?”和无 do 支持的内嵌子句判断为正确句得 1 分。

② 例如：将主句主语、宾语和状语问句“Who did visit Bob in the office this morning? Who Bob visited in the office this morning? Why they visited Bob in the office this morning?”和有 do 支持的内嵌子句判断为错误句得 1 分。

组）× 句法特征（主句、内嵌子句）× wh-疑问词语法功能（主语、宾语和状语）的混合的重复测量方差分析。结果（表 5-2）显示：组别主效应不显著，$F(1, 67)=1.370$，$p=0.246$；句法特征主效应不显著，$F(1, 67)=0.679$，$p=0.413$；wh-疑问词语法功能主效应显著，$F(1.669, 111.842)=7.576$，$p=0.002$；句法特征与组别交互作用显著，$F(1, 67)=18.887$，$p<0.001$，说明两组受试者在习得不同句法特征 wh-问句中的表现不同；wh-疑问词语法功能和组别交互作用不显著，$F(1.669, 111.842)=0.075$，$p=0.898$，说明两组受试者在习得 wh-疑问词不同语法功能问句中的表现基本相同；句法特征和 wh-疑问词语法功能交互作用显著，$F(2, 134)=6.152$，$p=0.003$；句法特征与 wh-疑问词语法功能及组别交互作用不显著，$F(2, 134)=1.314$，$p=0.272$。

表 5-2　初二、初三组中心语移位句子合法性判断任务前测混合的重复测量方差分析结果

源	Ⅱ型平方和	*df*	*MS*	*F*	*p*	偏 η^2	实测幂
组间							
组别	0.312	1	0.312	1.370	0.246	0.020	0.211
误差（组别）	15.264	67	0.228				
组内							
句法特征	1.161	1	1.161	0.679	0.413	0.010	0.128
句法特征 × 组别	32.272	1	32.272	18.887	0.000	0.220	0.990
误差（句法特征）	114.484	67	1.709				
wh-疑问词语法功能	19.350	1.669	11.592	7.576	0.002	0.102	0.907
wh-疑问词语法功能 × 组别	0.192	1.669	0.115	0.075	0.898	0.001	0.060
误差（wh-疑问词语法功能）	171.125	111.842	1.530				
句法特征 × wh-疑问词语法功能	11.263	2	5.632	6.152	0.003	0.084	0.884
句法特征 × wh-疑问词语法功能 × 组别	2.406	2	1.203	1.314	0.272	0.019	0.280
误差（句法特征 × wh-疑问词语法功能）	122.664	134	0.915				

简单效应分析表明：在组内，初二组的主句习得显著优于内嵌子句（$p<0.001$）；而初三组则相反，对内嵌子句的习得显著优于主句（$p=0.016$）

（表 5-3）。在组间比较中，初二组在主句问句方面表现优于初三组，差异呈边缘显著（$p=0.057$）；而在内嵌子句方面，初三组显著优于初二组（$p=0.001$）（表 5-4）。

表 5-3　初二、初三组中心语移位句子合法性判断任务不同句法特征习得前测组内成对比较

组别	句型（*I*）	句型（*J*）	*I–J*	*SE*	*p*	结果
初二组	1	2	0.475^{*}	0.129	0.000	1>2
初三组	1	2	-0.314^{*}	0.128	0.016	1<2

注：基于估算边际平均值。

* 代表显著性水平为 0.05，全书此类余同。

“显著性”一列采用多重比较调节：最低显著差异法（相当于不进行调整），全书此类余同。

1=主句，2=内嵌子句。

表 5-4　初二、初三组中心语移位句子合法性判断任务不同句法特征习得前测组间成对比较

句型	组别（*I*）	组别（*J*）	*I–J*	*SE*	*p*	结果
主句	1	2	0.260	0.134	0.057	1>2
内嵌子句	1	2	-0.529^{*}	0.158	0.001	1<2

注：1=初二组，2=初三组。

wh-疑问词语法功能主效应显著，但与组别交互作用不显著，这表明两组受试者在习得 wh-疑问词不同语法功能问句方面存在着类似的差异。成对比较结果（表 5-5）表明，受试者在习得 wh-疑问词做主语方面表现显著优于 wh-疑问词做宾语（平均分差值=0.326，$p=0.002<0.05$）和状语（平均分差值=0.323，$p=0.005<0.05$），习得 wh-疑问词做宾语和状语之间无显著差异（平均分差值=–0.003，$p=0.963>0.05$）。

表 5-5　初二、初三组中心语移位句子合法性判断任务 wh-疑问词不同语法功能习得前测成对比较

wh-疑问词语法功能（*I*）	wh-疑问词语法功能（*J*）	*I–J*	*SE*	*p*	结果
1	2	0.326^{*}	0.101	0.002	1>2
	3	0.323^{*}	0.111	0.005	1>3
2	1	-0.326^{*}	0.101	0.002	1>2
	3	−0.003	0.073	0.963	2=3
3	1	-0.323^{*}	0.111	0.005	1>3
	2	0.003	0.073	0.963	2=3

注：1=wh-疑问词做主语，2=wh-疑问词做宾语，3=wh-疑问词做状语。

综上所述，初二阶段的学习者在 wh-问句中心语移位句子合法性判断任务中，在主句 wh-问句中的表现优于内嵌子句 wh-问句，习得难度顺序为主句 wh-问句<内嵌子句 wh-问句。初三阶段的学习者在 wh-问句中心语移位句子合法性判断任务中，在内嵌子句 wh-问句中的表现优于主句 wh-问句，主句 wh-问句的习得出现返生（regression）现象。在习得 wh-疑问词不同语法功能问句中，两组均表现为 wh-疑问词做主语优于 wh-疑问词做宾语和状语，习得难度顺序为：主语疑问句<宾语疑问句/状语疑问句。

5.1.1.2 句子合法性判断任务三次测量数据分析

为了验证输入加工教学干预对 wh-问句中心语移位习得的影响，这里分别将两个年级的实验组（输入加工组）的三次测量的结果与其相应的对照组进行对比分析。

根据表 5-6 的数据，初二年级输入加工组的后测和延后测平均分相较于前测均有所提高，三次测试的平均分呈稳步上升的趋势。对照组的后测和延后测平均分相较于前测基本无提高（图 5-1）。

表 5-6 初二输入加工组和对照组中心语移位句子合法性判断任务三次测量的结果

组别	*n*	前测（*M*±*SD*）	后测（*M*±*SD*）	延后测（*M*±*SD*）
输入加工组	34	2.38 ± 0.41	2.57 ± 0.48	2.66 ± 0.56
对照组	29	2.24 ± 0.35	2.33 ± 0.38	2.28 ± 0.31

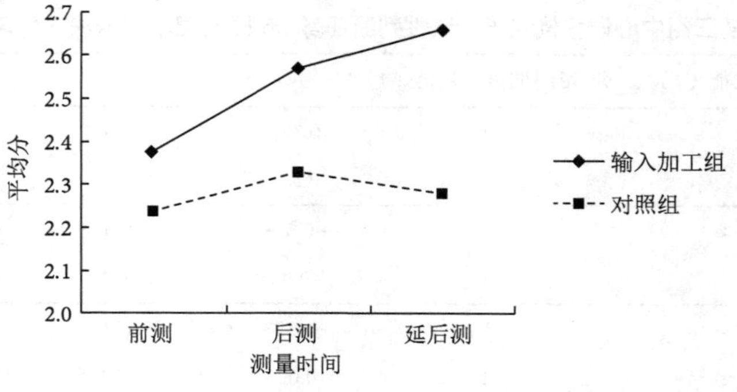

图 5-1 初二输入加工组和对照组中心语移位句子合法性判断任务三次测量平均分

为了进一步检验输入加工组与对照组之间以及组内三次测量之间的差异是否达到显著水平，我们将组别作为组间因素，测量时间作为组内因素，进行混合的重复测量方差分析。表 5-7 显示：组别之间的差异显著，$F(1, 61)=6.784$，$p=0.012<0.05$；测量时间的主效应也显著，$F(1.770, 107.984)=10.448$，$p<0.001$；而且组别和测量时间之间的交互作用也显著（$F=4.293$，$p=0.020$）。

表 5-7　初二输入加工组和对照组中心语移位句子合法性判断任务混合的重复测量方差分析结果

源	Ⅲ型平方和	*df*	*MS*	*F*	*p*	偏 η^2	实测幂
组间							
组别	1.006	1	1.006	6.784	0.012	0.100	0.727
误差	9.046	61	0.148				
组内							
测量时间	13.043	1.770	7.368	10.448	0.000	0.146	0.987
测量时间 × 组别	5.359	1.770	3.027	4.293	0.020	0.066	0.700
误差（时间）	76.153	107.984	0.705				

由于组别和测量时间之间的交互作用显著，我们进行了简单效应分析。结果表明，在三次测量中，输入加工组与对照组之间在前测中没有显著差异（$p=0.160$），但在后测和延后测中，输入加工组均显著优于对照组（$p\leqslant 0.029$）。在组内，输入加工组的均分在后测和延后测中有显著提高（$p\leqslant 0.003$），而对照组在后测和延后测中的均分则没有显著提高。两组的三次测量组间和组内成对比较结果见表 5-8 和表 5-9。

表 5-8　初二输入加工组和对照组中心语移位句子合法性判断任务三次测量组间成对比较

测量时间	组别（*I*）	组别（*J*）	*I–J*	*SE*	*p*	结果
前测	1	2	0.136	0.096	0.160	1=2
后测	1	2	0.249*	0.111	0.029	1>2
延后测	1	2	0.375*	0.116	0.002	1>2

注：1=输入加工组，2=对照组。

表 5-9 初二输入加工组和对照组中心语移位句子合法性判断任务三次测量组内成对比较

组别	测量时间（I）	测量时间（J）	I–J	SE	p	结果
输入加工组	1	2	−0.199*	0.064	0.003	2>1
	1	3	−0.282*	0.054	0.000	3>1
	2	3	−0.083	0.047	0.080	3=2
对照组	1	2	−0.086	0.069	0.217	2=1
	1	3	−0.043	0.058	0.463	3=1
	2	3	0.043	0.051	0.398	2=3

注：1=前测，2=后测，3=延后测。

初三年级输入加工组和对照组受试者在前测、后测和延后测三次测试中的平均分和标准差见表 5-10。输入加工组的后测和延后测平均分相较于前测均有所提高，三次测试的平均分呈稳步上升的趋势，而对照组的后测和延后测相较于前测基本无变化（图 5-2）。

表 5-10 初三输入加工组和对照组中心语移位句子合法性判断任务三次测量的结果

组别	n	前测（M±SD）	后测（M±SD）	延后测（M±SD）
输入加工组	35	2.51 ± 0.54	2.68 ± 0.62	2.83 ± 0.63
对照组	32	2.52 ± 0.42	2.52 ± 0.52	2.54 ± 0.59

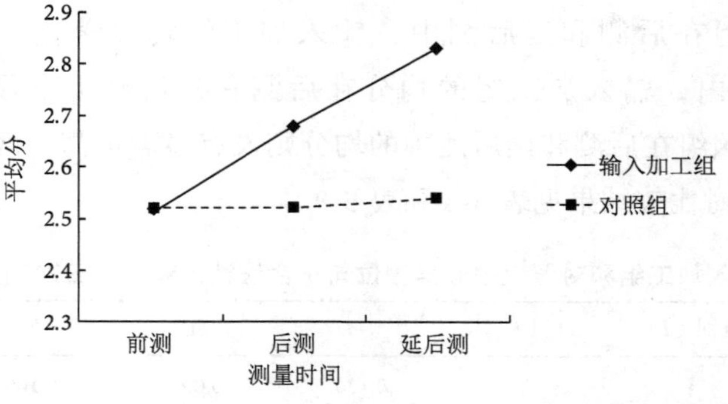

图 5-2 初三输入加工组和对照组中心语移位句子合法性判断任务三次测量平均分

为进一步检验输入加工组与对照组之间以及组内三次测量之间的差异是否达到显著水平，我们以组别为组间因素，测量时间为组内因素，进行混合的重复测量方差分析。结果显示：组别之间差异不显著，$F(1, 65)=1.414$，

p=0.239>0.05；测量时间主效应显著，$F(2, 130)$=6.261，p=0.003；组别和测量时间之间的交互作用显著，$F(2, 130)$=4.332，p=0.015。混合的重复测量方差分析结果详见表 5-11。

表 5-11　初三输入加工组和对照组中心语移位句子合法性判断任务混合的重复测量方差分析结果

源	Ⅱ型平方和	*df*	*MS*	*F*	*p*	偏 η^2	实测幂
组间							
组别	0.361	1	0.361	1.414	0.239	0.021	0.216
误差	16.621	65	0.256				
组内							
测量时间	12.719	2	6.359	6.261	0.003	0.088	0.890
测量时间 × 组别	8.799	2	4.400	4.332	0.015	0.062	0.743
误差（时间）	132.038	130	1.016				

由于组别和测量时间之间的交互作用显著，这里进行了简单效应分析。结果表明：在组间，输入加工组与对照组在前测中无显著差异（p=0.959）；在延后测中，输入加工组表现优于对照组，差异呈现边缘显著（p=0.057）。在组内，输入加工组在后测和延后测中均分均有所提高，后测、延后测与前测之间的差异达到显著水平；对照组在后测和延后测中均分未表现出明显提升。两组的三次测量组间和组内成对比较结果详见表 5-12 和表 5-13。

表 5-12　初三输入加工组和对照组中心语移位句子合法性判断任务三次测量组间成对比较

测量时间	组别（*I*）	组别（*J*）	*I–J*	*SE*	*p*	结果
前测	1	2	−0.006	0.119	0.959	1=2
后测	1	2	0.158	0.140	0.264	1=2
延后测	1	2	0.290	0.149	0.057	1>2（边缘）

注：1=输入加工组，2=对照组。

表 5-13　初三输入加工组和对照组中心语移位句子合法性判断任务三次测量组内成对比较

组别	测量时间（*I*）	测量时间（*J*）	*I–J*	*SE*	*p*	结果
输入加工组	1	2	−0.169*	0.068	0.016	2>1
	1	3	−0.319*	0.076	0.000	3>1
	2	3	−0.150*	0.064	0.022	3>2

续表

组别	测量时间（*I*）	测量时间（*J*）	*I–J*	*SE*	*p*	结果
对照组	1	2	−0.005	0.071	0.942	2=1
	1	3	−0.023	0.080	0.769	3=1
	2	3	−0.018	0.067	0.785	2=3

注：1=前测，2=后测，3=延后测。

以上结果表明，在句子合法性判断任务中，初二和初三的输入加工组相较于其对照组，在后测和延后测中，对中心语移位的习得成效都有显著的提高。PI 对促进两组受试者 wh-问句中心语移位的习得有显著效果，且这种效果具有至少五周的保持时效。

5.1.1.3 句子合法性判断任务后续问卷调查数据分析

句子合法性判断任务后续问卷调查旨在考查受试者在判断过程中是否注意到并使用了显性的语法规则进行判断。在统计过程中，如果受试者明确提到主句 wh-宾语、状语问句的构成需要助动词 do 的支持，而内嵌子句 wh-问句中则无须助动词 do 的支持，则认为他们采用了这些规则。表 5-14 展示了两个阶段受试者规则使用情况的统计数据。初二输入加工组的句子合法性判断任务共有 34 名受试者，后续有效问卷也有 34 份。

表 5-14 初二输入加工组和对照组句子合法性判断任务后测、延后测语法规则使用情况

项目			后测		延后测	
			输入加工组	对照组	输入加工组	对照组
规则使用	是	人数/人	12	0	13	0
		百分比/%	35	0	38	0
	否	人数/人	22	29	21	29
		百分比/%	65	100	62	100
合计人数/人			34	29	34	29

根据表 5-14，在后测中，输入加工组有 12 名受试者汇报在完成判断任务时采用了语法规则，占总人数的 35%，而对照组则没有受试者汇报使用语法规

则，两组之间的差异显著（χ^2=42.424，p<0.001）；在延后测中，输入加工组有 13 名受试者汇报采用了语法规则，占总人数的 38%，而对照组仍然没有受试者汇报使用语法规则，两组之间的差异显著（χ^2=46.914，p<0.001）。

为了探究输入加工组受试者的规则使用与判断任务得分之间的关系，我们采用了点二列相关分析（point biserial correlation analysis）。结果显示，在后测中两者之间的相关性不显著（r_{pb}=0.112，p=0.528），而在延后测中两者之间呈边缘相关（r_{pb}=0.291，p=0.095）。

初三输入加工组句子合法性判断任务共有 35 名受试者进入统计分析，但后续有效问卷仅收到 29 份，具体情况详见表 5-15。

表 5-15　初三输入加工组和对照组句子合法性判断任务后测、延后测语法规则使用情况

项目			后测		延后测	
			输入加工组	对照组	输入加工组	对照组
规则使用	是	人数/人	16	2	17	2
		百分比/%	55	6	59	6
	否	人数/人	13	30	12	30
		百分比/%	45	94	41	94
合计人数/人			29	32	29	32

根据表 5-15，在后测中，输入加工组有 16 名受试者汇报使用语法规则，占总人数的 55%，对照组有 2 名受试者汇报使用语法规则，两组之间的差异显著（χ^2=56.634，p<0.001）；在延后测中，输入加工组有 17 名受试者汇报使用语法规则，占总人数的 59%，而对照组仍只有 2 名受试者汇报使用语法规则，两组之间的差异显著（χ^2=64.023，p<0.001）。

点二列相关分析结果表明，受试者的规则使用与后测中的判断任务成绩呈显著正相关（r_{pb}=0.399，p=0.032），在延后测中也呈显著正相关（r_{pb}=0.441，p=0.017）。也就是说，受试者在判断任务中得分越高，他们越可能使用了规则。

综上所述，两个学习阶段受试者在判断任务的后测、延后测中，输入加工组汇报使用规则的人数显著多于对照组，使用规则的受试者在后测与延后测中的成绩也相对较高。

5.1.2 中心语移位习得特征（口头产出任务）及 PI 的作用

本小节首先分析初二、初三两个阶段受试者在口头产出任务前测中的表现，随后分析他们和其相应的对照组在三次测量中的表现。

5.1.2.1 中心语移位口头产出任务前测数据分析

口头产出任务共有 24 个句子，其中包含 12 个主句和 12 个内嵌子句，分为 6 种条件：wh-疑问词分别在主句疑问句中做主语、宾语和状语，在内嵌子句疑问句中做主语、宾语和状语。每种条件有 4 个句子。参照安布里奇等以及波赞和夸克的研究，将每一个产出的句子编码为正确（native-like）句和错误（nonnative-like）句，将错误句进一步编码为倒置错误、双标记错误和其他错误这三类，每一类标记 1 分，每种条件的总分为 4 分。以下是各类错误句的举例。

（1）倒置错误：

*Why they visited Bob in the office this morning?

*I want to know why did they visit Bob in the office this morning.

（2）双标记错误：

*Why did they visited Bob in the office this morning?

（3）其他错误：

包含（1）、（2）类错误以外的错误句，例如将主语疑问句产出为宾语疑问句、缺乏个别单词的不完整问句、时态或者人称不正确的问句等。如果一个句子中存在多种错误，我们将按照（1）、（2）、（3）的顺序对其进行编码赋分。例如，我们将“*I want to know why did they visited Bob in the office this morning.”优先编码为倒置错误句。

根据研究问题，此处将重点统计分析与本实验相关的正确句和倒置错误句的数据。初二组和初三组前测中产出的 4 种条件疑问句正确句和各类错误句的平均分和标准差详见表 5-16 和表 5-17。

表 5-16　初二组中心语移位口头产出正确句和各类错误句前测的结果（*M*±*SD*）

口头产出句类型	主句 wh-问句			内嵌子句 wh-问句		
	wh-疑问词做主语	wh-疑问词做宾语	wh-疑问词做状语	wh-疑问词做主语	wh-疑问词做宾语	wh-疑问词做状语
正确句	0.88 ± 1.01	0.72 ± 0.74	1.16 ± 1.14	2.08 ± 1.26	0.00 ± 0.00	0.04 ± 0.20
倒置错误句	0.68 ± 0.99	0.68 ± 0.90	0.44 ± 0.65	0.04 ± 0.20	2.28 ± 1.31	2.32 ± 1.38
双标记错误句	0.12 ± 0.33	0.44 ± 0.51	0.52 ± 0.77	0.00 ± 0.00	0.04 ± 0.20	0.28 ± 0.46
其他错误句	2.32 ± 1.55	2.16 ± 1.49	1.88 ± 1.36	1.88 ± 1.27	1.68 ± 1.31	1.36 ± 1.35

表 5-17　初三组中心语移位口头产出正确句和各类错误句前测的结果（*M*±*SD*）

口头产出句类型	主句 wh-问句			内嵌子句 wh-问句		
	wh-疑问词做主语	wh-疑问词做宾语	wh-疑问词做状语	wh-疑问词做主语	wh-疑问词做宾语	wh-疑问词做状语
正确句	1.63 ± 1.40	1.23 ± 1.25	1.53 ± 1.22	2.37 ± 1.16	1.47 ± 1.50	1.43 ± 1.48
倒置错误句	0.67 ± 0.92	1.30 ± 1.37	0.87 ± 1.01	0.10 ± 0.31	0.97 ± 1.10	0.80 ± 1.24
双标记错误句	0.00 ± 0.00	0.27 ± 0.52	0.17 ± 0.38	0.00 ± 0.00	0.03 ± 0.18	0.00 ± 0.00
其他错误句	1.70 ± 1.47	1.20 ± 1.32	1.43 ± 1.28	1.53 ± 1.11	1.53 ± 1.31	1.77 ± 1.30

表 5-16 表明：在初二组产出的主句 wh-问句正确句中，wh-疑问词做状语的正确句的平均分最高（M=1.16）；在四个类型中，其他错误类的平均分最高。在内嵌子句 wh-问句正确句中，wh-疑问词做主语的正确句的平均分最高（M=2.08）；四个类型中，倒置错误和其他错误的平均分较高。

表 5-17 表明：在初三组产出的主句 wh-问句中，wh-疑问词做主语的正确句的平均分最高（M=1.63），倒置错误句的平均分在三种条件中最低（M=0.67）。在内嵌子句 wh-问句中，也是 wh-疑问词做主语的正确句平均分最高（M=2.37），倒置错误句的平均分在三种条件中最低（M=0.10）。

为检验这些差异是否达到显著水平，对口头产出的正确句结果进行组别（初二、初三组）× 句法特征（主句、内嵌子句）× wh-疑问词语法功能（做主语、宾语和状语）的混合的重复测量方差分析。结果（表 5-18）显示：组别主效应显著，$F(1, 53)$=13.739，p=0.001；句法特征主效应不显著，F(1,

53)=0.314，p=0.578；wh-疑问词语法功能主效应显著，F(1.746, 92.542)=30.694，p<0.001；句法特征与组别交互作用显著，F(1, 53)=5.340，p=0.025，说明两组受试者在习得不同句法特征 wh-问句中的表现不同；wh-疑问词语法功能和组别交互作用不显著，F(1.746, 92.542)=2.229，p=0.120，说明两组受试者在习得 wh-疑问词不同语法功能问句中的表现类似。

表 5-18　初二、初三组中心语移位口头产出正确句前测混合的重复测量方差分析结果

源	Ⅱ型平方和	df	MS	F	p	偏 η^2	实测幂
组间							
组别	8.679	1	8.679	13.739	0.001	0.206	0.953
误差（组别）	33.481	53	0.632				
组内							
句法特征	0.303	1	0.303	0.314	0.578	0.006	0.085
句法特征 × 组别	5.159	1	5.159	5.340	0.025	0.092	0.621
误差（句法特征）	51.204	53	0.966				
wh-疑问词语法功能	45.606	1.746	26.119	30.694	0.000	0.367	1.000
wh-疑问词语法功能 × 组别	3.312	1.746	1.897	2.229	0.120	0.040	0.414
误差（wh-疑问词语法功能）	78.749	92.542	0.851				
句法特征 × wh-疑问词语法功能	34.115	1.682	20.281	19.956	0.000	0.274	1.000
句法特征 × wh-疑问词语法功能 × 组别	9.616	1.682	5.717	5.625	0.008	0.096	0.801
误差（句法特征 × wh-疑问词语法功能）	90.602	89.152	1.016				

简单效应分析表明：在组内，初二组产出的正确主句与内嵌子句无显著差异（p=0.158）；初三组产出的正确内嵌子句好于主句，差异呈边缘显著（p=0.075），见表 5-19。在组间，主句问句中，初三组好于初二组，差异显著（p=0.031）；内嵌子句中，初三组显著好于初二组（p<0.001），见表 5-20。

表 5-19　初二、初三组中心语移位口头产出不同句法特征习得前测组内成对比较

组别	句型（I）	句型（J）	$I–J$	SE	p	结果
初二组	1	2	0.213	0.146	0.158	1=2
初三组	1	2	−0.289	0.156	0.075	1<2（边缘）

注：1=主句，2=内嵌子句。

表 5-20　初二、初三组中心语移位口头产出不同句法特征习得前测组间成对比较

句型	组别（*I*）	组别（*J*）	*I–J*	*SE*	*p*	结果
主句	1	2	−0.547*	0.246	0.031	1<2
内嵌子句	1	2	−1.049*	0.236	0.000	1<2

注：1=初二组，2=初三组。

wh-疑问词语法功能主效应显著，但与组别交互作用不显著，说明两组受试者在产出 wh-疑问词不同语法功能问句中存在类似差异。两组受试者口头产出的不同语法功能正确句成对比较结果见表 5-21。

表 5-21　初二、初三组中心语移位口头产出 wh-疑问词不同语法功能习得前测成对比较

组别	句型	wh-疑问词语法功能（*I*）	wh-疑问词语法功能（*J*）	*I–J*	*SE*	*p*	结果
初二组	主句	1	2	0.160	0.237	0.503	1=2
			3	−0.280	0.272	0.307	1=3
		2	3	−0.440	0.243	0.076	2=3
	内嵌子句	1	2	2.080*	0.291	0.000	1>2
			3	2.040*	0.302	0.000	1>3
		2	3	−0.040	0.134	0.767	2=3
初三组	主句	1	2	0.400	0.217	0.070	1=2
			3	0.100	0.248	0.688	1=3
		2	3	−0.300	0.222	0.183	2=3
	内嵌子句	1	2	0.900*	0.266	0.001	1>2
			3	0.933*	0.276	0.001	1>3
		2	3	0.033	0.123	0.787	2=3

注：1=wh-疑问词做主语，2=wh-疑问词做宾语，3=wh-疑问词做状语。

根据表 5-21，我们发现：在主句中，wh-疑问词不同语法功能问句之间无显著差异；在内嵌子句中，wh-疑问词做主语的平均分显著高于 wh-疑问词做宾语和状语的平均分，说明 wh-疑问词做主语的问句最易产出。

综上所述，初二阶段的学习者在 wh-问句中心语移位句子口头产出任务中，主句 wh-问句与内嵌子句 wh-问句得分之间的差异不显著。相较之下，初三阶段的学习者在 wh-问句中心语移位句子口头产出中，内嵌子句 wh-问句的得分高于主句 wh-问句。另外，初三组的主句和内嵌子句均显著好于初二组。在习得 wh-疑问词不同语法功能问句中，两组均表现为在主句中无显著差异，在内嵌子句中，wh-疑问词做主语好于 wh-疑问词做宾语和状语，习得难度表现出主语问句<宾语问句/状语问句的顺序。

5.1.2.2　中心语移位口头产出任务三次测量数据分析

为检验 PI 对 wh-问句中心语移位习得口头产出的影响，这里分别将初二、初三输入加工组口头产出三次测量的结果与对照组进行对比分析。

首先，初二年级输入加工组和对照组前测、后测和延后测产出的正确句以及倒置错误句的平均分和标准差见表 5-22。表 5-22 表明，输入加工组后测、延后测正确句的平均分相较于前测均有较大幅度的提高，倒置错误句的平均分有所下降，而对照组的正确句和倒置错误句的后测和延后测相较于前测几乎无明显变化（图 5-3）。

表 5-22　初二输入加工组和对照组中心语移位口头产出正确句、倒置错误句三次测量数据

组别	*n*	产出句子	前测（*M*±*SD*）	后测（*M*±*SD*）	延后测（*M*±*SD*）
输入加工组	25	正确句	0.81 ± 0.48	1.78 ± 0.84	1.91 ± 1.02
		倒置错误句	1.07 ± 0.58	0.83 ± 0.50	0.83 ± 0.62
对照组	24	正确句	0.91 ± 0.53	0.99 ± 0.54	1.10 ± 0.60
		倒置错误句	1.03 ± 0.40	1.05 ± 0.41	1.09 ± 0.51

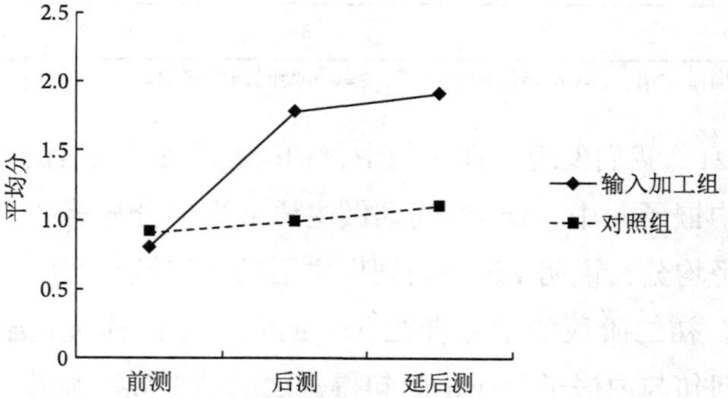

图 5-3　初二输入加工组和对照组中心语移位口头产出正确句三次测量平均分

为进一步检验输入加工组与对照组之间以及组内三次测量之间的正确句产出差异是否达到显著，我们以组别为组间因素，测量时间为组内因素，进行混合的重复测量方差分析。结果显示：组别之间差异显著，$F(1, 47)=8.323$，$p=0.006$；测量时间主效应显著，$F(1.687, 79.286)=33.767$，$p<0.001$；组别和测量时间之间的交互作用显著，$F(1.687, 79.286)=18.686$，$p<0.001$。混合的重复测量方差分析结果详见表 5-23。

表 5-23　初二输入加工组和对照组中心语移位口头产出正确句混合的重复测量方差分析结果

源	Ⅱ型平方和	*df*	*MS*	*F*	*p*	偏 η^2	实测幂
组间							
组别	3.088	1	3.088	8.323	0.006	0.150	0.807
误差	17.441	47	0.371				
组内							
测量时间	71.376	1.687	42.311	33.767	0.000	0.418	1.000
测量时间 × 组别	39.499	1.687	23.415	18.686	0.000	0.284	1.000
误差（测量时间）	99.347	79.286	1.253				

由于组别和测量时间之间的交互作用显著，这里进行简单效应分析。结果表明，三次测量中，输入加工组与对照组之间在前测中无显著差异（$p=0.506$），在后测与延后测中，输入加工组均显著好于对照组（$p\leqslant0.001$）。组内，输入加工组在后测与延后测中均分有显著提高（$p<0.001$），而对照组在后测与延后测中均分无显著提高（$p\geqslant0.184$）。两组的三次测量组间与组内成对比较结果见表 5-24 和表 5-25。

表 5-24　初二输入加工组和对照组中心语移位口头产出三次测量正确句组间成对比较

测量时间	组别（*I*）	组别（*J*）	*I*–*J*	*SE*	*p*	结果
前测	1	2	−0.096	0.144	0.506	1=2
后测	1	2	0.794*	0.204	0.000	1>2
延后测	1	2	0.809*	0.240	0.001	1>2

注：1=输入加工组，2=对照组。

表 5-25　初二输入加工组和对照组中心语移位口头产出三次测量正确句组内成对比较

组别	测量时间（I）	测量时间（J）	I–J	SE	p	结果
输入加工组	1	2	–0.967*	0.099	0.000	2>1
	1	3	–1.100*	0.141	0.000	3>1
	2	3	–0.133	0.111	0.237	3=2
对照组	1	2	–0.076	0.101	0.455	2=1
	1	3	–0.194	0.144	0.184	3=1
	2	3	–0.118	0.114	0.304	2=3

注：1=前测，2=后测，3=延后测。

另外，对两组的倒置错误句进行的重复测量方差分析结果表明，输入加工组在后测与延后测中产出的倒置错误句显著少于前测（$p\leqslant 0.044$），而对照组在后测与延后测中倒置错误句的产出与前测无显著差异（$p\geqslant 0.641$）。

综上所述，输入加工组在后测与延后测中正确句的产出相较于前测显著增加，倒置错误句的产出显著减少。这说明 PI 能够显著促进初二组受试者 wh-问句的产出，促进他们对 wh-问句中心语移位的习得。

其次，初三年级输入加工组和对照组前测、后测和延后测产出的正确句以及倒置错误句的平均分和标准差见表 5-26。表 5-26 表明，输入加工组产出的正确句在后测、延后测中的平均分相较于前测均有所提高，三次测试的平均分呈稳步上升趋势，而对照组产出的正确句在后测和延后测中相较于前测也有较小幅度提升（图 5-4）。

表 5-26　初三输入加工组和对照组中心语移位口头产出正确句、倒置错误句三次测量数据

组别	n	产出句子	前测（M±SD）	后测（M±SD）	延后测（M±SD）
输入加工组	30	正确句	1.60 ± 0.97	1.99 ± 1.16	2.05 ± 0.63
		倒置错误句	0.78 ± 0.74	0.43 ± 0.45	0.58 ± 0.62
对照组	27	正确句	1.58 ± 0.74	1.73 ± 0.79	1.89 ± 0.72
		倒置错误句	0.99 ± 0.58	0.97 ± 0.59	0.88 ± 0.53

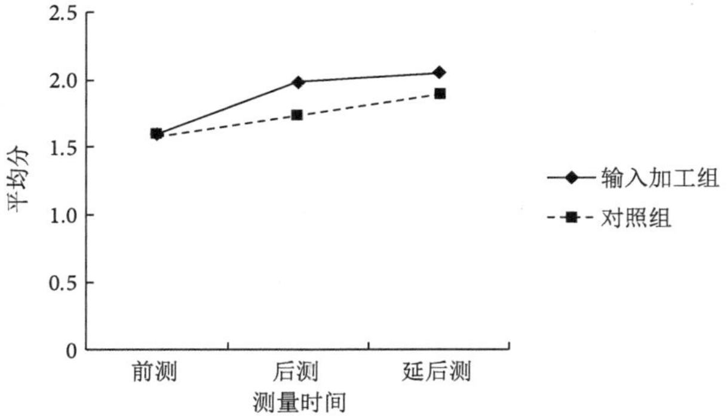

图 5-4　初三输入加工组和对照组中心语移位口头产出正确句平均分

为进一步检验输入加工组与对照组之间以及组内三次测量之间的正确句产出差异是否达到显著，我们以组别为组间因素，测量时间为组内因素，进行混合的重复测量方差分析。结果（表 5-27）显示：组别之间差异不显著，$F(1, 55)=0.399$，$p=0.530$；测量时间主效应显著，$F(2, 110)=10.568$，$p<0.001$；组别和测量时间之间的交互作用不显著，$F(2, 110)=1.082$，$p=0.343$。

表 5-27　初三输入加工组和对照组中心语移位口头产出正确句混合的重复测量方差分析结果

源	Ⅱ型平方和	*df*	*MS*	*F*	*p*	偏 η^2	实测幂
组间							
组别	0.298	1	0.298	0.399	0.530	0.007	0.095
误差	41.138	55	0.748				
组内							
测量时间	4.445	2	2.223	10.568	0.000	0.161	0.987
测量时间 × 组别	0.455	2	0.228	1.082	0.343	0.019	0.236
误差（测量时间）	23.137	110	0.210				

进一步的组内重复测量结果表明，输入加工组在后测与延后测中均分有显著提高（$p<0.001$）；对照组的延后测与前测之间的差异也达到显著（$p=0.017$）。两组的三次测量组内成对比较结果见表 5-28。

表 5-28　初三输入加工组和对照组中心语移位口头产出三次测量正确句组内成对比较

组别	测量时间（*I*）	测量时间（*J*）	*I–J*	*SE*	*p*	结果
输入加工组	1	2	−0.394*	0.102	0.000	2>1
	1	3	−0.450*	0.119	0.000	3>1
	2	3	−0.056	0.132	0.676	3=2
对照组	1	2	−0.142	0.107	0.191	2=1
	1	3	−0.309*	0.126	0.017	3>1
	2	3	−0.167	0.139	0.236	2=3

注：1=前测，2=后测，3=延后测。

根据表 5-28，输入加工组的后测与延后测均显著好于前测，对照组的延后测也显著好于前测。组别和测量时间之间的交互作用不显著（p=0.343），我们还无法确定 PI 的干预是否显著促进了输入加工组的产出。为进一步检验 PI 的效果，我们进一步分析了输入加工组和对照组在倒置错误句方面的数据。

我们以组别为组间因素，测量时间为组内因素，对初三组受试者产出的倒置错误句进行混合的重复测量方差分析。结果显示：组别之间差异显著，$F(1, 55)$=6.148，p=0.016<0.05；测量时间主效应显著，$F(2, 110)$=8.858，p<0.001；组别和测量时间之间的交互作用显著，$F(2, 110)$=5.814，p=0.004。简单效应分析表明，三次测量中，输入加工组与对照组之间的倒置错误句在前测中无显著差异（p=0.191），在后测与延后测中输入加工组的倒置错误句均显著少于对照组（p≤0.057）。组内，输入加工组在后测与延后测中倒置错误句均分有显著下降（p≤0.024），而对照组在后测与延后测中无显著下降（p≥0.148）。两组的三次测量组间与组内成对比较结果见表 5-29 和表 5-30。

表 5-29　初三输入加工组和对照组中心语移位口头产出倒置错误句三次测量组间成对比较

测量时间	组别（*I*）	组别（*J*）	*I–J*	*SE*	*p*	结果
前测	1	2	−0.216	0.163	0.191	1=2
后测	1	2	−0.536*	0.138	0.000	1<2
延后测	1	2	−0.299	0.154	0.057	1<2（边缘）

注：1=输入加工组，2=对照组。

表 5-30　初三输入加工组和对照组中心语移位口头产出倒置错误句三次测量组内成对比较

组别	测量时间（I）	测量时间（J）	$I–J$	SE	p	结果
输入加工组	1	2	0.344*	0.064	0.000	2<1
	1	3	0.194*	0.072	0.009	3<1
	2	3	−0.150*	0.065	0.024	2<3
对照组	1	2	0.025	0.067	0.716	2=1
	1	3	0.111	0.076	0.148	3=1
	2	3	0.086	0.068	0.211	2=3

注：1=前测，2=后测，3=延后测。

综上所述，三次测量中，初三输入加工组与对照组在口头产出的正确句中无显著差异，但输入加工组的倒置错误句在后测、延后测中有显著的下降，而对照组无显著变化。这说明 PI 在一定程度上能够提高初三组受试者对 wh-问句中心语移位的口头产出正确率。

以上结果表明，在句子口头产出任务中，初二和初三输入加工组相较于对照组，在后测与延后测中，对中心语移位的习得成效都有显著的提高。PI 对促进两组受试者 wh-问句中心语移位的习得有显著效果，且这种效果具有至少五周的保持时效。

5.2　PI 干预下的中心语移位习得特征

本节首先分析 PI 对初二、初三两个阶段受试者在句子合法性判断任务中的影响，随后分析 PI 对受试者口头产出任务的影响。

5.2.1　中心语移位习得过程句子合法性判断任务数据分析

初二组在中心语移位习得句子合法性判断任务中，三次测量各个条件 wh-问句的平均分和标准差见表 5-31。

表 5-31　初二组中心语移位句子合法性判断任务各条件三次测量的结果（M±SD）

测量时间	do 支持	主句 wh-问句			内嵌子句 wh-问句		
		wh-疑问词做主语	wh-疑问词做宾语	wh-疑问词做状语	wh-疑问词做主语	wh-疑问词做宾语	wh-疑问词做状语
前测	无	3.26 ± 0.83	2.03 ± 1.34	1.82 ± 1.22	2.59 ± 1.23	2.32 ± 1.12	2.47 ± 1.24
	有	1.97 ± 1.60	3.32 ± 0.84	3.26 ± 1.08	2.62 ± 1.44	1.38 ± 1.37	1.44 ± 1.21
后测	无	3.29 ± 0.91	1.94 ± 1.32	1.35 ± 1.12	3.12 ± 1.20	2.71 ± 1.36	3.00 ± 1.02
	有	1.74 ± 1.48	3.47 ± 0.83	3.26 ± 0.83	2.65 ± 1.35	2.32 ± 1.59	2.03 ± 1.45
延后测	无	3.32 ± 0.94	2.09 ± 1.19	1.44 ± 1.40	3.32 ± 1.20	3.03 ± 1.27	3.00 ± 1.18
	有	2.03 ± 1.49	3.62 ± 0.70	3.38 ± 0.89	2.68 ± 1.43	2.18 ± 1.55	1.79 ± 1.39

总体而言，三次测量中，后测与延后测成绩好于前测。为检测三次测量中，受试者在句法特征和 wh-疑问词语法功能方面的习得发展，我们对测量结果进行测量时间（前测、后测、延后测）× 句法特征（主句、内嵌子句）× wh-疑问词语法功能（主语、宾语和状语）的重复测量方差分析。结果发现：测量时间主效应显著，$F(2, 66)=10.564$，$p<0.001$；句法特征主效应不显著，$F(1, 33)=1.301$，$p=0.262$；wh-疑问词语法功能主效应显著，$F(1.424, 47.002)=4.488$，$p=0.027$；测量时间和句法特征的交互作用显著，$F(1.706, 56.301)=6.188$，$p=0.006$；测量时间和 wh-疑问词语法功能的交互作用不显著，$F(4, 132)=1.895$，$p=0.115$；句法特征和 wh-疑问词语法功能交互作用显著，$F(2, 66)=8.543$，$p=0.001$；测量时间和句法特征及 wh-疑问词语法功能三者的交互作用不显著，$F(4, 132)=0.643$，$p=0.633$。

初三组中心语移位习得句子合法性判断任务中，三次测量各个条件 wh-问句的平均分和标准差见表 5-32。

表 5-32　初三组中心语移位句子合法性判断任务各条件三次测量的结果（M±SD）

测量时间	do 支持	主句 wh-问句			内嵌子句 wh-问句		
		wh-疑问词做主语	wh-疑问词做宾语	wh-疑问词做状语	wh-疑问词做主语	wh-疑问词做宾语	wh-疑问词做状语
前测	无	3.14 ± 0.77	1.74 ± 1.20	1.43 ± 1.07	3.29 ± 0.89	2.83 ± 1.07	3.17 ± 1.01
	有	1.80 ± 1.32	2.91 ± 1.01	3.09 ± 1.07	2.60 ± 1.48	2.11 ± 1.59	2.00 ± 1.35

续表

测量时间	do 支持	主句 wh-问句			内嵌子句 wh-问句		
		wh-疑问词做主语	wh-疑问词做宾语	wh-疑问词做状语	wh-疑问词做主语	wh-疑问词做宾语	wh-疑问词做状语
后测	无	2.06 ± 1.70	1.54 ± 1.38	1.09 ± 1.38	3.51 ± 0.82	3.31 ± 0.99	3.46 ± 0.92
	有	1.74 ± 1.48	2.97 ± 1.20	3.14 ± 1.03	2.66 ± 1.43	2.60 ± 1.58	2.57 ± 1.36
延后测	无	3.14 ± 1.24	1.80 ± 1.51	1.94 ± 1.39	3.63 ± 0.77	3.26 ± 1.04	3.43 ± 1.01
	有	2.00 ± 1.33	3.26 ± 1.09	3.26 ± 1.09	3.03 ± 1.34	2.66 ± 1.57	2.54 ± 1.58

总体而言，三次测量中，内嵌子句成绩好于主句。内嵌子句条件下，后测与延后测好于前测。

为检验三次测量中受试者在句法特征和 wh-疑问词语法功能方面的习得发展，我们对测量结果进行测量时间（前测、后测、延后测）× 句法特征（主句、内嵌子句）× wh-疑问词语法功能（主语、宾语和状语）的重复测量方差分析。结果发现：测量时间主效应显著，$F(2, 68)=9.783$，$p<0.001$；句法特征主效应显著，$F(1, 34)=19.733$，$p<0.001$；wh-疑问词语法功能主效应显著，$F(1.640, 55.758)=4.840$，$p=0.016$；测量时间和句法特征的交互作用呈边缘显著，$F(1.673, 56.885)=3.045$，$p=0.064$；测量时间和 wh-疑问词语法功能交互作用不显著，$F(2.850, 96.895)=0.280$，$p=0.830$；句法特征和 wh-疑问词语法功能交互作用不显著，$F(1.363, 46.341)=0.265$，$p=0.681$；测量时间和句法特征及 wh-疑问词语法功能三者的交互作用呈边缘显著，$F(4, 136)=2.272$，$p=0.065$。

5.2.1.1　组内句法特征习得状况

为进一步检验在三次测量中，受试者习得不同句法特征问句的差异情况，我们分别对两个学习阶段的受试者在句子合法性判断任务中对不同句法特征的习得作进一步检验。

首先，初二组在三次测量中对 wh-问句的不同句法特征习得情况见表 5-33。

表 5-33　初二组中心语移位句子合法性判断任务句法特征三次测量描述性统计（n=34）

句法特征	前测		后测		延后测	
	M	*SD*	*M*	*SD*	*M*	*SD*
主句	2.61	0.59	2.51	0.52	2.65	0.79
内嵌子句	2.14	0.50	2.64	0.79	2.67	0.79

总体而言，初二组三次测量中，前测中主句好于内嵌子句，后测中内嵌子句好于主句，延后测中主句与内嵌子句基本无差异，句法特征三次测量情况如图 5-5 所示。

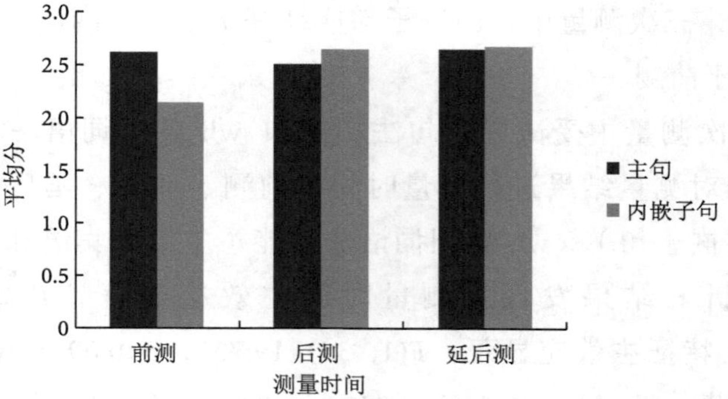

图 5-5　初二组中心语移位句子合法性判断任务不同句法特征三次测量结果

为检验这些差异是否达到显著，我们将作进一步的简单效应分析。结果发现：在前测中，主句显著好于内嵌子句（p=0.001）；在后测与延后测中，内嵌子句平均分高于主句平均分，但差异未达显著（$p \geqslant 0.424$）。在主句中，前测、后测与延后测两两之间差异不显著（$p \geqslant 0.112$）；在内嵌子句中，前测与后测差异显著（p=0.001），延后测与前测差异显著（p=0.001），后测与延后测差异不显著（p=0.760）。测量时间与句法特征的交互效应见图 5-6。

综上所述，初二组在三次测量中的句法特征表现为：在前测中，主句显著好于内嵌子句；在后测与延后测中，内嵌子句均分有提高，但差异未达显著。内嵌子句在后测中均分有显著提高。另外，主句在后测中有所下降，尽管相较于前测差异未达显著，但是这说明初二组受试者主句 wh-问句的习得在一定程度上受到内嵌子句 wh-问句习得的影响。

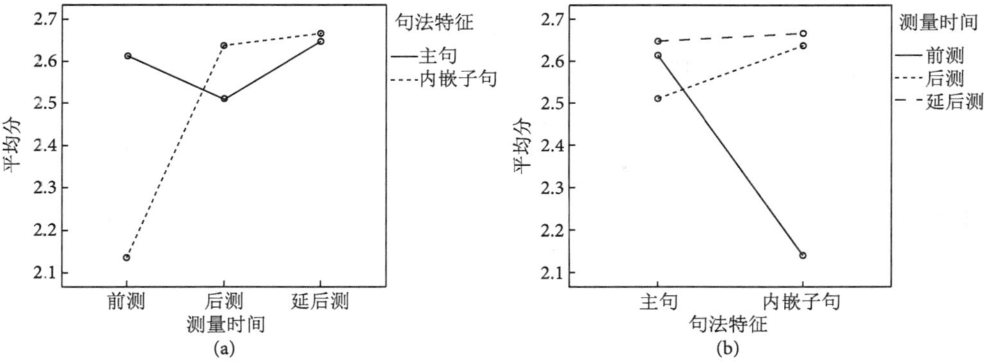

图 5-6　初二组中心语移位句子合法性判断任务测量时间与句法特征的交互效应

其次，初三组在三次测量中对不同句法特征的习得情况见表 5-34。

表 5-34　初三组中心语移位句子合法性判断任务句法特征三次测量描述性统计（n=35）

句法特征	前测		后测		延后测	
	M	*SD*	*M*	*SD*	*M*	*SD*
主句	2.35	0.53	2.34	0.70	2.57	0.69
内嵌子句	2.67	0.77	3.02	0.80	3.09	0.85

总体而言，初三组在三次测量中，内嵌子句均好于主句，句法特征三次测量情况如图 5-7 所示。

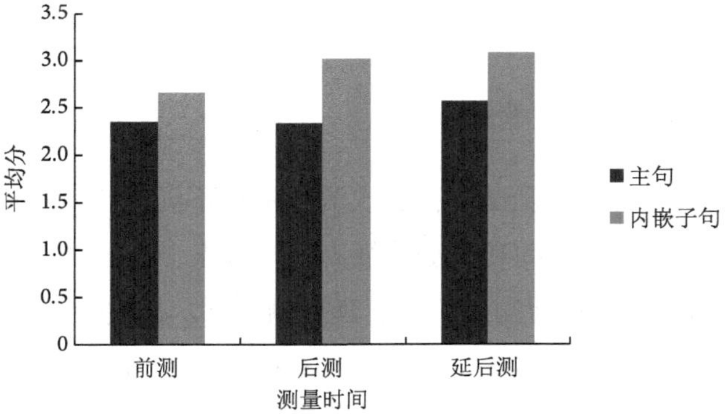

图 5-7　初三组中心语移位句子合法性判断任务不同句法特征三次测量结果

重复测量方差分析表明句法特征主效应显著，成对比较发现内嵌子句显著好于主句（$p<0.001$）。简单效应分析表明，在前测中，内嵌子句显著好于主句（$p=0.022$）；在后测中，内嵌子句显著好于主句（$p<0.001$）；在延后测中，内嵌子句显著好于主句（$p=0.001$）。在主句中，后测与前测差异不显著（$p=0.888$），延后测显著好于前测（$p=0.026$），延后测与后测之间差异显著（$p=0.005$）。在内嵌子句中，后测显著好于前测（$p=0.005$），延后测显著好于前测（$p=0.004$），延后测与后测之间差异不显著（$p=0.439$）。测量时间与句法特征的交互效应见图 5-8。

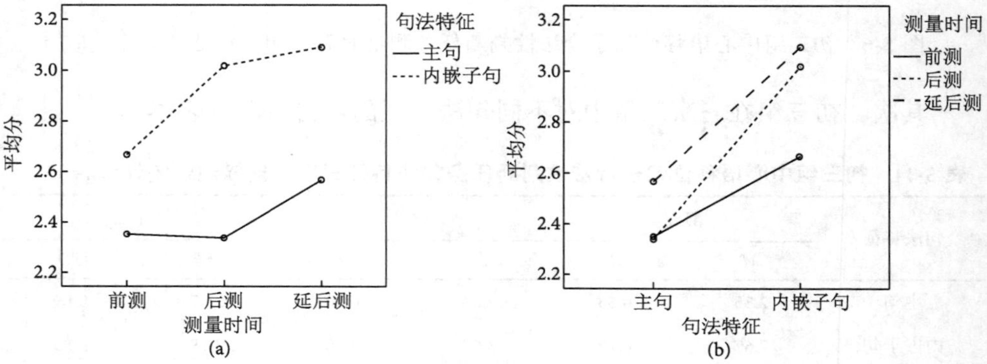

图 5-8　初三组中心语移位句子合法性判断任务测量时间与句法特征的交互效应

综上所述，初三组在三次测量中内嵌子句始终显著好于主句。主句在后测与延后测中均分有所提高，并在延后测中与前测呈现出显著差异；内嵌子句在后测和延后测中均分有显著提高。

5.2.1.2　组间句法特征习得对比

为对比两个学习阶段的受试者在三次测量中对不同句法特征的习得，这里以组别为组间变量，以测量时间和句法特征为组内因素，进行 2（组别：初二组、初三组）×3（测量时间：前测、后测、延后测）×2（句法特征：主句、内嵌子句）的混合的重复测量。结果（表 5-35）表明：组别差异不显著，$F(1, 67)=1.329$，$p=0.253$；测量时间主效应显著，$F(2, 134)=19.944$，$p<0.001$；句法特征主效应显著，$F(1, 67)=7.386$，$p=0.008$；测量时间和组别交互作用不显著，$F(2, 134)=0.242$，$p=0.785$；句法特征和组别交互作用显著，$F(1, 67)=17.007$，$p<0.001$；

测量时间和句法特征交互作用显著，$F(1.693, 113.435)=9.007$，$p=0.001$；测量时间和句法特征及组别三者的交互作用不显著，$F(1.693, 113.435)=0.842$，$p=0.416$。

表 5-35　初二、初三组中心语移位句子合法性判断任务三次测量混合的重复测量方差分析结果

源	Ⅱ型平方和	*df*	*MS*	*F*	*p*	偏 η^2	实测幂
组间							
组别	0.324	1	0.324	1.329	0.253	0.019	0.206
误差（组别）	16.346	67	0.244				
组内							
测量时间	38.049	2	19.025	19.944	0.000	0.229	1.000
测量时间 × 组别	0.462	2	0.231	0.242	0.785	0.004	0.087
误差（测量时间）	127.822	134	0.954	127.822			
句法特征	25.565	1	25.565	7.386	0.008	0.099	0.764
句法特征 × 组别	58.865	1	58.865	17.007	0.000	0.202	0.982
误差（句法特征）	231.903	67	3.461				
测量时间 × 句法特征	25.785	1.693	15.230	9.007	0.001	0.119	0.951
测量时间 × 句法特征 × 组别	2.411	1.693	1.424	0.842	0.416	0.012	0.179
误差（测量时间 × 句法特征）	191.804	113.435	1.691				

简单效应分析表明，前测中，初二组主句好于初三组，呈边缘显著（$p=0.057$）；初三组内嵌子句显著好于初二组（$p=0.001$）。后测与延后测中，两组在主句中的差异不明显，在内嵌子句中初三组仍显著好于初二组，见表 5-36。

表 5-36　初二、初三组中心语移位句子合法性判断任务不同句法特征习得三次测量组间对比

测量时间	句型	组别（*I*）	组别（*J*）	*I–J*	*SE*	*p*	结果
前测	主句	1	2	0.260	0.134	0.057	1>2（边缘）
	内嵌子句	1	2	−0.529*	0.158	0.001	2>1
后测	主句	1	2	0.172	0.149	0.253	1=2
	内嵌子句	1	2	−0.382	0.191	0.050	2>1（边缘）

续表

测量时间	句型	组别（*I*）	组别（*J*）	*I–J*	*SE*	*p*	结果
延后测	主句	1	2	0.080	0.154	0.604	1=2
	内嵌子句	1	2	–0.424*	0.197	0.035	2>1

注：1=初二组，2=初三组。

两组的主句和内嵌子句习得在三次测量中呈现出相同的趋势，主句中初二组高于初三组，而内嵌子句中初三组高于初二组，详见图 5-9。

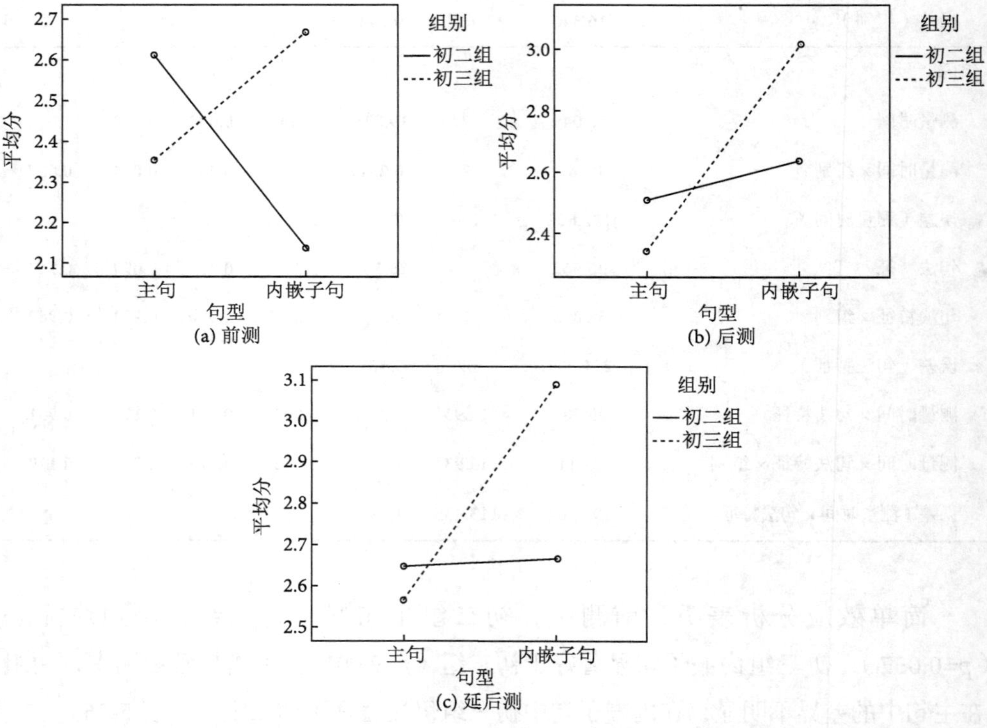

图 5-9　初二、初三组中心语移位句子合法性判断任务句法特征和组别三次测量交互效应

综上所述，两个学习阶段的受试者在习得不同句法特征问句中存在差异，前测中初二组的主句好于初三组，初三组的内嵌子句显著好于初二组。可见，PI 能够显著促进初二组受试者对内嵌子句的习得，使其向初三组受试者的水平靠近；初三组的主句习得存在返生现象（前测均分低于初二组主句均分），但 PI 显著促进了初三组受试者对主句 wh-问句的习得，在延后测中逐

渐回升到初二组水平。两组受试者三次测量中对不同句法特征习得的趋势见图 5-10。

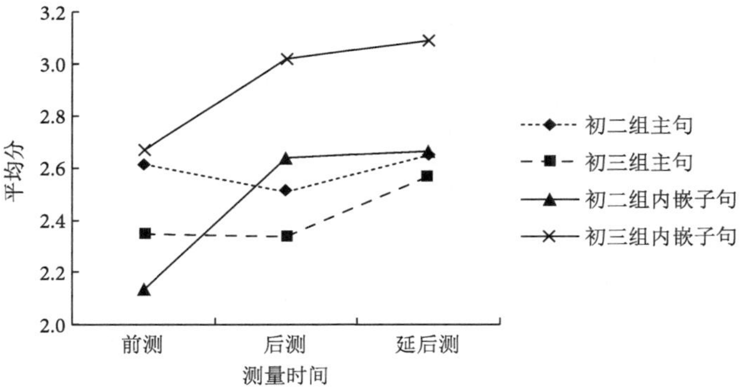

图 5-10　初二、初三组中心语移位句子合法性判断任务不同句法特征习得三次测量趋势图

5.2.1.3　组内 wh-疑问词不同语法功能习得状况

为了解在三次测量中，两个学习阶段受试者习得 wh-疑问词不同语法功能问句存在的差异情况，我们对 wh-疑问词语法功能的习得作进一步检验。

首先，初二组三次测量中 wh-疑问词语法功能问句得分情况见表 5-37。

表 5-37　初二组中心语移位句子合法性判断任务 wh-疑问词不同语法功能三次测量描述性统计（n=34）

语法功能	前测		后测		延后测	
	M	*SD*	*M*	*SD*	*M*	*SD*
做主语	2.61	0.84	2.70	0.78	2.84	0.89
做宾语	2.26	0.46	2.61	0.66	2.73	0.54
做状语	2.25	0.51	2.41	0.62	2.40	0.72

总体而言，初二组三次测量中，wh-疑问词做主语好于 wh-疑问词做宾语和做状语（图 5-11）。

3（测量时间：前测、后测、延后测）× 3（wh-疑问词语法功能：做主语、做宾语、做状语）的重复测量方差分析表明，wh-疑问词语法功能主效应显著，$F(1.424, 47.002)=4.488$，$p=0.015$。成对（多重）比较发现：做主语显著

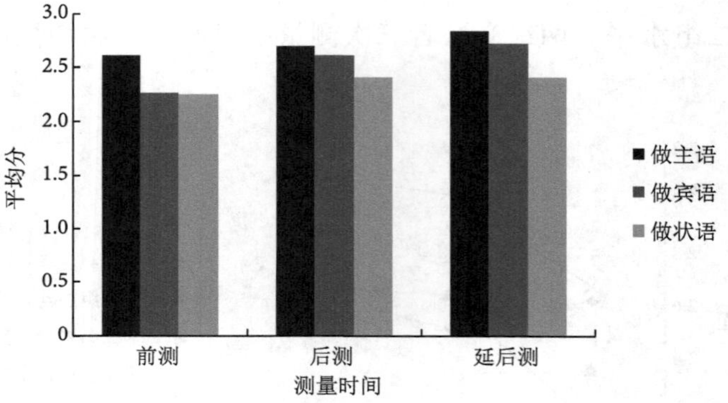

图 5-11　初二组中心语移位句子合法性判断任务 wh-疑问词不同语法功能三次测量结果

好于做宾语和做状语（p=0.004 和 p<0.001）；做宾语好于做状语，但差异不显著（p=0.151）。简单效应分析发现：在前测中，wh-疑问词做主语显著好于做宾语和做状语（p=0.035 和 p=0.032），做宾语和做状语之间的差异不显著（p=0.882）；在后测中，做主语、宾语和状语之间的差异不显著（p≥0.081）；在延后测中，做主语显著好于做状语（p=0.015）。另外，wh-疑问词做主语条件下，前测与后测差异不显著，延后测好于前测，呈边缘显著（p=0.058）；wh-疑问词做宾语条件下，后测和延后测显著好于前测（p=0.003 和 p<0.001），后测与延后测无显著差异（p=0.160）；wh-疑问词做状语条件下，三次测量无显著差异（p=0.206）。测量时间与 wh-疑问词语法功能的交互效应见图 5-12。

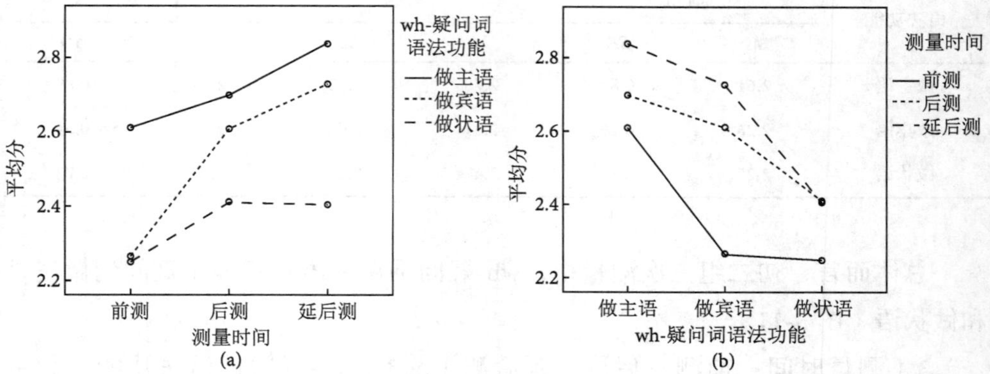

图 5-12　初二组中心语移位句子合法性判断任务测量时间和 wh-疑问词语法功能的交互效应

综上所述，初二阶段学习者在三次测量中，wh-疑问词不同语法功能问句习得从前测的做主语显著好于做宾语和做状语，到后测中与做宾语和做状语无显著差异，再到延后测的做状语显著低于做主语。可见，PI 促进了受试者对所有语法功能问句的习得，其中对做宾语的促进作用最为明显，但是未改变前测中表现出来的习得难度顺序：做主语<做宾语<做状语。

其次，初三组三次测量中 wh-疑问词不同语法功能问句得分情况见表 5-38。

表 5-38　初三组中心语移位句子合法性判断任务 wh-疑问词不同语法功能三次测量描述性统计（n=35）

语法功能	前测		后测		延后测	
	M	*SD*	*M*	*SD*	*M*	*SD*
做主语	2.71	0.79	2.86	0.82	2.95	0.78
做宾语	2.40	0.64	2.74	0.79	2.74	0.79
做状语	2.42	0.66	2.56	0.73	2.79	0.78

总体而言，初三组三次测量中，wh-疑问词做主语好于 wh-疑问词做宾语和做状语（图 5-13）。

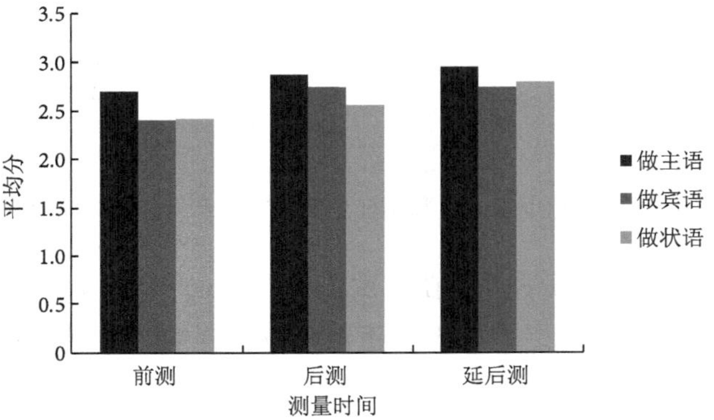

图 5-13　初三组中心语移位句子合法性判断任务 wh-疑问词不同语法功能三次测量结果

3（测量时间：前测、后测、延后测）× 3（wh-疑问词语法功能：做主语、做宾语、做状语）重复测量方差分析表明，wh-疑问词语法功能主效应显著，$F(1.640, 55.758)=4.840$，$p=0.016$。成对（多重）比较表明，做主语好于做宾语（$p=0.057$），差异呈边缘显著；做主语显著好于做状语（$p=0.018$）；做宾语和做状语差异不显著（p=0.612）。简单效应分析表明：在前测中，wh-疑问词做主语显著好于做宾语（p=0.021），做主语好于做状语，呈边缘显著（p=0.070），做宾语与做状语差异不显著（p=0.843）；在后测中，做主语、做宾语之间差异不显著（p=0.426），做主语显著好于做状语（p=0.026），做宾语好于做状语，呈边缘显著（p=0.085）；在延后测中，三者之间的差异均不显著（$p \geqslant 0.201$）。另外，在 wh-疑问词做主语条件下，前测与后测及延后测三次测量之间的差异均不显著（$p \geqslant 0.089$）；在 wh-疑问词做宾语条件下，后测与延后测无显著差异，但显著好于前测（p=0.012）；在 wh-疑问词做状语条件下，延后测显著好于前测（p=0.005）。测量时间与 wh-疑问词语法功能的交互效应见图 5-14。

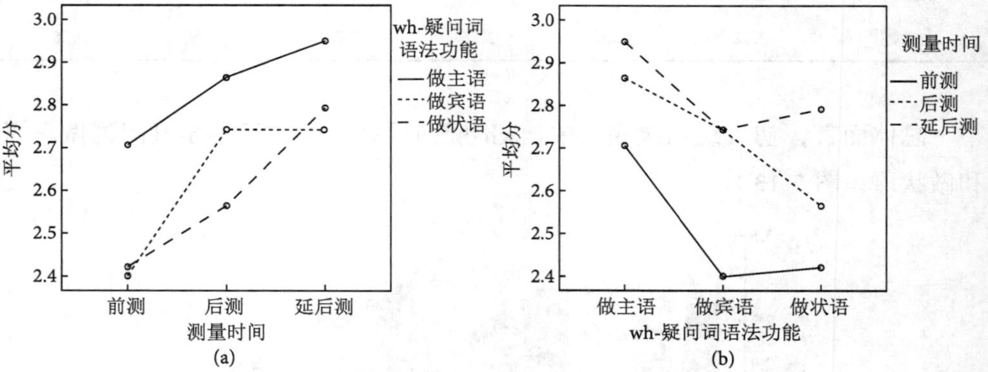

图 5-14　初三组中心语移位句子合法性判断任务测量时间和 wh-疑问词语法功能的交互效应

综上所述，初三阶段学习者在三次测量中，wh-疑问词不同语法功能问句习得从前测中的做主语显著好于做宾语和状语，到后测中做宾语均分有显著提升，做宾语、做状语之间的差异消失，但是状语无显著提升，与主语仍存在显著差异，再到延后测中，三者的差异消失。这说明 PI 的干预促进了初三组的受试者对 wh-疑问词做宾语和做状语功能问句的习得，其中对做宾语的促进作用最为明显，但是未改变前测中表现出来的习得难度顺序：做主语<做宾语<做状语。

5.2.1.4　组间 wh-疑问词不同语法功能习得对比

为对比两个学习阶段的受试者在三次测量中对 wh-疑问词不同语法功能的

习得差异，我们以组别为组间变量，以测量时间和句法特征为组内因素，进行 2（组别：初二组、初三组）×3（测量时间：前测、后测、延后测）×3（wh-疑问词语法功能：做主语、做宾语、做状语）的混合的重复测量。结果发现：组间差异不显著，$F(1, 67)=1.587$，$p=0.212$；测量时间主效应显著，$F(2, 134)=21.351$，$p<0.001$；wh-疑问词语法功能主效应显著，$F(1.523, 102.033)=8.192$，$p<0.001$；测量时间和组别交互作用不显著，$F(2, 134)=0.079$，$p=0.924$；wh-疑问词语法功能和组别交互作用不显著，$F(1.523, 102.033)=0.492$，$p=0.562$；测量时间和 wh-疑问词语法功能交互作用不显著，$F(2.986, 200.079)=1.436$，$p=0.222$；测量时间和 wh-疑问词语法功能及组别三者的交互作用不显著，$F(2.986, 200.079)=1.023$，$p=0.396$。这说明，两组受试者对不同语法功能问句的习得具有同样的特征，且在三次测量中保持了类似的发展趋势。简单效应检验如表 5-39 所示。

表 5-39　初二、初三组中心语移位句子合法性判断任务 wh-疑问词不同语法功能习得三次测量组间成对比较

测量时间	wh-疑问词语法功能	组别（I）	组别（J）	$I–J$	SE	p	结果
前测	做主语	1	2	−0.097	0.196	0.623	1=2
	做宾语	1	2	−0.135	0.135	0.319	1=2
	做状语	1	2	−0.171	0.142	0.231	1=2
后测	做主语	1	2	−0.166	0.192	0.391	1=2
	做宾语	1	2	−0.133	0.175	0.451	1=2
	做状语	1	2	−0.153	0.163	0.353	1=2
延后测	做主语	1	2	−0.112	0.201	0.579	1=2
	做宾语	1	2	−0.015	0.163	0.927	1=2
	做状语	1	2	-0.388^{*}	0.182	0.036	2>1

注：1=初二组，2=初三组。

三次测量中，组别和 wh-疑问词语法功能交互效应如图 5-15 所示。

综上所述，除了在延后测中初三组做状语显著好于初二组，两个学习阶段的受试者在习得 wh-疑问词不同语法功能问句中不存在显著差异。可见，PI 能够显著促进两组受试者对不同语法功能问句的习得，但不改变习得的难度顺序，即做主语<做宾语<做状语。两组受试者在三次测量中对 wh-疑问词不同语

法功能问句习得的趋势见图 5-16。

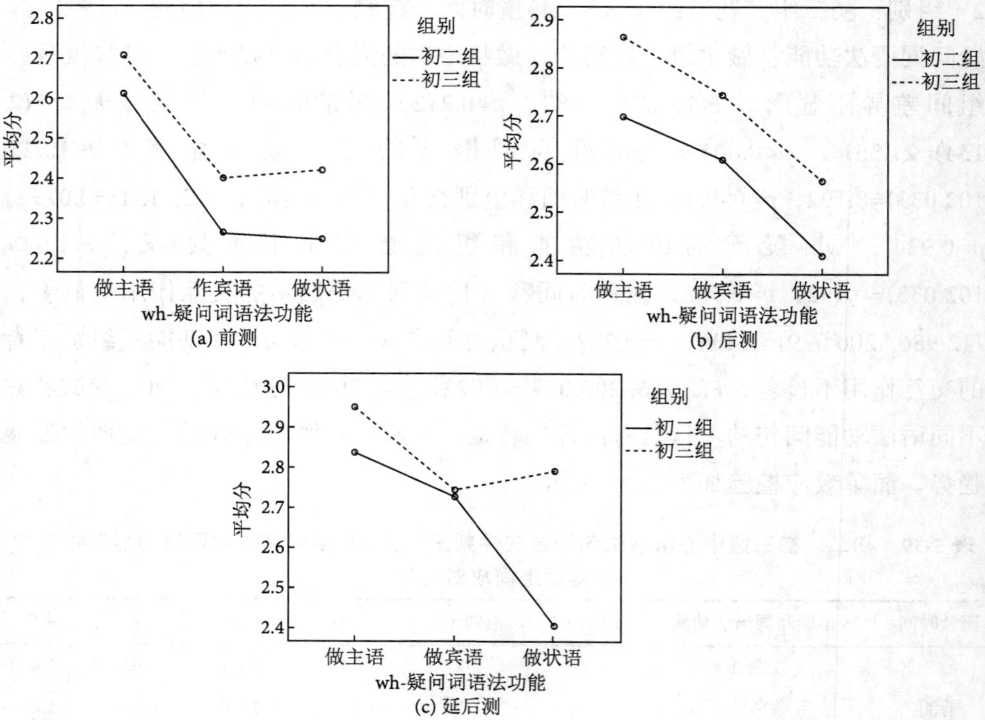

图 5-15　初二、初三组中心语移位句子合法性判断任务组别和 wh-疑问词语法功能三次测量的交互效应

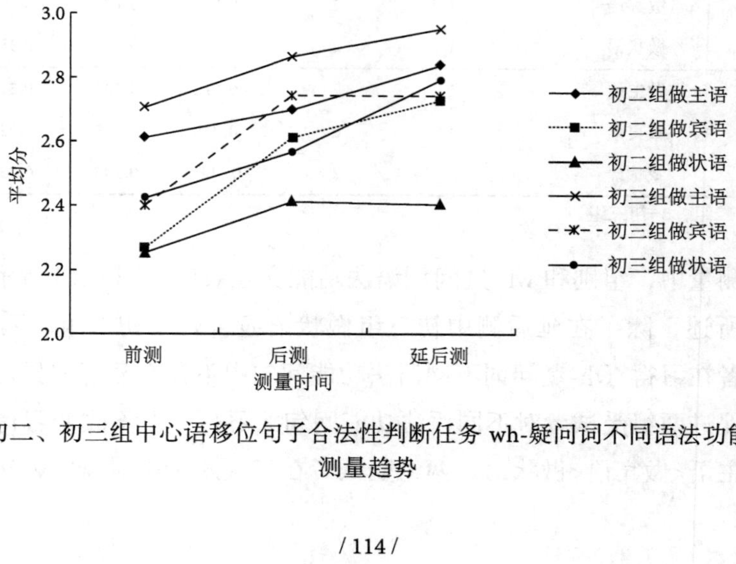

图 5-16　初二、初三组中心语移位句子合法性判断任务 wh-疑问词不同语法功能习得三次测量趋势

5.2.2　中心语移位习得过程口头产出任务数据分析

首先，初二输入加工组在中心语移位习得句子口头产出任务中，三次测量各个条件 wh-问句正确句和倒置错误句的平均分和标准差见表 5-40。

表 5-40　初二组中心语移位口头产出正确句、倒置错误句三次测量的结果（*M*±*SD*）

疑问词语法功能		产出句	前测	后测	延后测
主句 wh-问句	wh-疑问词做主语	正确句	0.88 ± 1.01	2.52 ± 1.45	2.60 ± 1.47
		倒置错误句	0.68 ± 0.99	0.16 ± 0.37	0.32 ± 0.75
	wh-疑问词做宾语	正确句	0.72 ± 0.74	1.96 ± 1.24	1.96 ± 1.43
		倒置错误句	0.68 ± 0.90	0.40 ± 0.76	0.80 ± 1.00
	wh-疑问词做状语	正确句	1.16 ± 1.14	2.16 ± 1.11	1.96 ± 1.17
		倒置错误句	0.44 ± 0.65	0.24 ± 0.66	0.20 ± 0.50
内嵌子句 wh-问句	wh-疑问词做主语	正确句	2.08 ± 1.26	2.44 ± 1.53	2.60 ± 1.61
		倒置错误句	0.40 ± 0.20	0.04 ± 0.20	0.04 ± 0.20
	wh-疑问词做宾语	正确句	0.00 ± 0.00	0.76 ± 1.01	1.20 ± 1.50
		倒置错误句	2.28 ± 1.31	1.96 ± 1.51	1.64 ± 1.44
	wh-疑问词做状语	正确句	0.04 ± 0.20	0.84 ± 1.14	1.16 ± 1.57
		倒置错误句	2.32 ± 1.38	2.16 ± 1.34	1.96 ± 1.79

总体而言，初二组的三次测量中，后测与延后测好于前测。为检测三次测量中，受试者在句法特征和 wh-疑问词语法功能方面的习得发展，我们对产出的正确句进行测量时间（前测、后测、延后测）× 句法特征（主句、内嵌子句）× wh-疑问词语法功能（主语、宾语和状语）的重复测量方差分析。结果发现：测量时间主效应显著，$F(2, 48)=32.615$，$p<0.001$；句法特征主效应显著，$F(1, 24)=11.203$，$p=0.003$；wh-疑问词语法功能主效应显著，$F(1.420, 34.081)=38.810$，$p<0.001$；测量时间和句法特征的交互作用显著，$F(2, 48)=4.642$，$p=0.014$；测量时间和 wh-疑问词语法功能交互作用不显著，$F(4, 96)=0.457$，$p=0.767$；句法特征和 wh-疑问词语法功能交互作用显著，$F(1.480, 35.517)=19.669$，$p<0.001$；测量时间和句法特征及 wh-疑问词语法功能三者的

交互作用呈边缘显著，$F(4, 96)=2.452$，$p=0.051$。

其次，初三输入加工组在中心语移位习得句子口头产出任务中，三次测量各个条件 wh-问句正确句和倒置错误句的平均分和标准差见表 5-41。

表 5-41 初三组中心语移位口头产出正确句、倒置错误句三次测量的结果（$M\pm SD$）

疑问词语法功能		产出句	前测	后测	延后测
主句 wh-问句	wh-疑问词做主语	正确句	1.63 ± 1.40	2.50 ± 1.28	2.30 ± 1.37
		倒置错误句	0.67 ± 0.92	0.13 ± 0.43	0.07 ± 0.25
	wh-疑问词做宾语	正确句	1.20 ± 1.19	1.77 ± 1.61	1.83 ± 1.49
		倒置错误句	1.27 ± 1.34	0.83 ± 0.95	0.93 ± 1.44
	wh-疑问词做状语	正确句	1.53 ± 1.22	1.77 ± 1.63	1.60 ± 1.59
		倒置错误句	0.87 ± 1.01	0.57 ± 0.94	0.93 ± 1.11
内嵌子句 wh-问句	wh-疑问词做主语	正确句	2.33 ± 1.12	2.30 ± 1.32	3.03 ± 0.89
		倒置错误句	0.10 ± 0.31	0.00 ± 0.00	0.07 ± 0.37
	wh-疑问词做宾语	正确句	1.47 ± 1.50	1.87 ± 1.61	1.53 ± 1.55
		倒置错误句	0.97 ± 1.10	0.43 ± 0.86	0.90 ± 1.10
	wh-疑问词做状语	正确句	1.43 ± 1.48	1.77 ± 1.61	2.00 ± 1.46
		倒置错误句	0.80 ± 1.24	0.63 ± 1.10	0.60 ± 1.16

总体而言，初三组的三次测量中，后测与延后测好于前测。为检测三次测量中，受试者在句法特征和 wh-疑问词语法功能方面的习得发展，我们对产出的正确句进行测量时间（前测、后测、延后测）× 句法特征（主句、内嵌子句）× wh-疑问词语法功能（主语、宾语和状语）的重复测量方差分析。结果发现：测量时间主效应显著，$F(2, 58)=8.978$，$p<0.001$；句法特征主效应不显著，$F(1, 29)=2.164$，$p=0.152$；wh-疑问词语法功能主效应显著，$F(1.365, 39.599)=18.122$，$p<0.001$；测量时间和句法特征的交互作用不显著，$F(2, 58)=2.172$，$p=0.123$；测量时间和 wh-疑问词语法功能的交互作用不显著，$F(4, 116)=1.466$，$p=0.217$；句法特征和 wh-疑问词语法功能的交互作用不显著，$F(2, 58)=1.269$，$p=0.289$；测量时间和句法特征及 wh-疑问词语法功能的三者的交互作用显著，$F(4, 116)=3.411$，$p=0.011$。

5.2.2.1 组内句法特征习得状况

为进一步检验三次测量中，受试者产出的不同句法特征问句的差异情况，我们分别对两个学习阶段的受试者在口头产出任务中对句法特征的习得作进一步检验。

首先，初二组在三次测量中对 wh-问句的不同句法特征的习得情况见表 5-42。

表 5-42 初二组中心语移位口头产出句法特征三次测量描述性统计（*M*±*SD*，*n*=25）

句法特征	前测		后测		延后测	
	正确句	倒置错误句	正确句	倒置错误句	正确句	倒置错误句
主句	0.92 ± 0.73	0.60 ± 0.64	2.21 ± 1.03	0.26 ± 0.42	2.17 ± 1.07	0.44 ± 0.60
内嵌子句	0.71 ± 0.44	1.55 ± 0.79	1.35 ± 0.92	1.39 ± 0.88	1.65 ± 1.30	1.21 ± 1.10

总体而言，初二组三次测量产出的正确句中，主句平均分都高于内嵌子句；产出的倒置错误句中，主句平均分都低于内嵌子句。三次测量中的句法特征情况如图 5-17 所示。

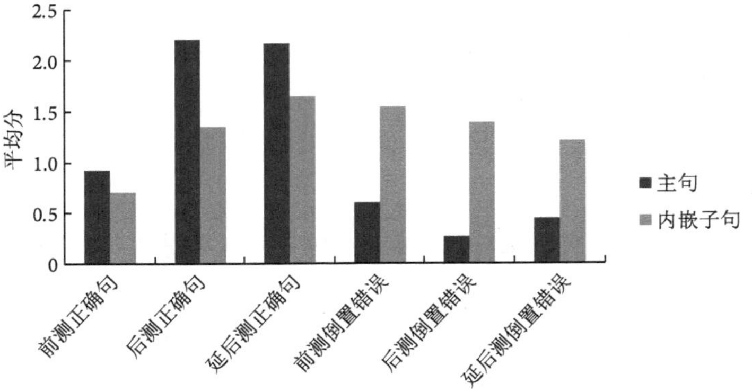

图 5-17 初二组中心语移位口头产出不同句法特征正确句、倒置错误句三次测量结果

为检验这些差异是否达到显著，我们作了进一步的简单效应分析。结果发现：在产出的正确句方面，在前测中，主句与内嵌子句无显著差异（$p=0.158$）；在后测与延后测中，主句显著好于内嵌子句（$p\geqslant 0.049$）。在主句中，后测与延后测显著好于前测（$p<0.001$）；在内嵌子句中，后测与延后测也

显著好于前测（p=0.001）。产出的倒置错误句方面，在三次测量中，主句均显著少于内嵌子句（p≤0.003）。在主句中，后测显著少于前测（p=0.016）；在内嵌子句中，三次测量之间差异不显著（p≥0.134）。产出的正确句、倒置错误句的测量时间与句法特征的交互效应见图 5-18。

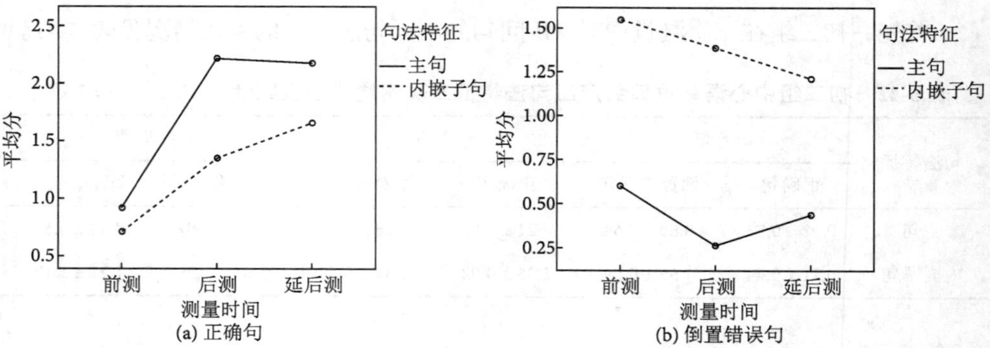

图 5-18　初二组中心语移位口头产出正确句、倒置错误句测量时间与句法特征的交互效应

综上所述，初二组受试者在口头产出任务的三次测量中，相较于前测，后测与延后测的主句和内嵌子句的产出正确率均有显著提升，且主句显著好于内嵌子句。同时，他们产出的倒置错误句在后测与延后测中有所减少，其中在后测中，主句倒置错误的产出与前测相比，差异达到了显著，内嵌子句中的倒置错误在三次测量中无显著变化。这说明 PI 能够显著促进初二组受试者对中心语移位的习得。

其次，初三组在三次测量中对不同句法特征的习得情况见表 5-43。

表 5-43　初三组中心语移位口头产出句法特征三次测量描述性统计（M±SD，n=30）

句法特征	前测		后测		延后测	
	正确句	倒置错误句	正确句	倒置错误句	正确句	倒置错误句
主句	1.46 ± 1.02	0.93 ± 0.83	2.01 ± 1.28	0.51 ± 0.58	1.91 ± 1.20	0.64 ± 0.76
内嵌子句	1.74 ± 1.11	0.62 ± 0.76	1.98 ± 1.24	0.36 ± 0.58	2.19 ± 1.15	0.52 ± 0.71

总体而言，初三组在前测、延后测中产出的正确的内嵌子句平均分高于主句，产出的倒置错误句在三次测量中内嵌子句平均分都低于主句。不同句法

特征正确句、倒置错误句三次测量情况如图 5-19 所示。

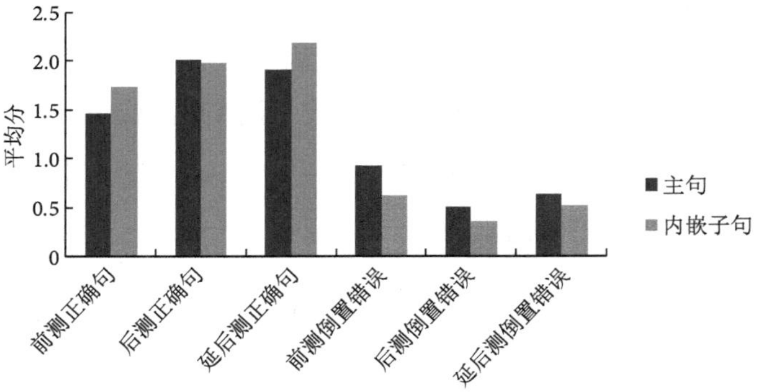

图 5-19　初三组中心语移位口头产出不同句法特征正确句、倒置错误句三次测量结果

为检验这些差异是否达到显著，我们将作进一步的简单效应分析。结果发现，在产出的正确句方面，在前测与延后测中，内嵌子句好于主句，差异呈边缘显著（p=0.075 和 p=0.054）。在主句中，后测与延后测显著好于前测（p=0.001 和 p=0.008）；在内嵌子句中，后测与延后测也好于前测，其中延后测与前测的差异显著（p=0.001）。产出的倒置错误句方面，在三次测量中，内嵌子句均少于主句，但只在前测中差异达到边缘显著（p=0.081）。在主句中，后测与延后测显著少于前测（p=0.016 和 p=0.055）；在内嵌子句中，三次测量之间差异不显著（p≥0.081）。产出的正确句、倒置错误句的测量时间与句法特征的交互效应见图 5-20。

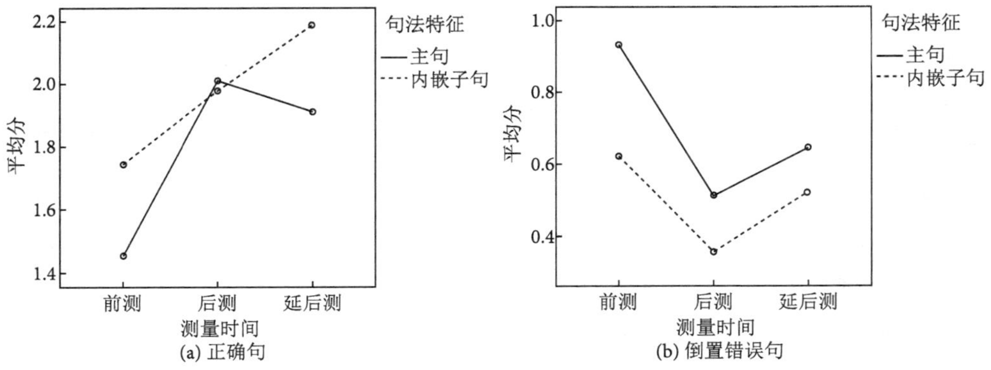

图 5-20　初三组中心语移位口头产出正确句、倒置错误句测量时间和句法特征的交互效应

综上所述，初三组受试者在口头产出任务的三次测量中，后测与延后测相较于前测，主句和内嵌子句的产出正确率均有显著提升，内嵌子句的产出好于主句。同时，他们产出的倒置错误句在后测与延后测中有所减少，尤其在主句当中，后测与延后测中的倒置错误句显著少于前测。这说明 PI 能够显著促进初三组受试者对中心语移位的习得。

5.2.2.2 组间句法特征习得对比

为对比两个学习阶段的受试者在口头产出任务中对不同句法特征的习得，这里以初二、初三组为组间变量，以测量时间和句法特征为组内因素，进行 2（组别：初二组、初三组）×3（测量时间：前测、后测、延后测）×2（句法特征：主句、内嵌子句）的混合的重复测量。结果（表 5-44）表明：在产出的正确句方面，组别差异不显著，$F(1, 53)=2.494$，$p=0.120$；测量时间主效应显著，$F(2, 106)=38.687$，$p<0.001$；句法特征主效应不显著，$F(1, 53)=2.207$，$p=0.143$；测量时间和组别交互作用显著，$F(2, 106)=7.307$，$p=0.001$；句法特征和组别交互作用显著，$F(1, 53)=13.080$，$p=0.001$；测量时间和句法特征交互作用显著，$F(2, 106)=6.279$，$p=0.003$；测量时间和句法特征及组别三者的交互作用不显著，$F(2, 106)=0.877$，$p=0.419$。

表 5-44 初二、初三组中心语移位口头产出正确句混合的重复测量方差分析结果

源	Ⅱ型平方和	*df*	*MS*	*F*	*p*	偏 η^2	实测幂
组间							
组别	1.961	1	1.961	2.494	0.120	0.045	0.341
误差	41.680	53	0.786				
组内							
测量时间	36.388	2	18.194	38.687	0.000	0.422	1.000
测量时间×组别	6.873	2	3.436	7.307	0.001	0.121	0.932
误差（测量时间）	49.851	106	0.470	49.851			
句法特征	1.745	1	1.745	2.207	0.143	0.040	0.308
句法特征×组别	10.343	1	10.343	13.080	0.001	0.198	0.944
误差（句法特征）	41.911	53	0.791				

续表

源	Ⅱ型平方和	*df*	*MS*	*F*	*p*	偏 η^2	实测幂
测量时间 × 句法特征	3.224	2	1.612	6.279	0.003	0.106	0.889
测量时间 × 句法特征 × 组别	0.451	2	0.225	0.877	0.419	0.016	0.198
误差（测量时间 × 句法特征）	27.214	106	0.257				

简单效应分析（表 5-45）表明：前测中，初三组主句和内嵌子句都显著好于初二组（p=0.032 和 p<0.001）；后测中，初二组主句均分有显著提升，与初三组的显著差异消失，但内嵌子句仍显著低于初三组（p=0.039）；延后测中，两组产出的正确句差异消失（p≥0.112）。尽管在延后测中，两组之间的差异消失，但根据表 5-42 和表 5-43，初二组（M=1.21）内嵌子句中的倒置错误句显著多于初三组（M=0.52）。

表 5-45　初二、三组中心语移位口头产出正确句不同句法特征习得三次测量组间对比

测量时间	句型	组别（*I*）	组别（*J*）	*I–J*	*SE*	*p*	结果
前测	主句	1	2	−0.536*	0.243	0.032	1<2
	内嵌子句	1	2	−1.038*	0.236	0.000	1<2
后测	主句	1	2	0.202	0.318	0.527	1=2
	内嵌子句	1	2	−0.631*	0.299	0.039	1<2
延后测	主句	1	2	0.262	0.309	0.400	1=2
	内嵌子句	1	2	−0.536	0.331	0.112	1=2

注：1=初二组，2=初三组。

两组的主句和内嵌子句习得在三次测量中呈现出的基本趋势为初二组的主句产出均分始终高于内嵌子句均分，初三组在前测和延后测中内嵌子句的均分高于主句均分。干预前，初三组的主句和内嵌子句均显著好于初二组，干预后，初二组的主句略好于初三组，而初三组的内嵌子句在后测中显著好于初二组，在延后测中略好于初二组。三次测量中组别与句法特征交互效应详见图 5-21。

综上所述，两个学习阶段的受试者在习得不同句法特征问句中存在差异，在前测中，初三组无论在主句还是内嵌子句方面的表现都显著好于初二组。在后测中，初二组的主句均分显著提升，甚至超过了初三组；内嵌子句也有显著提升，内嵌子句的倒置错误句产出显著减少，向初三组受试者的水平靠近。在延后测中，两组产出的正确句显著差异消失。可见，PI 能够显著促进两组受试者对主句与内嵌子句的口头产出。两组受试者三次测量中产出的正确句不同句法特征趋势见图 5-22。

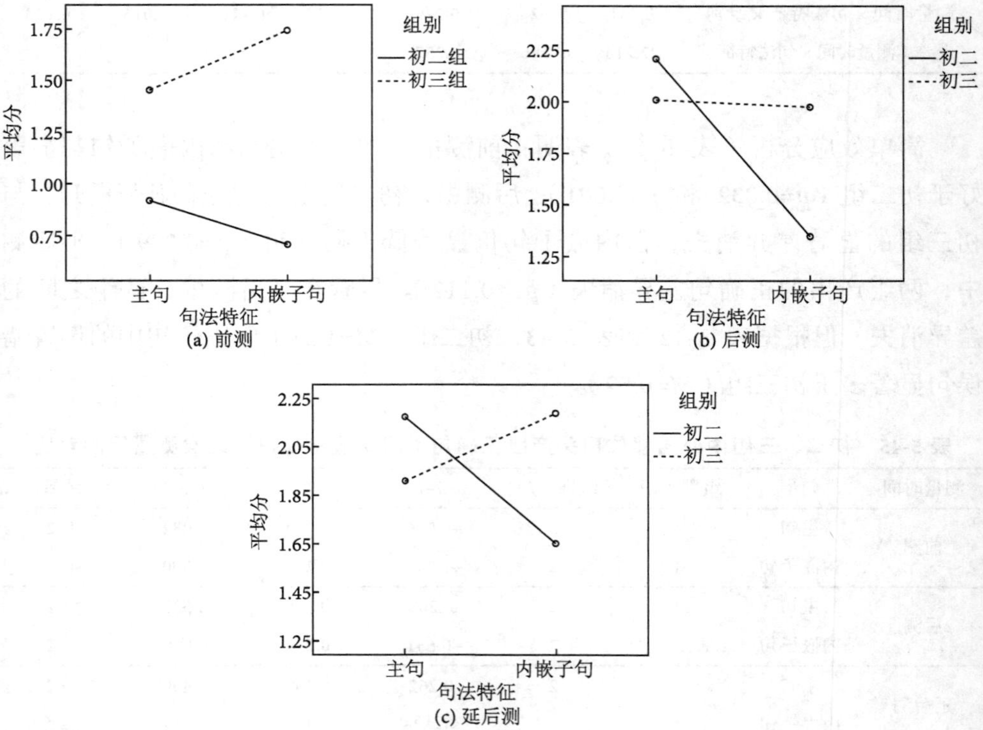

图 5-21　初二、初三组中心语移位口头产出正确句三次测量句法特征和组别的交互效应

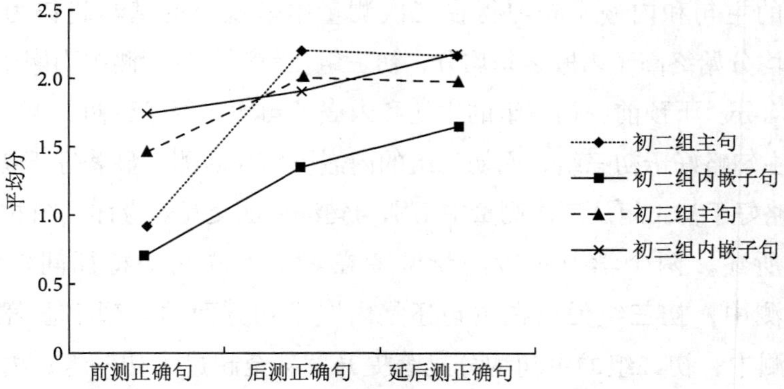

图 5-22　初二、初三组中心语移位口头产出不同句法特征习得三次测量趋势

5.2.2.3　组内 wh-疑问词不同语法功能习得状况

为进一步检验三次测量中，两组受试者口头产出 wh-疑问词不同语法功能问句的差异情况，我们对 wh-疑问词语法功能的习得作进一步检验。

首先，初二组三次测量中对 wh-疑问词不同语法功能的习得情况见表 5-46。

表 5-46　初二组中心语移位口头产出 wh-疑问词不同语法功能问句三次测量的结果
（$M\pm SD$，n=25）

语法功能	前测		后测		延后测	
	正确句	倒置错误句	正确句	倒置错误句	正确句	倒置错误句
做主语	1.48 ± 0.87	0.36 ± 0.51	2.48 ± 1.23	0.10 ± 0.25	2.60 ± 1.27	0.18 ± 0.38
做宾语	0.36 ± 0.37	1.48 ± 0.92	1.36 ± 0.81	1.18 ± 0.86	1.58 ± 1.11	1.22 ± 0.82
做状语	0.60 ± 0.60	1.38 ± 0.75	1.50 ± 0.98	1.20 ± 0.76	1.56 ± 1.03	1.08 ± 0.94

总体而言，初二组三次测量中，wh-疑问词做主语好于 wh-疑问词做宾语和做状语（图 5-23）。

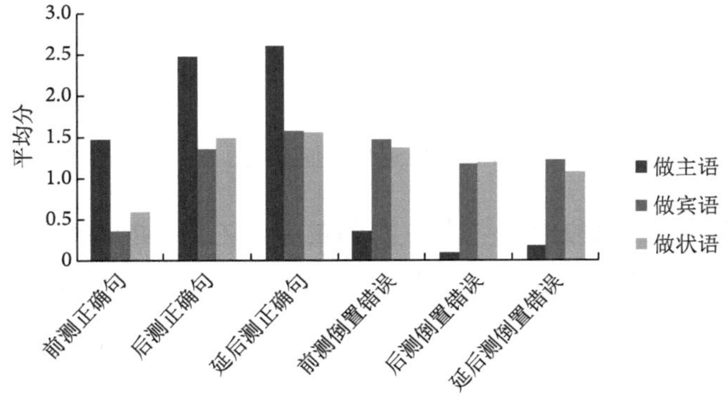

图 5-23　初二组中心语移位口头产出 wh-疑问词不同语法功能问句三次测量结果

3（测量时间：前测、后测、延后测）× 3（wh-疑问词语法功能：做主语、做宾语、做状语）的重复测量方差分析表明，wh-疑问词语法功能主效应显著，$F(1.420, 34.081)=38.810$，$p<0.001$。成对（多重）比较发现，做主语显著好于做宾语和做状语（p=0.000）。简单效应分析发现，在口头产出的正确句方面，在三次测量中，wh-疑问词做主语均显著好于做宾语和做状语（p=0.000）；前测中做状语还好于做宾语（p=0.043）；后测与延后测中，做宾语

和做状语差异不显著（p=0.403 和 p=0.896）。另外，wh-疑问词做主语、宾语和状语条件下，后测与延后测均显著好于前测（p=0.000）。口头产出的倒置错误句方面，在三次测量中，wh-疑问词做主语的倒置错误句均显著少于做宾语和做状语（p=0.000），做宾语和做状语之间的差异不显著（p=0.503、p=0.857 和 p=0.215）；另外，在 wh-疑问词做主语条件下，后测的倒置错误句显著少于前测（p=0.05）；wh-做宾语和做状语条件下，倒置错误也有所减少，但差异较前测未达显著（p≥0.115）。正确句与倒置错误句的测量时间与 wh-疑问词语法功能的交互效应见图 5-24。

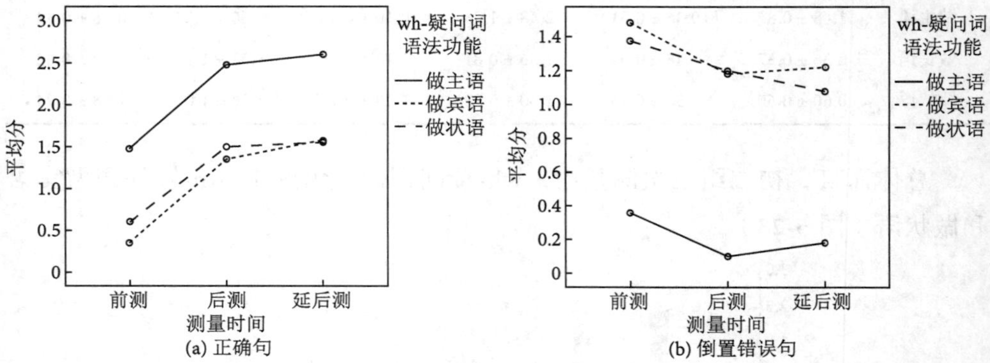

图 5-24　初二组中心语移位口头产出测量时间和 wh-疑问词语法功能的交互效应

综上所述，初二阶段学习者在三次测量中，不同 wh-疑问词语法功能问句习得情况为做主语均显著好于做宾语和状语，口头产出难度顺序为做主语<做宾语/状语。可见，PI 促进了受试者对所有语法功能问句的正确句产出，减少了受试者对所有语法功能问句的倒置错误句的产出，但总体上未改变前测中表现出来的习得难度顺序，即做主语问句最易习得，做宾语和状语次之。

其次，初三组在三次测量中对 wh-疑问词不同语法功能习得情况见表 5-47。

表 5-47　初三组中心语移位口头产出 wh-疑问词不同语法功能问句三次测量的结果
（$M±SD$，n=30）

语法功能	前测		后测		延后测	
	正确句	倒置错误句	正确句	倒置错误句	正确句	倒置错误句
做主语	1.98 ± 0.99	0.38 ± 0.49	2.40 ± 1.12	0.07 ± 0.22	2.67 ± 0.99	0.07 ± 0.22

续表

语法功能	前测		后测		延后测	
	正确句	倒置错误句	正确句	倒置错误句	正确句	倒置错误句
做宾语	1.33 ± 1.19	1.12 ± 0.93	1.82 ± 1.36	0.63 ± 0.71	1.68 ± 1.33	0.92 ± 1.15
做状语	1.48 ± 1.14	0.83 ± 0.87	1.77 ± 1.43	0.60 ± 0.77	1.80 ± 1.39	0.77 ± 0.84

总体而言，初三组三次测量中，wh-疑问词做主语好于 wh-疑问词做宾语和做状语（图 5-25）。

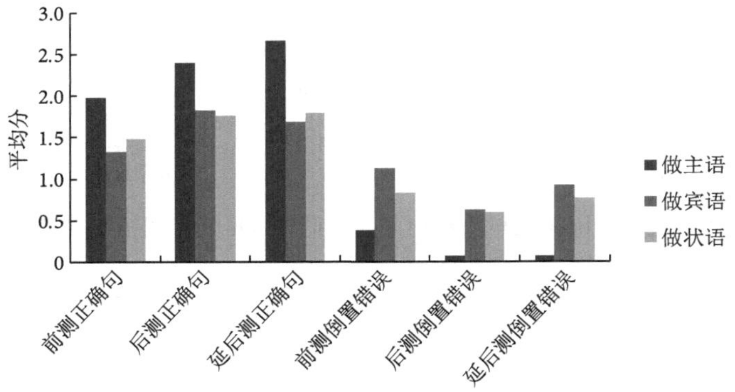

图 5-25　初三组中心语移位口头产出 wh-疑问词不同语法功能问句三次测量结果

3（测量时间：前测、后测、延后测）× 3（wh-疑问词语法功能：做主语、做宾语、做状语）的重复测量方差分析表明，wh-疑问词语法功能主效应显著，$F(1.365, 39.599)=18.122$，$p<0.001$。成对（多重）比较发现，做主语显著好于做宾语和状语（$p=0.000$）。简单效应分析结果表明，在口头产出的正确句方面，三次测量中，wh-疑问词做主语均显著好于做宾语和状语（$p\leqslant0.014$）；做宾语和做状语之间差异不显著（$p=0.271$、$p=0.742$ 和 $p=0.315$）。另外，wh-疑问词做主语、宾语条件下，后测与延后测均显著好于前测（$p\leqslant0.034$）；wh-疑问词做状语条件下，三次测量之间差异不显著（$p\geqslant0.105$）。口头产出的倒置错误句方面，在三次测量中，wh-疑问词做主语的均分均显著少于做宾语和状语（$p\leqslant0.009$）。前测中做状语的均分显著少于做宾语（$p=0.017$）。另外，wh-疑问词做主语条件下，后测、延后测的倒置错误句显著少于前测（$p=0.002$

和 $p=0.004$）；做宾语条件下，后测的倒置错误句也显著少于前测（$p<0.001$）；做状语条件下，后测、延后测较前测倒置错误句也有所减少，但差异较前测未达显著（$p=0.114$ 和 $p=0.555$）。正确句与倒置错误句的测量时间与 wh-疑问词语法功能的交互效应见图 5-26。

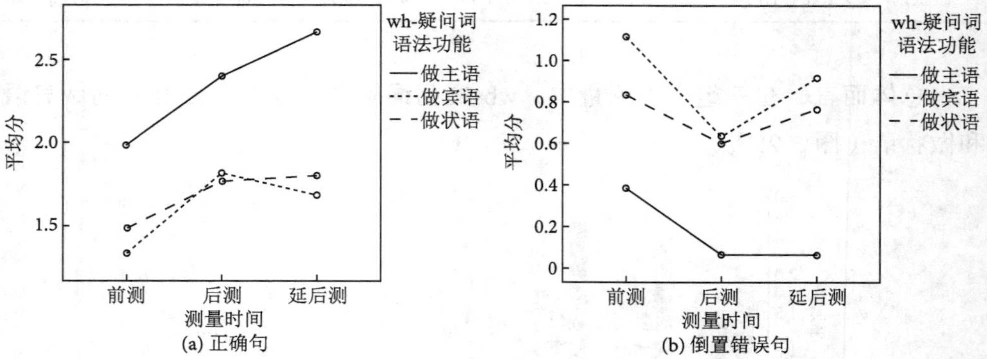

图 5-26　初三组中心语移位口头产出测量时间和 wh-疑问词语法功能的交互效应

综上所述，初三阶段学习者在三次测量中，wh-疑问词不同语法功能问句习得情况为做主语均显著好于做宾语和状语，口头产出难度顺序为做主语<做宾语/状语。可见，PI 促进了受试者对 wh-疑问词做主语和做宾语问句的产出，wh-疑问词做状语问句的产出在三次测量中也有所提升，但提升幅度较前测未达显著。PI 总体上未改变前测中表现出来的习得难度顺序，即做主语问句最易习得，其次为做宾语和状语。

5.2.2.4　组间 wh-疑问词不同语法功能习得对比

为对比两个学习阶段的受试者在三次测量中对 wh-疑问词不同语法功能问句的产出情况，我们以组别为组间变量，以测量时间和句法特征为组内因素，进行 2（组别：初二组、初三组）×3（测量时间：前测、后测、延后测）×3（wh-疑问词语法功能：做主语、做宾语、做状语）的混合的重复测量。结果发现：组间差异不显著，$F(1, 53)=2.494$，$p=0.212$；测量时间主效应显著，$F(2, 106)=38.687$，$p<0.001$；wh-疑问词语法功能主效应显著，$F(1.388, 73.565)=52.659$，$p<0.001$；测量时间和组别交互作用显著，$F(2, 106)=7.307$，

p=0.001；wh-疑问词语法功能和组别交互作用不显著，$F(1.388, 73.565)=1.909$，p=0.153；测量时间和 wh-疑问词语法功能交互作用不显著，$F(4, 212)=1.105$，p=0.355；测量时间和 wh-疑问词语法功能及组别三者的交互作用不显著，$F(4, 212)=0.915$，p=0.456。这说明，两组受试者对不同语法功能问句的习得具有同样的特征，且在三次测量中保持了类似的发展趋势。简单效应检验如表 5-48 所示。

表 5-48　初二、初三组中心语移位口头产出正确句 wh-疑问词语法功能习得三次测量组间对比

测量时间	wh-疑问词语法功能	组别（I）	组别（J）	$I-J$	SE	p	结果
前测	做主语	1	2	−0.503	0.255	0.054	1<2
	做宾语	1	2	−0.973*	0.248	0.000	1<2
	做状语	1	2	−0.883*	0.253	0.001	1<2
后测	做主语	1	2	0.080	0.317	0.801	1=2
	做宾语	1	2	−0.457	0.310	0.147	1=2
	做状语	1	2	−0.267	0.338	0.433	1=2
延后测	做主语	1	2	−0.067	0.304	0.827	1=2
	做宾语	1	2	−0.103	0.334	0.758	1=2
	做状语	1	2	−0.240	0.336	0.478	1=2

注：1=初二组，2=初三组。

表 5-48 表明，在前测中，初二组在 wh-疑问词做主语、宾语和状语中都显著低于初三组，但在后测、延后测中三种语法功能问句的产出与初三组的差异不再显著。

三次测量中，组别和 wh-疑问词语法功能交互效应如图 5-27 所示。

综上所述，PI 能够显著促进两组受试者对不同语法功能问句的习得，促进初二组水平向初三组不断接近。两组在口头产出任务中表现为 wh-疑问词做主语问句最容易产出，做宾语和做状语相对较难。PI 未改变习得的难度顺序。两组受试者在三次测量中对 wh-疑问词不同语法功能问句习得的趋势见图 5-28。

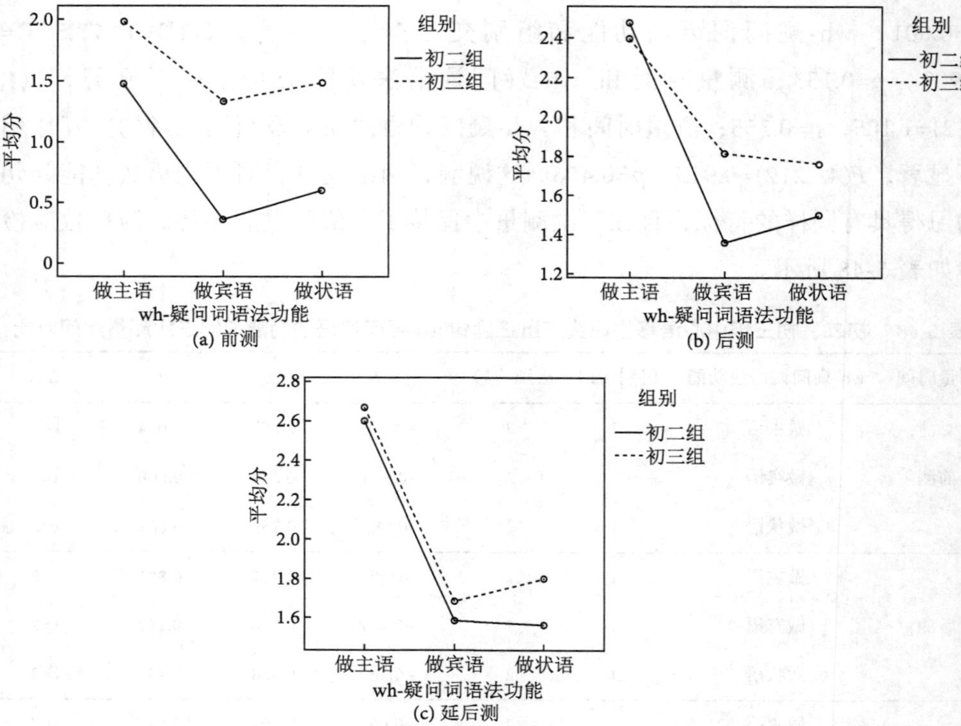

图 5-27　初二、初三组中心语移位口头产出正确句组别和语法功能三次测量交互效应

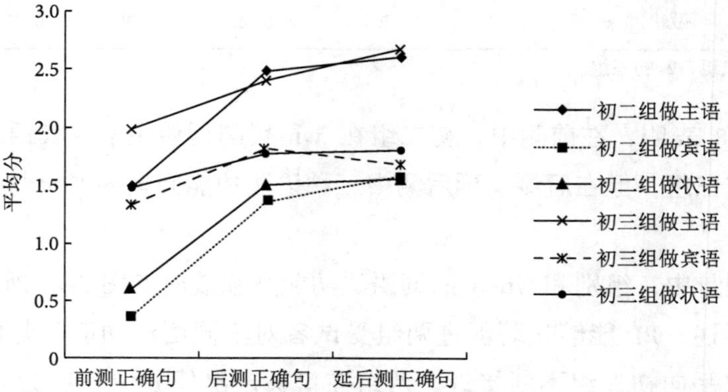

图 5-28　初二、初三组中心语移位口头产出 wh-疑问词语法功能习得三次测量趋势图

5.3 讨　论

本节总结中国初级英语学习者中心语移位习得的总体特征，并详细分析 PI 对中心语移位结构理解和产出的具体影响。

5.3.1 中心语移位习得总体特征

本章研究发现，中国初级学习者对 wh-问句中心语移位的习得存在一定的难度顺序：wh-疑问词做主语问句<wh-疑问词做宾语问句<wh-疑问词做状语问句。即他们习得 wh-疑问词做主语问句最容易，其次为 wh-疑问词做宾语问句，最后为 wh-疑问词做状语问句。

根据研究结果，初二组受试者在句子合法性判断任务的前测中 wh-疑问词做主语的表现显著好于做宾语和做状语。在后测和延后测中，wh-疑问词做主语和宾语的均分有了显著提升，而 wh-疑问词做状语则在三次测量中没有明显变化。在延后测中，做宾语和做主语之间的差异不再显著，但是做状语和做主语之间的差异依旧显著。习得过程表现出来的难度顺序为：wh-疑问词做主语<做宾语<做状语。初三组在三次测量中也表现出了相似的习得难度顺序。两组在三次测量中的测量时间与 wh-疑问词语法功能的交互作用都不显著。在三次测量中，做主语习得最容易，其次为做宾语，做状语的习得最难。初级学习者所表现出的习得特征与潘娟和吴明军（2019）的研究发现一致，他们的研究同样采用了语法判断任务，考察中国的初二、初三和高一三个学习阶段受试者的中心语移位习得状况。结果发现，三个阶段的受试者均表现出了主语和附加语不对称的现象，即对 wh-主语问句的习得显著好于对 wh-状语问句的习得。本章的研究成果也支持李金华（Lee，2009）的研究发现，李金华也采用了句子合法性判断任务，考察了韩国大学生对英语 wh-问句中的中心语移位习得，结果发现存在论元和附加语不对称的现象，即 wh-宾语问句的习得显著好于 wh-状语问句的习得。

在口头产出任务中，两组受试者在三次测量中产出的 wh-疑问词做主语问句的正确率显著高于 wh-疑问词做宾语问句和 wh-疑问词做状语问句，产出难度顺序由易到难为：wh-疑问词做主语问句<wh-疑问词做宾语问句/wh-疑问词做状语问句。与句子合法性判断任务不同的是，尽管差异未达到显著，但初二组在前测与后测中，初三组在前测与延后测中 wh-疑问词做状语均好于其做宾语。仔细观察，我们发现在主句中，两组产出的正确的状语问句好于宾语问句，而且产出的状语问句倒置错误句也少于宾语问句。其中，初三组在前测中，状语问句中的倒置错误少于宾语问句中的倒置错误，差异达到了显著水平（p=0.017）。同时，有趣的是，在内嵌子句中，初二组受试者在状语中的倒置错误在三次测量中均多于宾语中的倒置错误，这说明与“who/what+助动词 do”相比，他们更多地使用了“how/why+助动词 do”这个组合。做状语的 wh-疑问词（how 和 why）后面通常会跟随助动词。而疑问代词 who 和 what 则可以做主语或宾语，助动词 do 的出现具有二元选择性。因此，“how+助动词”和“why+助动词”可能形成了一个语块（chunk），整体存储在初级学习者的心理词库中。由于被整体表征，这些语块在口头产出中可能会被整体激活和提取。本章研究中，受试者口头产出任务的完成结果与斯特罗姆沃尔德（Stromswold，1990）的研究发现不一致。斯特罗姆沃尔德分析了英语母语儿童口语表达中的 wh-问句，结果发现他们在习得论元疑问句中的倒置要早于附加语疑问句中的倒置。

综上所述，初级学习者在 wh-问句中心语移位习得中表现出了主语问句习得最容易的现象，其次为宾语和状语问句。在理解任务和口头产出任务中，宾语问句和状语问句的习得状况也有所不同。在理解任务中，受试者在宾语问句（论元问句）上的习得成就显著好于状语问句（附加语问句），而在口头产出任务中，受试者对状语问句的习得却好于宾语问句。这也表明在二语习得的早期阶段，初级学习者语言理解机制和产出机制存在一定差异，支持袁博平（Yuan，2018）的研究结论。

5.3.2 PI 对中心语移位习得的影响

实验一的结果表明，PI 在一定程度上帮助受试者改善了实词优先和句子定位的加工策略，提升了他们对 wh-问句中心语移位的习得效果。具体影响如下所示。

5.3.2.1　对中心语移位结构理解的影响

在句子合法性判断任务中，初二年级实验组在后测和延后测中，相较于前测的均分均有显著提高，而对照组在后测和延后测中相较于前测基本无明显变化。输入加工组与对照组之间在前测中无显著差异，在后测与延后测中，输入加工组均显著好于对照组。初三组在句子合法性判断任务中的情况与初二组相似，实验组在后测和延后测中均分有显著提高，对照组没有显著变化。此研究发现在一定程度上为 PI 的效应提供了新的实证支持，证明 PI 能够优化学习者对 wh-问句句法结构的加工，进而形成 wh-问句的句法形式与意义在学习者工作记忆中的共线联结，促进了习得。

组内的习得成就的数据表明，PI 促进了两组受试者对不同句法特征和 wh-疑问词不同语法功能问句的习得。此外，数据分析还表明，在句法特征方面，PI 显著提升了初二组受试者对内嵌子句判断的正确率。有趣的是，在前测中内嵌子句的均分显著低于主句，但接受干预之后，内嵌子句的均分有非常显著的提升，平均分超过了主句，而主句在后测中相较于前测的均分还有所下降，这很可能是因为干预使得初级学习者的注意资源主要集中在了原先较弱、结构又相对复杂的语法结构部分，对句法特征较为复杂的内嵌子句给予了更多的关注。这符合 Gass（2004）的观点，即随着学习者英语水平的提高（干预后），学习者更趋向于将注意的焦点转向较为复杂的特征方面（如句法结构方面）。同时，主句 wh-问句在后测中的均分有所下降，又进一步说明了初级学习者在习得不同句法特征问句初期因加工资源有限，加工的自动化程度不高，短时间内还不能准确判断究竟哪一种句法特征条件下的问句需要进行中心语移位。在延后测中，主句的正确率又有所回升，内嵌子句相较于后测在延后测中的均分也略有提升，主句和内嵌子句之间的差异不再显著。这说明在习得 wh-问句初级阶段，外在的教学干预对受试者习得目标语有一定的促进作用，但受试者对结构比较复杂的 wh-问句建立句法形式与意义（或者功能）的联结有一个发展的过程。PI 也显著提升了初三组受试者对主句和内嵌子句的判断正确率，两者在后测、延后测中的均分均有显著的提高。PI 中的 SI 练习包含了将两种句法特征的句子放在一起让受试者作出选择的任务，此类任务很可能促发了受试者对这两种句法特征 wh-问句的句法结构的深度加工，因此，在后测中他们作出判断的正确率有了显著提高。在 wh-疑问词不同语法功能方面，PI 促进了初二组受试者对 wh-疑问词做主语和做宾语功能的习得，其中对做宾语功能习得的促进作用最为明显，wh-疑问词做状语的问句在三次测量中未有显著变化，这说明 wh-疑问词做状语是初二组受试者的习得难点；PI 同时也促进了初三组受试者对 wh-疑问词做宾语和状语的问句的习得。这说明受试者经过输入加工教学的干预之后，更好地建立起了 wh-疑问词不同语法功能问句的句法形式和意义的联结。

组间习得成就的数据表明，PI 促进了初二组受试者的内嵌子句习得向初三组水平靠近，改善了初三组受试者在主句 wh-习得中存在的返生现象。PI 同时促进了两组受试者对 wh-疑问词不同语法功能的习得，两组在每种语法功能上都有类似程度的提升，尽管差异未达到显著，但初三组在每个功能上都好于初二组。

判断任务后的问卷调查数据表明，在完成任务的过程中使用了规则的受试者所取得的成绩更高，尤其是初三组，这说明 PI 中的显性规则（EI）在一定程度上帮助受试者加工处理了英语 wh-问句，使其更加准确地完成了相关任务。本章研究成果支持马斯登（Marsden，2006）的研究发现，她的研究也发现水平较高的学习者能够更加充分地利用 EI。本章的研究发现也支持范帕滕等（VanPatten et al.，2013）的研究结论，即 EI 对水平较高的学习者促学效果更加明显。而初二组受试者在后测中汇报的规则使用与习得成就相关性不显著又表明了 PI 中 SI 任务的关键性，因为初二组受试者整体上在后测中的均分有了显著的提高。初二组 60%以上的同学汇报他们在判断过程中未采用 wh-问句的语法规则，但是在后测中他们的成绩却有显著提高，这说明干预中的 SI 练习发挥了重要作用，促使他们在有限的时间内更好地加工了 wh-问句的结构，尽管在任务完成后未能总结出自己是否使用了特定的规则（因为判断任务共包含有 96 句，48 句实验句和 48 句干扰句，其中涉及的语法规则较多），但是他们快速识别了不合乎语法的句子，进行了更加准确的判断。这也支持桑兹和摩根-肖特（Sanz & Morgan-Short，2004）以及普列托·博塔纳（Prieto Botana，2013）的观点，即 SI 练习在 PI 中发挥着最关键的作用。

5.3.2.2　对中心语移位结构产出的影响

在 PI 干预过程中，我们不要求受试者进行任何与目标语相关的输出操练，但这仍能提升他们对 wh-问句的产出正确率。在前测中，受试者口头产出的句子中存在大量背离 wh-问句句法特征的句子，但在后测和延后测中，这种情况有了显著改善。

组内的习得成就数据表明，在口头产出方面，PI 促进了两组受试者对不同句法特征和 wh-疑问词不同语法功能问句的产出。初二实验组在后测和延后测中，相较于前测，正确句的产出显著增加，倒置错误句的产出显著减少。而对照组在后测和延后测中，正确句和倒置错误句的产出与前测相比均无显著变化。这说明 PI 不仅提升了受试者的理解能力，也显著促进了初二组受试者 wh-问句的产出。初三实验组在后测和延后测中正确句的产出相较于前测均有增加，倒置错误句的产出在后测和延后测中显著减少。对照组的增加幅度尽管小于实验组，但对照组在延后测中产出的正确句相较于前测也有了显著增加。这很可能是受测试效应（test effect）影响的结果。在马斯登（Marsden，2006）的研究中，对照组在口头产出任务中也表现出了类似的情况：较高水平组的三组受试者（输入加工组、强化输入组和对照组）在口头产出任务的后测中均分均有所提高，且三组之间无显著差异。然而，较低水平组只有输入加工组的口头产出均分有所提升，这表明受试者的水平调节着 PI 的效果。摩根-肖特和鲍登（Morgan-Short & Bowden，2006）的研究也发现对照组在延后测中均分有所提升，与实验组之间的差异不再显著。但与本章研究不同，他们的对照组并非仅仅参加测试（test only group），而是接触了包含目标语结构的干预材料。进一步的数据分析表明，在句法特征方面，PI 提升了初二和初三组受试者对 wh-主句和内嵌子句的产出正确率，并且减少了他们在主句产出方面的倒置错误。在 wh-疑问词语法功能方面，PI 提升了初二组受试者对所有语法功能问句的产出正确率，并显著减少了他们在所有语法功能中产生倒置错误句的数量；同时，显著促进了初三组受试者在 wh-疑问词做主语和做宾语问句方面的正确产出，并显著减少了这两类语法功能问句产生倒置错误句的数量。

组间习得成就的数据表明，PI 促使初二组受试者对两种句法特征（主句和内嵌子句）以及 wh-疑问词三种语法功能（wh-疑问词做主语、宾语、状语）问句的产出水平不断向初三组水平靠近。在延后测中，两组在 wh-问句产出方面的差异均已不再显著（在前测中存在显著差异）。仔细观察发现，初二组在前测中主句和内嵌子句正确句的产出率显著低于初三组，但在后测和延后测中，初二组主句正确句的产出正确率得到了大幅度提升，甚至超过了初三组。PI 的促学效果受到学习阶段的调节，这一发现也支持马斯登（Marsden，2006）的研究结果。

综上所述，在初级学习者的 wh-问句中心移位习得中，PI 不仅能够提升他们在理解任务上的表现，还能促使他们正确产出 wh-问句，改善他们产出中的倒置问题。这样的促学效果至少可以保持五周。本章研究的结果与欧（Oh，2010）的研究发现一致。欧采用 PI 和传统教学方法干预韩国大学生对英语 wh-问句助动词倒置的习得，结果发现 PI 能够促进受试者对 wh-问句的理解和产出。欧所采用的测量工具也是语法判断，而产出任务则是翻译任务。他的研究发现，在产出任务上，PI 显著优于传统法，但在理解任务上，反而是传统法稍优于 PI。在保持效果上，PI 又稍优于传统法，但差异都不显著。欧的研究测量统计过于笼统，尽管考察的 wh-问句也包含了主句和内嵌子句这两种类型，但在研究结果中又并未作详细区分，也并未进行统计分析。另外，他的研究也缺乏对照组，因此无法确定受试者在后测和延后测中的表现在多大程度上归因于干预手段。

另外，我们还发现在 wh-中心语移位习得中，初级学习者对不同句法特征和 wh-疑问词不同语法功能问句的习得存在一定的难度顺序，PI 在提升他们对中心语移位习得的过程中，并未消除或者改变他们所表现出的习得难度顺序。

第 6 章

wh-疑问词移位习得特征及 PI 的影响

本章详细分析 wh-疑问词移位习得实验的结果。包括三部分内容。第一部分分析初级学习者对 wh-疑问词移位习得的理解和产出情况，以及 PI 是否能够促进受试者对 wh-疑问词移位的习得。研究结果的分析顺序为初二、初三年级两个学习阶段受试者的句子理解任务的前测数据（习得现状）、三次测量数据（PI 干预效果）以及口头产出任务的前测数据和三次测量数据。第二部分分析 PI 干预下，两个学习阶段的受试者在 wh-疑问词移位习得中呈现出的具体特征，包括他们在理解和产出两种任务中三次测量之间所表现出的特征和变化，以及组与组之间在不同特征方面表现出的差异。研究结果的分析顺序为初二、初三年级两个学习阶段受试者的句子理解任务的前测数据、三次测量数据；口头产出任务的前测数据、三次测量数据。第三部分讨论 wh-疑问词移位习得总体特征和 PI 对 wh-疑问词移位习得的影响。

6.1 wh-疑问词移位习得特征

根据研究问题二，本节首先分析在单项选择题测试任务中两个不同学习阶段的受试者的表现，然后再阐述在口头产出任务中两个不同学习阶段的受试者的表现。

6.1.1 wh-疑问词移位习得特征（理解任务）及 PI 的作用

本小节将首先分析在单项选择题任务中，两个不同学习阶段受试者的前测数据，再分析两个学习阶段受试者的实验组和其对照组在前测、后测与延后测三次测量中的表现。

6.1.1.1 选择题任务前测数据分析

选择题任务包含 16 个实验句，分为 4 种条件，每种条件各 4 题。如果受试者理解正确，得 1 分；否则，得 0 分。每种条件最低得分为 0 分，最高得分为 4 分。初二和初三组受试者 wh-疑问词移位选择题四种条件前测平均分和标准差见表 6-1。

表 6-1 初二、初三组 wh-疑问词移位选择题四种条件前测的结果

组别	n	who（M±SD）		what（M±SD）	
		做主语	做宾语	做主语	做宾语
初二组	29	3.59 ± 0.68	2.10 ± 1.32	2.45 ± 1.18	3.45 ± 0.69
初三组	32	3.56 ± 0.67	2.81 ± 1.18	2.97 ± 1.09	3.50 ± 0.67

根据表 6-1，总体而言，两个学习阶段的受试者在 who 问句中 who 做主语的均分高于 who 做宾语，在 what 问句中 what 做宾语的均分高于 what 做主语。四种条件中，who 做主语得分最高，who 做宾语得分最低。为检验这些差异是否达到显著，我们以 wh-疑问词及其语法功能为组内因素分别对两组进行重复测量方差分析。

首先，初二组数据统计分析结果发现：wh-疑问词主效应不显著，$F(1, 28)=0.332$，$p=0.569$；wh-疑问词语法功能主效应不显著，$F(1, 28)=2.388$，$p=0.133$；但是两者交互作用非常显著，$F(1, 28)=43.433$，$p<0.001$。这说明受试者在理解相同疑问词不同语法功能或者相同语法功能不同疑问词问句中存在差异。两者交互效应见图 6-1（a）。进一步简单效应分析表明，在 who 问句中，受试者在 who 做主语方面的表现显著好于 who 做宾语（$p<0.001$）；在 what 问句中，what 做宾语方面的表现显著好于 what 做主语（$p<0.001$），见表 6-2。在 wh-疑问词做主语时，who 问句的均分显著高于 what 问句；在 wh-疑问词做宾语时，what 问句的均分显著高于 who 问句，见表 6-3。

表 6-2　初二组 wh-疑问词移位选择题相同疑问词不同语法功能前测成对比较

wh-疑问词	语法功能（*I*）	语法功能（*J*）	*I–J*	*SE*	*p*	结果
who	1	2	1.483*	0.270	0.000	1>2
what	1	2	–1.000*	0.216	0.000	2>1

注：1=wh-疑问词做主语，2=wh-疑问词做宾语。

表 6-3　初二组 wh-疑问词移位选择题相同语法功能不同疑问词前测成对比较

语法功能	wh-疑问词（*I*）	wh-疑问词（*J*）	*I–J*	*SE*	*p*	结果
主语	1	2	1.138*	0.252	0.000	1>2
宾语	1	2	–1.345*	0.269	0.000	2>1

注：1=who，2=what。

其次，初三组数据分析结果发现：wh-疑问词主效应不显著，$F(1, 31)=0.144$，$p=0.707$；wh-疑问词语法功能主效应不显著，$F(1, 31)=0.597$，$p=0.445$；但是两者交互作用非常显著，$F(1, 31)=13.083$，$p=0.001$。这说明初三组受试者在理解相同疑问词不同语法功能或者相同语法功能不同疑问词问句时存在差异。两者交互效应见图 6-1（b）。进一步简单效应分析表明，在 who 问句中，受试者在 who 做主语方面的表现显著优于 who 做宾语（$p=0.003$）；在 what 问句中，他们在 what 做宾语方面的表现优于 what 做主语（$p=0.024$），见表 6-4。wh-疑问词做主语时，who 问句的均分显著高于 what 问句（$p=0.012$）；wh-疑问词做宾语时，what 问句的均分显著高于 who 问句（$p=0.002$），见表 6-5。

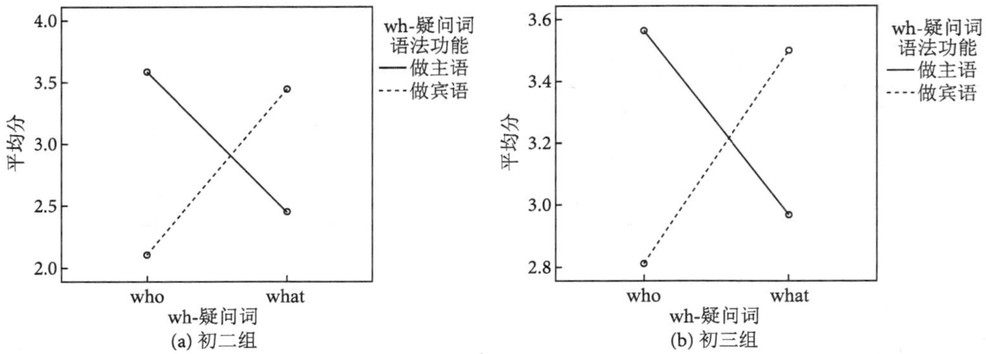

图 6-1　初二、初三组 wh-疑问词移位前测选择题疑问词和语法功能的交互效应

表 6-4　初三组 wh-疑问词移位选择题相同疑问词不同语法功能前测成对比较

wh-疑问词	语法功能（*I*）	语法功能（*J*）	*I–J*	*SE*	*p*	结果
who	1	2	0.750*	0.229	0.003	1>2
what	1	2	−0.531*	0.224	0.024	2>1

注：1=wh-疑问词做主语，2=wh-疑问词做宾语。

表 6-5　初三组 wh-疑问词移位选择题相同语法功能不同疑问词前测成对比较

语法功能	wh-疑问词（*I*）	wh-疑问词（*J*）	*I–J*	*SE*	*p*	结果
主语	1	2	0.594*	0.224	0.012	1>2
宾语	1	2	−0.688*	0.208	0.002	2>1

注：1=who，2=what。

以上结果表明，初二组和初三组受试者在英语 wh-问句 wh-疑问词移位的理解中均存在主宾不对称现象。他们在习得 who 问句时偏好 who 做主语，而在习得 what 问句时偏好 what 做宾语，表现出相反方向的主宾习得不对称现象。wh-疑问词移位理解任务中的总体习得难度由易到难顺序为：who 主语问句<what 宾语问句<what 主语问句<who 宾语问句。

6.1.1.2　选择题任务三次测量数据分析

为检验 PI 的 wh-疑问词移位习得的效果，我们分别将两个年级实验组三次测量的结果与对照组进行对比。

首先，初二输入加工组及其对照组受试者前测、后测和延后测三次测试平均分和标准差见表 6-6。

表 6-6　初二输入加工组和对照组 wh-疑问词移位选择题三次测量的结果

组别	*n*	前测（*M*±*SD*）	后测（*M*±*SD*）	延后测（*M*±*SD*）
输入加工组	29	2.90 ± 0.11	3.15 ± 0.10	3.27 ± 0.12
对照组	30	2.87 ± 0.66	2.88 ± 0.69	2.91 ± 0.62

从表 6-6 中可以看出，输入加工组在后测和延后测中的平均分相较于前测均有所提高；而对照组的后测和延后测的平均分较前测仅有轻微的提高（图 6-2）。

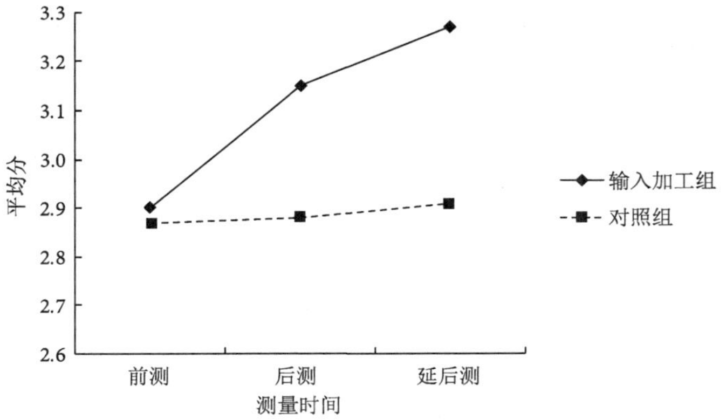

图 6-2 初二输入加工组和对照组 wh-疑问词移位选择题三次测量平均分

为检验两组之间和每组内三次测量之间的差异是否达到显著，对测量结果进行组别（输入加工组、对照组）×测量时间（前测、后测、延后测）的混合重复测量方差分析。结果发现：组间差异不显著，$F(1, 57)=2.369$，$p=0.129$；测量时间主效应显著，$F(2, 114)=4.405$，$p=0.014$；测量时间和组别交互作用呈边缘显著，$F(2, 114)=2.915$，$p=0.058$。这说明两组在三次测量中的表现存在差异。简单效应分析发现：在前测中，两组差异不显著（平均分差值=0.030，$p=0.856>0.05$）；在后测中，两组差异呈边缘显著（平均分差值=0.272，$p=0.094$）；在延后测中，两组差异显著（平均分差值=0.355，$p=0.038$）（表 6-7）。

表 6-7 初二输入加工组和对照组 wh-疑问词移位选择题三次测量组间成对比较

测量时间	组别（*I*）	组别（*J*）	*I–J*	*SE*	*p*	结果
前测	PI	C	0.030	0.164	0.856	PI=C
后测	PI	C	0.272	0.160	0.094	PI=C
延后测	PI	C	0.355*	0.167	0.038	PI>C

注：PI=输入加工组，C=对照组，全书此类余同。

简单效应分析还表明，输入加工组在三次测量中，后测和延后测显著优于前测（$p=0.030$ 和 $p<0.001$），而对照组的三次测量之间无显著差异，见表 6-8。

表 6-8　初二输入加工组和对照组 wh-疑问词移位选择题三次测量组内成对比较

组别	测量时间（*I*）	测量时间（*J*）	*I–J*	*SE*	*p*	结果
输入加工组	1	2	−0.250*	0.112	0.030	2>1
	1	3	−0.371*	0.092	0.000	3>1
	2	3	−0.121	0.093	0.201	2=3
对照组	1	2	−0.008	0.110	0.940	2=1
	1	3	−0.046	0.091	0.616	3=1
	2	3	−0.038	0.092	0.684	2=3

注：1=前测，2=后测，3=延后测。

综上所述，PI 能够有效促进初二组受试者对 wh-问句中 wh-疑问词移位的理解。

其次，初三输入加工组及其对照组受试者前测、后测和延后测三次测试平均分和标准差见表 6-9。

表 6-9　初三输入加工组和对照组 wh-疑问词移位选择题三次测量的结果

组别	*n*	前测（*M*±*SD*）	后测（*M*±*SD*）	延后测（*M*±*SD*）
输入加工组	32	3.21 ± 0.58	3.54 ± 0.49	3.44 ± 0.60
对照组	30	3.19 ± 0.64	3.29 ± 0.70	3.29 ± 0.78

表 6-9 表明，输入加工组后测、延后测平均分相较于前测均有所提高，而对照组的后测和延后测较前测仅略有提高（图 6-3）。

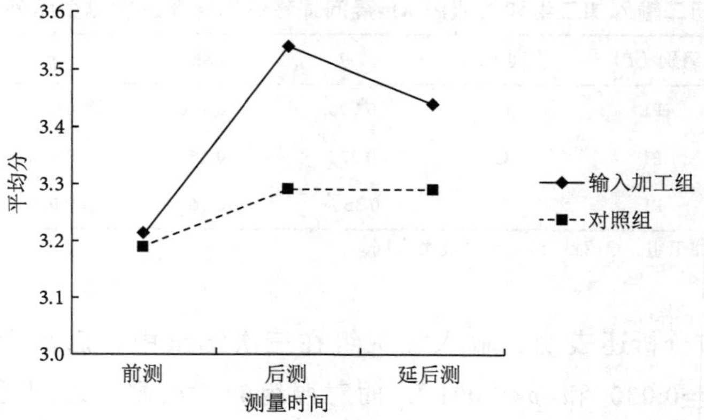

图 6-3　初三输入加工组和对照组 wh-疑问词移位选择题三次测量平均分

为检验两组之间和每组内三次测量之间的差异是否达到显著，对测量结果进行组别（输入加工组、对照组）×测量时间（前测、后测、延后测）的混合的重复测量方差分析。结果发现：组间差异不显著，$F(1, 60)=0.935$，$p=0.337$；测量时间主效应显著，$F(2, 120)=5.811$，$p=0.004$；测量时间和组别交互作用不显著，$F(2, 120)=1.468$，$p=0.235$。简单效应分析发现，在三次测量中，两组之间的差异均不显著（$p=0.902$、$p=0.110$ 和 $p=0.411$），见表 6-10。

表 6-10 初三输入加工组和对照组 wh-疑问词移位选择题三次测量组间成对比较

测量时间	组别（*I*）	组别（*J*）	*I–J*	*SE*	*p*	结果
前测	PI	C	0.019	0.155	0.902	PI=C
后测	PI	C	0.247	0.153	0.110	PI=C
延后测	PI	C	0.146	0.176	0.411	PI=C

简单效应分析还表明，输入加工组在三次测量中，后测和延后测显著好于前测（$p=0.001$ 和 $p=0.017$），而对照组的三次测量之间无显著差异，见表 6-11。

表 6-11 初三输入加工组和对照组 wh-疑问词移位选择题三次测量组内成对比较

组别	测量时间（*I*）	测量时间（*J*）	*I–J*	*SE*	*p*	结果
输入加工组	1	2	−0.328*	0.094	0.001	2>1
	1	3	−0.227*	0.093	0.017	3>1
	2	3	0.102	0.092	0.274	2=3
对照组	1	2	−0.100	0.097	0.306	2=1
	1	3	−0.100	0.096	0.300	3=1
	2	3	0.000	0.095	1.000	2=3

注：1=前测，2=后测，3=延后测。

综上所述，虽然组别之间三次测量差异不显著，但是输入加工组在后测和延后测中与前测的差异显著。这在一定程度上表明干预能够有效促进初三组受试者对 wh-问句中 wh-疑问词移位的理解。与对照组相比无显著差异，可能是因为初三组学习者对主句 wh-问句中的 wh-疑问词移位已掌握到较高水平。在两组三次测量中，最低一次的平均分也已经达到 3.19（满分为 4 分），因此干预后的提升空间有限，导致输入加工组与对照组之间存在差异，但未达到显著水平。

6.1.2 wh-疑问词移位习得特征（口头产出任务）及 PI 的作用

本小节首先分析初二、初三两组受试者在口头产出任务前测中的表现，随后分析他们与其相应的对照组在三次测量中的表现。

6.1.2.1 wh-疑问词移位口头产出任务前测数据分析

口头产出任务与选择题任务类似，都包含 16 个实验句，分为 4 种条件，每种条件 4 题，每题 1 分，满分为 4 分。评分的标准同样参照安布里奇等（Ambridge et al.，2006）以及波赞和夸克（Pozzan & Quirk，2014）的研究，产出的句子如果完全正确，得 1 分。不正确的句子分为主宾对调句、倒置错误句、双标记错误句和其他错误句（非上述三类错误）四类，每种错误标记 1 分。每种条件句产出类型平均分的总分为 4 分。本小节重点统计和呈现与本实验研究问题相关的正确句和主宾对调句的数据。

首先，初二组前测中四种条件疑问句的正确句和各类错误句的平均分和标准差见表 6-12。

表 6-12 初二组 wh-疑问词移位口头产出正确句和各类错误句前测的结果（*M*±*SD*）

口头产出类型	who		what	
	做主语	做宾语	做主语	做宾语
正确句	1.77 ± 1.27	0.77 ± 0.99	1.12 ± 1.14	1.42 ± 1.39
主宾对调句	0.04 ± 0.20	1.08 ± 0.98	0.65 ± 0.94	0.15 ± 0.46
倒置错误	0.35 ± 0.89	0.38 ± 0.75	0.38 ± 0.70	0.54 ± 0.95
双标记错误	0.00 ± 0.00	0.19 ± 0.49	0.08 ± 0.27	0.08 ± 0.27
其他错误	1.84 ± 1.29	1.58 ± 1.21	1.77 ± 1.16	1.81 ± 1.50

根据表 6-12，总体而言，初二组受试者产出的正确句中，who 做主语的问句平均分高于 who 做宾语的问句，what 做宾语的问句平均分高于 what 做主语的问句。在四种条件中，who 做主语条件平均分最高，其主宾对调句平均分最低（*M*=0.04）；who 做宾语条件的平均分最低，其主宾对调句平均分最高（*M*=1.08）。为了检验这些差异是否达到显著，我们以 wh-疑问词

及其语法功能为组内因素，分别对正确句和主宾对调句进行了重复测量方差分析。

结果发现：在产出的正确句中，wh-疑问词主效应不显著，$F(1, 25)=0.000$，$p=1.000$；wh-疑问词语法功能主效应不显著，$F(1, 25)=2.368$，$p=0.136$；但是两者交互作用非常显著，$F(1, 25)=18.669$，$p<0.001$。这说明受试者在产出相同疑问词不同语法功能或者相同语法功能不同疑问词问句中存在差异。两者交互效应见图 6-4（a）。简单效应分析表明，who 主语问句显著好于 who 宾语问句（$p=0.002$），what 主语问句和宾语问句之间的差异不显著（$p=0.224$）（表 6-13）；在 wh-疑问词做主语时 who 问句显著好于 what 问句（$p=0.005$），在 wh-疑问词做宾语时 what 问句显著好于 who 问句（$p=0.014$）（表 6-14）。产出的主宾对调句情况为，当 who 做主语时，此类问句的产出数量显著少于 who 做宾语时的数量（$p<0.001$）。也就是说，受试者很少将 who 主语问句产出为 who 宾语问句，而更多地将 who 宾语问句产出为 who 主语问句。对于 what 问句，情况则恰好相反。当 what 做主语时，主宾对调问句的产出数量显著多于 what 做宾语时的数量（$p=0.030$）（表 6-15）。在主宾对调句中，wh-疑问词及其语法功能之间存在交互效应，具体内容见图 6-4（b）。

表 6-13　初二组 wh-疑问词移位口头产出正确句相同疑问词不同语法功能前测成对比较

wh-疑问词	语法功能（*I*）	语法功能（*J*）	*I–J*	*SE*	*p*	结果
who	1	2	1.000*	0.294	0.002	1>2
what	1	2	–0.308	0.247	0.224	1=2

注：1=wh-疑问词做主语，2=wh-疑问词做宾语。

表 6-14　初二组 wh-疑问词移位口头产出正确句相同语法功能不同疑问词前测成对比较

语法功能	wh-疑问词（*I*）	wh-疑问词（*J*）	*I–J*	*SE*	*p*	结果
主语	1	2	0.654*	0.214	0.005	1>2
宾语	1	2	–0.654*	0.248	0.014	1<2

注：1=who，2=what。

表 6-15　初二组 wh-疑问词移位口头产出主宾对调句相同 wh-疑问词不同语法功能前测成对比较

wh-疑问词	语法功能（*I*）	语法功能（*J*）	*I–J*	*SE*	*p*	结果
who	1	2	−1.038*	0.196	0.000	1<2
what	1	2	0.500*	0.217	0.030	1>2

注：1=wh-疑问词做主语，2=wh-疑问词做宾语。

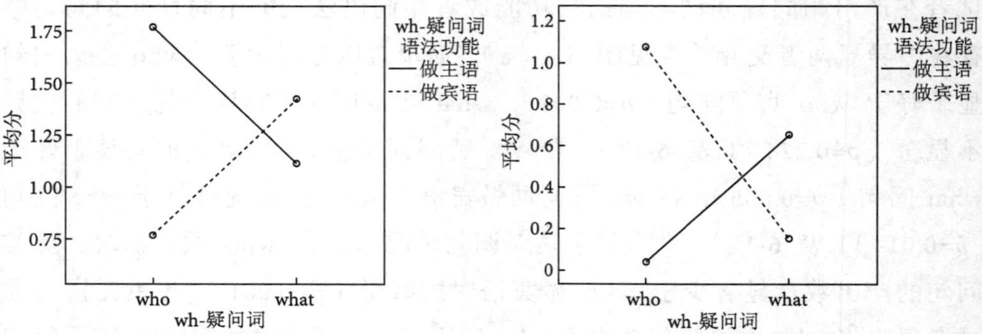

(a) 初二组正确句　　(b) 初二组主宾对调句

图 6-4　初二组前测 wh-疑问词移位口头产出正确句、主宾对调句疑问词和语法功能交互效应

其次，初三组在前测中，四种条件疑问句正确句和各类错误句的平均分和标准差见表 6-16。

表 6-16　初三组 wh-疑问词移位口头产出正确句和各类错误句前测的结果（*M*±*SD*）

口头产出类型	who		what	
	做主语	做宾语	做主语	做宾语
正确句	2.34 ± 1.31	0.94 ± 1.29	1.78 ± 1.52	1.63 ± 1.58
主宾对调句	0.03 ± 0.18	0.28 ± 0.52	0.16 ± 0.37	0.09 ± 0.30
倒置错误	0.56 ± 0.80	1.25 ± 1.14	0.47 ± 0.80	1.13 ± 1.39
双标记错误	0.00 ± 0.00	0.22 ± 0.49	0.03 ± 0.18	0.22 ± 0.49
其他错误	1.09 ± 1.15	1.31 ± 1.31	1.59 ± 1.39	1.03 ± 1.36

根据表 6-16，初三组受试者产出的正确句中，who 做主语的问句平均分高于 who 做宾语的问句，what 做主语和做宾语的问句差异不大。与初二组类似，四种条件中，who 做主语的平均分最高，其主宾对调句平均分最低

（M=0.03）；who 做宾语的平均分最低，其主宾对调句平均分最高（M=0.28）。

重复测量方差分析结果发现：产出的正确句中，wh-疑问词主效应不显著，$F(1, 31)=0.181$，$p=0.673$；wh-疑问词语法功能主效应非常显著，$F(1, 31)=18.365$，$p<0.001$；两者交互作用显著，$F(1, 31)=12.500$，$p=0.001$，交互效应见图 6-5（a）。简单效应分析表明：who 做主语显著好于 who 做宾语（$p<0.001$），what 做主语和 what 做宾语差异不显著（$p=0.531$）（表 6-17）；wh-疑问词做主语时 who 问句显著好于 what 问句（$p=0.020$），wh-疑问词做宾语时 what 问句显著好于 who 问句（$p=0.006$）（表 6-18）。产出的主宾对调句情况为：当 who 做主语时，此类问句的产出数量显著少于 who 做宾语时的数量（$p=0.018$），也就是说，受试者很少将 who 主语问句产出为 who 宾语问句，而更多地将 who 宾语问句产出为 who 主语问句；与初二组不同，初三组在 what 问句中，主宾对调句差异不显著（$p=0.488$）（表 6-19）。主宾对调句中，wh-疑问词及其语法功能交互效应见图 6-5（b）。

表 6-17　初三组 wh-疑问词移位口头产出正确句相同疑问词不同语法功能前测成对比较

wh-疑问词	语法功能（I）	语法功能（J）	$I-J$	SE	p	结果
who	1	2	1.406*	0.261	0.000	1>2
what	1	2	0.156	0.246	0.531	1=2

注：1=wh-疑问词做主语，2=wh-疑问词做宾语。

表 6-18　初三组 wh-疑问词移位口头产出正确句相同语法功能不同疑问词前测成对比较

语法功能	wh-疑问词（I）	wh-疑问词（J）	$I-J$	SE	p	结果
主语	1	2	0.563*	0.229	0.020	1>2
宾语	1	2	−0.688*	0.231	0.006	2>1

注：1=who，2=what。

表 6-19　初三组 wh-疑问词移位口头产出主宾对调句相同 wh-疑问词不同语法功能前测成对比较

wh-疑问词	语法功能（I）	语法功能（J）	$I-J$	SE	p	结果
who	1	2	−0.250*	0.100	0.018	1<2
what	1	2	0.063	0.089	0.488	1=2

注：1=wh-疑问词做主语，2=wh-疑问词做宾语。

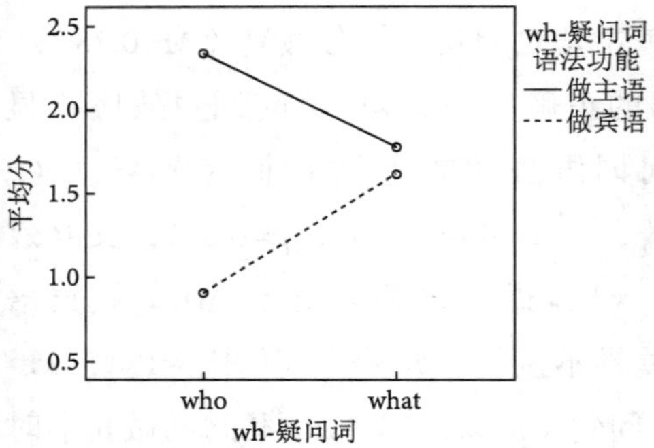

(a) 初三组正确句

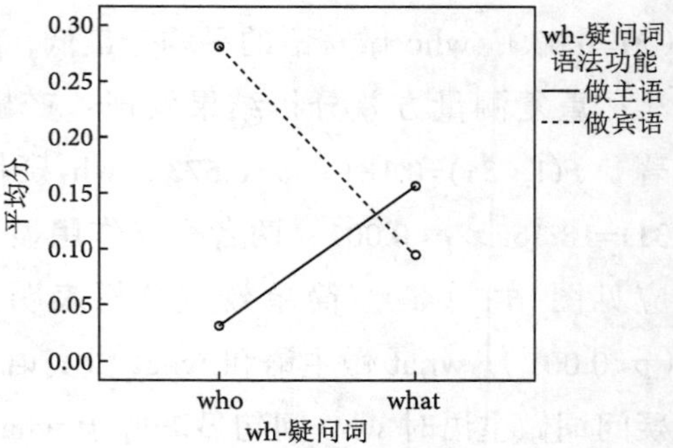

(b) 初三组主宾对调句

图 6-5　初三组前测 wh-疑问词移位口头产出正确句、主宾对调句疑问词和语法功能交互效应

以上结果表明，在 who 问句的口头产出任务中，初二组和初三组受试者存在主宾不对称现象。他们正确产出 who 主语问句的比例显著高于 who 宾语问句，且极少将 who 主语问句产出为 who 宾语问句，但更容易将 who 宾语问句产出为 who 主语问句。在 what 问句的口头产出中，初二组的表现与他们在句子选择理解任务中相同，即与 who 问句截然相反，what 宾语问句易于 what 主语问句，但初三组的 what 主语问句与宾语问句的产出差异不显著。

综上所述，两组受试者在 wh-疑问词移位产出任务中表现出的总体习得难度顺序与选择理解任务类似：who 主语问句<what 主语问句和 what 宾语问句<who 宾语问句。

6.1.2.2　wh-疑问词移位口头产出任务三次测量数据分析

为了验证 PI 是否影响受试者对 wh-疑问词移位的习得，我们对两个年级的实验组进行了三次测量，并与对照组进行了对比。

首先，初二输入加工组及其对照组受试者在前测、后测和延后测三次测试的平均分和标准差见表 6-20。

表 6-20　初二输入加工组和对照组 wh-疑问词移位口头产出正确句三次测量的结果

组别	*n*	前测（*M*±*SD*）	后测（*M*±*SD*）	延后测（*M*±*SD*）
输入加工组	26	1.27 ± 0.89	1.87 ± 1.07	1.89 ± 0.99
对照组	25	1.25 ± 0.65	1.31 ± 0.65	1.22 ± 0.69

从表 6-20 中可以看出，输入加工组在后测和延后测中的平均分相较于前测均有较大幅度的提高，而对照组的三次测量之间仅有微小差异（图 6-6）。

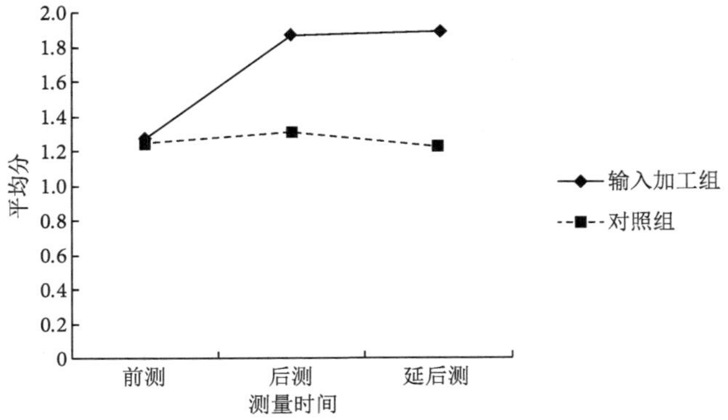

图 6-6　初二 PI 组和对照组 wh-疑问词移位口头产出正确句三次测量平均分

为检验两组之间和每组内三次测量之间的差异是否达到显著，对测量结果进行组别（输入加工组、对照组）× 测量时间（前测、后测、延后测）的混合重复测量方差分析。结果发现：组间差异呈边缘显著，$F(1, 49)=3.903$，$p=0.054$；测量时间主效应显著，$F(2, 98)=8.982$，$p<0.001$；测量时间和组别交互作用显著，$F(2, 98)=7.975$，$p=0.001$。这说明两组在三次测量中的表现存在差异。简单效应分析发现：在前测中，两组差异不显著（平均分差值=0.019，$p=0.930>0.05$）；在后测和延后测中，两组之间的差异显著（$p\leqslant0.027$）（表 6-21）。

表 6-21　初二输入加工组和对照组 wh-疑问词移位口头产出正确句三次测量组间成对比较

测量时间	组别（*I*）	组别（*J*）	*I–J*	*SE*	*p*	结果
前测	PI	C	0.019	0.218	0.930	PI=C
后测	PI	C	0.565*	0.248	0.027	PI>C
延后测	PI	C	0.674*	0.239	0.007	PI>C

简单效应分析还表明，输入加工组在三次测量中，后测和延后测显著好于前测（$p<0.001$ 和 $p<0.001$），而对照组的三次测量之间无显著差异（$p\geqslant0.522$），见表 6-22。

表 6-22　初二输入加工组和对照组 wh-疑问词移位口头产出正确句三次测量组内成对比较

组别	测量时间（*I*）	测量时间（*J*）	*I–J*	*SE*	*p*	结果
输入加工组	1	2	−0.606*	0.121	0.000	2>1
	1	3	−0.625*	0.110	0.000	3>1
	2	3	−0.019	0.137	0.889	2=3
对照组	1	2	−0.060	0.123	0.628	2=1
	1	3	0.030	0.112	0.790	3=1
	2	3	0.090	0.140	0.522	2=3

注：1=前测，2=后测，3=延后测。

综上所述，PI 有效地提升了初二组受试者在 wh-问句中 wh-疑问词移位方面的产出能力。

其次，初三输入加工组和对照组受试者在前测、后测和延后测三次测试中的口头产出正确句的平均分和标准差详见表 6-23。

表 6-23　初三输入加工组和对照组 wh-疑问词移位口头产出正确句三次测量的结果

组别	*n*	前测（*M*±*SD*）	后测（*M*±*SD*）	延后测（*M*±*SD*）
输入加工组	32	1.67 ± 1.17	2.30 ± 1.16	1.95 ± 1.35
对照组	24	1.69 ± 0.60	1.86 ± 0.58	1.71 ± 0.91

表 6-23 表明，输入加工组后测、延后测平均分相较于前测均有所提高，而对照组的后测较前测仅略有提高，延后测与前测之间的差异不大（图 6-7）。

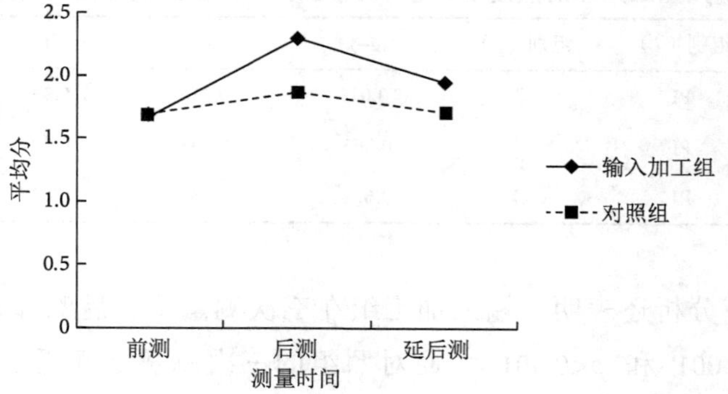

图 6-7　初三 PI 组和对照组 wh-疑问词移位口头产出正确句三次测量平均分

为检验两组之间和每组内三次测量之间的差异是否达到显著，对测量结果进行组别（输入加工组、对照组）×测量时间（前测、后测、延后测）的混合的重复测量方差分析。结果发现，组间差异不显著，$F(1, 54)=0.749$，$p=0.391$；测量时间主效应显著，$F(2, 108)=9.121$，$p<0.001$；测量时间和组别交互呈边缘显著，$F(2, 108)=2.374$，$p=0.098$。简单效应分析发现，输入加工组在三次测量中，后测和延后测成绩显著好于前测（$p<0.001$ 和 $p=0.074$），而对照组的三次测量之间无显著差异（表 6-24）。

表 6-24　初三输入加工组和对照组 wh-疑问词移位口头产出正确句三次测量组内成对比较

组别	测量时间（*I*）	测量时间（*J*）	*I–J*	*SE*	*p*	结果
输入加工组	1	2	−0.625*	0.127	0.000	2>1
	1	3	−0.281	0.154	0.074	3>1
	2	3	0.344*	0.122	0.007	2=3
对照组	1	2	−0.177	0.146	0.232	2=1
	1	3	−0.021	0.178	0.907	3=1
	2	3	0.156	0.141	0.273	2=3

注：1=前测，2=后测，3=延后测。

综上所述，初三输入加工组的后测、延后测和前测之间存在显著差异。同时，组别和测量时间之间的交互作用呈边缘显著。这在一定程度上表明输入加工干预能够有效促进初三组受试者在 wh-问句中 wh-疑问词移位产出能力的提升。

以上结果表明，在句子的产出任务中，初二和初三输入加工组相较于对照组，在后测和延后测中，wh-疑问词移位的习得成效都有显著的提高。可见，PI 对促进两组受试者对 wh-疑问词移位习得有显著的效果，且这种效果具有至少五周的保持时效。

6.2　PI 干预下的 wh-疑问词移位习得特征

本节首先分析 PI 干预对初二、初三两个阶段受试者在选择理解任务中的影响，随后分析 PI 干预对受试者口头产出任务的影响。

6.2.1 wh-疑问词移位习得过程选择题任务数据分析

本小节将分析两个学习阶段受试者组内三次测量中 wh-疑问词移位的习得情况，并比较两组在三次测量中 wh-疑问词移位的习得情况。

6.2.1.1 组内三次测量 wh-疑问词移位习得状况

在 PI 干预下，两个学习阶段的受试者 wh-疑问词移位习得呈现出什么样的特征？首先，初二阶段的受试者在各个条件问句的选择题测试中的平均分和标准差见表 6-25。

表 6-25 初二组 wh-疑问词移位选择题各条件问句三次测量的结果（*M*±*SD*）

测量时间	who		what	
	做主语	做宾语	做主语	做宾语
前测	3.59 ± 0.68	2.10 ± 1.32	2.45 ± 1.18	3.45 ± 0.69
后测	3.66 ± 0.72	2.38 ± 1.24	3.24 ± 0.95	3.31 ± 0.71
延后测	3.69 ± 0.66	2.76 ± 1.09	3.14 ± 1.03	3.48 ± 0.74

总体而言，三次测量中，who 问句中 who 做主语好于 who 做宾语，what 问句中 what 做宾语好于 what 做主语。四种条件中，who 做主语得分最高，who 做宾语得分最低。三次测量之中，前测均分最低，后测和延后测好于前测。为检验这些差异是否达到显著，我们以测量时间、wh-疑问词及其语法功能为组内因素进行重复测量方差分析，结果见表 6-26。

表 6-26 初二组 wh-疑问词移位选择题重复测量方差分析结果

源	Ⅱ型平方和	*df*	*MS*	*F*	*p*	偏 η^2	实测幂
测量时间	8.293	2	4.147	5.062	0.010	0.153	0.798
误差（测量时间）	45.874	56	0.819				
wh-疑问词	1.943	1	1.943	2.010	0.167	0.067	0.278
误差（wh-疑问词）	27.057	28	0.966				

续表

源	Ⅱ型平方和	*df*	*MS*	*F*	*p*	偏 η^2	实测幂
wh-疑问词语法功能	12.517	1	12.517	12.024	0.002	0.300	0.917
误差（wh-疑问词语法功能）	29.149	28	1.041				
测量时间 × wh-疑问词	0.523	2	0.261	0.473	0.626	0.017	0.124
误差（测量时间 × wh-疑问词）	30.977	56	0.553				
测量时间 × wh-疑问词语法功能	2.224	2	1.112	2.432	0.097	0.080	0.470
误差（测量时间 × wh-疑问词语法功能）	25.609	56	0.457				
wh-疑问词 × wh-疑问词语法功能	62.943	1	62.943	57.362	0.000	0.672	1.000
误差（wh-疑问词 × wh-疑问词语法功能）	30.724	28	1.097				
测量时间 × wh-疑问词 × wh-疑问词语法功能	6.661	2	3.330	4.761	0.012	0.145	0.772
误差（测量时间 × wh-疑问词 × wh-疑问词语法功能）	39.172	41.201	0.951				

表 6-26 显示：测量时间主效应显著，$F(2, 56)=5.062$，$p=0.010$；wh-疑问词主效应不显著，$F(1, 28)=2.010$，$p=0.167$；wh-疑问词语法功能主效应显著，$F(1, 28)=12.024$，$p=0.002$；测量时间和 wh-疑问词交互作用不显著，$F(2, 56)=0.473$，$p=0.626$；测量时间和 wh-疑问词语法功能交互作用不显著，$F(2, 56)=2.432$，$p=0.097$；wh-疑问词和其语法功能交互作用显著，$F(1, 28)=57.362$，$p<0.001$；测量时间、wh-疑问词和 wh-疑问词语法功能三者的交互作用显著，$F(2, 41.201)=4.761$，$p=0.012$。

简单效应分析发现，相同疑问词的不同语法功能相比，在前测中，who 在疑问句中做主语显著好于做宾语（$p<0.001$），而 what 在疑问句中做宾语显著好于做主语（$p<0.001$），两种疑问词问句的习得表现出相反方向的不对称现象。在后测中，who 做主语显著好于 who 做宾语（$p<0.001$），表现出主宾不对称；what 做主语与 what 做宾语差异不显著（$p=0.745$）。在延后测中，who 做主语显著好于 who 做宾语（$p<0.001$）；what 做宾语显著好于 what 做主语（$p=0.039$），不对称特征同前测。以上结果表明，在同一疑问词条件下，不同语法功能 wh-问句习得存在差异，PI 对 wh-疑问词不同语法功能问句的习得有一定的影响。疑问词语法功能与测量时间无交互作用（图 6-8）。

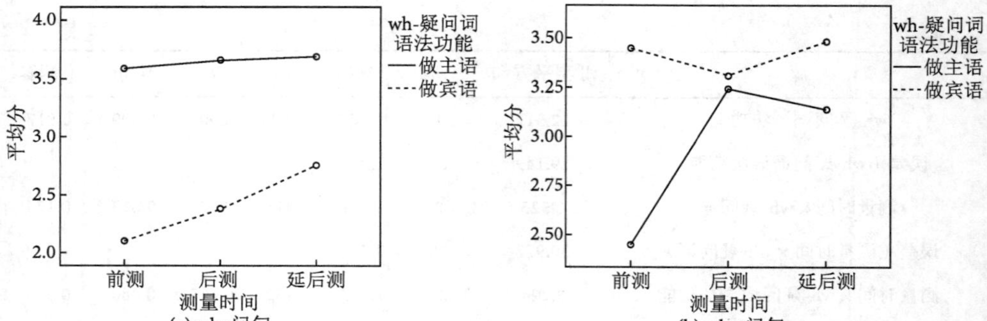

(a) who问句　(b) what问句

图 6-8　初二组 wh-疑问词移位选择题三次测量 wh-疑问词语法功能与测量时间的交互效应

数据显示，不同疑问词的相同语法功能相比，在前测中，当 wh-疑问词做主语时，who 问句显著好于 what 问句（$p<0.001$），而当 wh-疑问词做宾语时，what 问句显著好于 who 问句（$p<0.001$）；在后测中，当 wh-疑问词做主语时，who 问句好于 what 问句，但差异仅呈边缘显著（$p=0.063$），而当 wh-疑问词做宾语时，what 问句显著好于 who 问句（$p<0.001$）；在延后测中，当 wh-疑问词做主语时，who 问句显著好于 what 问句（$p=0.011$），而当 wh-疑问词做宾语时，what 问句显著好于 who 问句（$p=0.001$）。因此，三次测量结果表明，当 wh-疑问词做主语时 who 问句的习得始终显著好于 what 问句的习得，而当 wh-疑问词做宾语时 what 问句的习得始终显著好于 who 问句的习得，在 wh-疑问词同一种语法功能条件下，不同疑问词 wh-问句的习得始终存在差异。可见，PI 在一定程度上提升了部分条件问句的习得成效，但未能消除这些差异。此外，wh-疑问词相同语法功能中，疑问词与测量时间之间没有交互作用（图 6-9）。

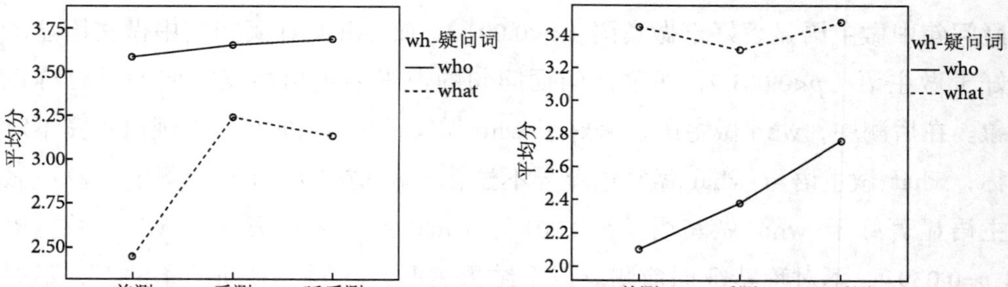

(a) wh-疑问词做主语　(b) wh-疑问词做宾语

图 6-9　初二组 wh-疑问词移位选择题三次测量 wh-疑问词与测量时间的交互效应

简单效应分析还表明，PI 的促学效果明显，尤其是在 who 做宾语和 what 做主语条件下的 wh-问句的习得方面（表 6-27）。

表 6-27　初二组 wh-疑问词移位选择题四种条件问句三次测量成对比较

疑问句条件	测量时间（*I*）	测量时间（*J*）	*I–J*	*SE*	*p*	结果
who 做主语	1	2	−0.069	0.192	0.722	2=1
	1	3	−0.103	0.167	0.541	3=1
	2	3	−0.034	0.182	0.851	3=2
who 做宾语	1	2	−0.276	0.285	0.341	2=1
	1	3	−0.655*	0.269	0.021	3>1
	2	3	−0.379	0.207	0.078	3=2
what 做主语	1	2	−0.793*	0.218	0.001	2>1
	1	3	−0.690*	0.258	0.013	3>1
	2	3	0.103	0.201	0.610	3=2
what 做宾语	1	2	0.138	0.155	0.380	2=1
	1	3	−0.034	0.161	0.832	3=1
	2	3	−0.172	0.157	0.283	3=2

注：1=前测，2=后测，3=延后测。

PI 未改变初二组受试者对四种条件疑问句习得的难度顺序。测量时间与疑问句条件之间的交互效应如图 6-10 所示。

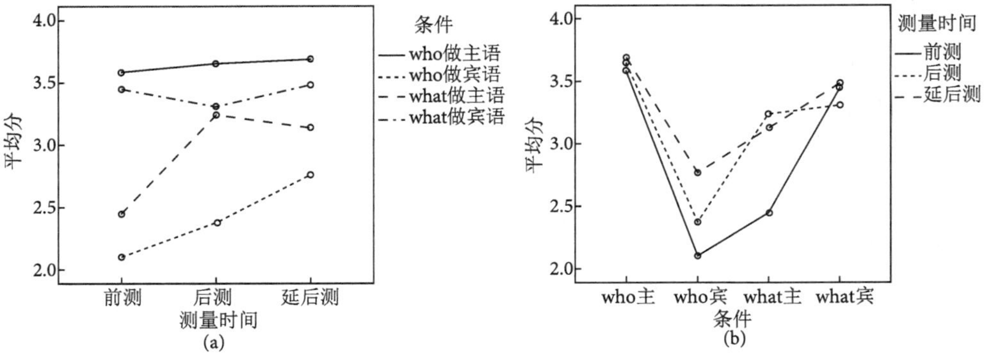

图 6-10　初二组 wh-疑问词移位选择题测量时间与条件的交互效应

其次，初三组受试者对四种条件 wh-问句习得的平均分和标准差见表 6-28。

表 6-28 初三组 wh-疑问词移位选择题各条件问句三次测量的结果（*M*±*SD*）

测量时间	who		what	
	做主语	做宾语	做主语	做宾语
前测	3.56 ± 0.68	2.81 ± 1.18	2.97 ± 1.10	3.50 ± 0.67
后测	3.75 ± 0.44	3.13 ± 1.01	3.59 ± 0.76	3.69 ± 0.64
延后测	3.78 ± 0.49	2.94 ± 1.27	3.53 ± 0.88	3.50 ± 0.80

总体而言，三次测量中，who 问句中 who 做主语好于 who 做宾语，what 问句中 what 做宾语好于 what 做主语。四种条件中，who 做主语得分最高，who 做宾语得分最低。三次测量之中，前测均分最低，后测和延后测好于前测。

为检验三次测量四种条件疑问句习得之间的差异是否达到显著，我们以测量时间、wh-疑问词及其语法功能为组内因素进行重复测量方差分析。结果见表 6-29。

表 6-29 初三组 wh-疑问词移位选择题重复测量方差分析结果

源	Ⅱ型平方和	*df*	*MS*	*F*	*p*	偏 η^2	实测幂
测量时间	7.224	2	3.612	6.008	0.004	0.162	0.867
误差（测量时间）	37.276	62	0.601				
wh-疑问词	1.760	1	1.760	4.399	0.044	0.124	0.529
误差（wh-疑问词）	12.406	31	0.400				
wh-疑问词语法功能	7.042	1	7.042	12.269	0.001	0.284	0.924
误差（wh-疑问词语法功能）	17.792	31	0.574				
测量时间 × wh-疑问词	0.411	2	0.206	0.522	0.596	0.017	0.132
误差（测量时间 × wh-疑问词）	24.422	62	0.394				
测量时间 × wh-疑问词语法功能	1.724	2	0.862	1.355	0.265	0.042	0.281
误差（测量时间 × wh-疑问词语法功能）	39.443	62	0.636				
wh-疑问词 × wh-疑问词语法功能	21.094	1	21.094	16.455	0.000	0.347	0.975
误差（wh-疑问词 × wh-疑问词语法功能）	39.740	31	1.282				
测量时间 × wh-疑问词 × wh-疑问词语法功能	1.453	2	0.727	1.686	0.194	0.052	0.342
误差（测量时间 × wh-疑问词 × wh-疑问词语法功能）	26.714	62	0.431				

表 6-29 显示：测量时间主效应显著，$F(2, 62)=6.008$，$p=0.004$；wh-疑问词主效应显著，$F(1, 31)=4.399$，$p=0.044$；wh-疑问词语法功能主效应显著，$F(1, 31)=12.269$，$p=0.001$；测量时间和 wh-疑问词交互作用不显著，$F(2, 62)=0.522$，$p=0.596$；测量时间和 wh-疑问词语法功能交互作用不显著，$F(2, 62)=1.355$，$p=0.265$；wh-疑问词和 wh-疑问词语法功能交互作用显著，$F(1, 31)=16.455$，$p<0.001$；测量时间、wh-疑问词和 wh-疑问词语法功能之间的三者的交互作用不显著，$F(2, 62)=1.686$，$p=0.194$。

简单效应分析发现，相同疑问词的不同语法功能相比，在前测中，who 在疑问句中做主语显著好于做宾语（$p=0.003$），而 what 在疑问句中做宾语显著好于做主语（$p=0.024$），两种疑问词问句的习得表现出相反方向的不对称现象。在后测中，who 做主语显著好于 who 做宾语（$p=0.002$），表现出主宾不对称；what 做主语与 what 做宾语差异不显著（$p=0.521$），主宾不对称现象消失。在延后测中，who 做主语显著好于 who 做宾语（$p<0.001$）；what 做宾语和做主语（$p=0.039$）无显著差异。以上结果表明，在同一疑问词条件下，不同语法功能 wh-问句习得存在差异，PI 对不同语法功能的习得有一定的影响。相同疑问词条件下，疑问词不同语法功能与测量时间之间的交互作用见图 6-11。

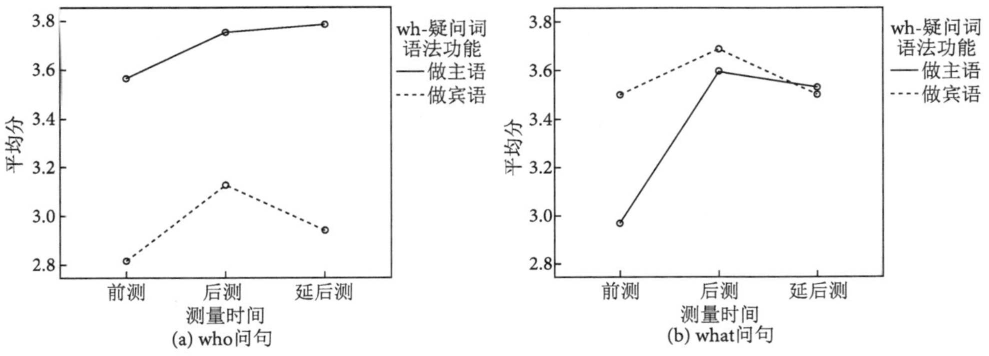

图 6-11　初三组 wh-疑问词移位选择题三次测量 wh-疑问词语法功能与测量时间的交互效应

不同疑问词的相同语法功能相比，在前测中，当 wh-疑问词做主语时 who 问句显著好于 what 问句（$p=0.012$），当 wh-疑问词做宾语时 what 问句显著好于 who 问句（$p=0.002$）；在后测中，当 wh-疑问词做主语时 who 问句和 what 问句差异不显著（$p=0.282$），当 wh-疑问词做宾语时 what 问句显著好于 who

问句（p=0.002）；在延后测中，当 wh-疑问词做主语时 who 问句显著好于 what 问句（p=0.044），当 wh-疑问词做宾语时 what 问句显著好于 who 问句（p=0.020）。以上结果表明，wh-疑问词同一种语法功能条件下，不同疑问词 wh-问句的习得存在差异，PI 对不同疑问词问句的习得有一定的影响；wh-疑问词相同语法功能条件下，不同疑问词与测量时间之间没有交互作用（图 6-12）。

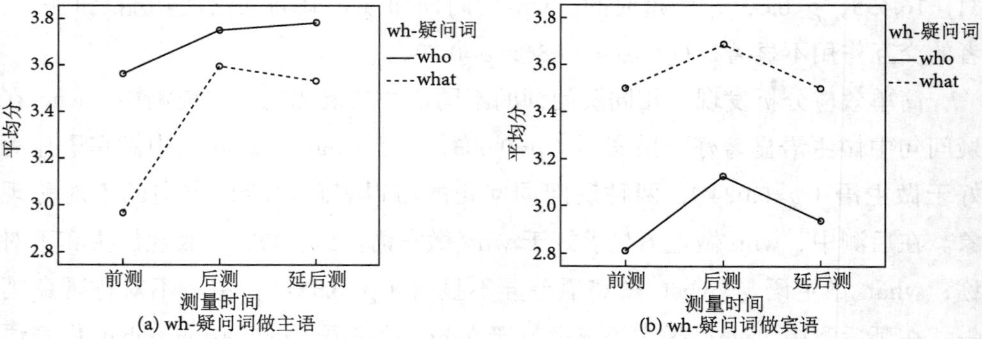

图 6-12　初三组 wh-疑问词移位选择题三次测量 wh-疑问词与测量时间的交互效应

简单效应分析还表明，PI 的促学效果明显，尤其是在 what 做主语条件下的 wh-问句的习得方面（表 6-30）。

表 6-30　初三组 wh-疑问词移位选择题四种条件问句三次测量成对比较

疑问句条件	测量时间（I）	测量时间（J）	I–J	SE	p	结果
who 做主语	1	2	−0.188	0.138	0.184	2=1
	1	3	−0.219	0.117	0.070	3=1
	2	3	−0.031	0.105	0.768	3=2
who 做宾语	1	2	−0.313	0.208	0.143	2=1
	1	3	−0.125	0.237	0.601	3=1
	2	3	0.188	0.198	0.351	3=2
what 做主语	1	2	−0.625*	0.214	0.006	2>1
	1	3	−0.563*	0.229	0.020	3>1
	2	3	0.063	0.168	0.712	3=2
what 做宾语	1	2	−0.188	0.158	0.245	2=1
	1	3	0.000	0.185	1.000	3=1
	2	3	0.188	0.138	0.184	3=2

注：1=前测，2=后测，3=延后测。

PI 未改变初三组受试者对四种条件疑问句习得的难度顺序。测量时间与疑问句条件的交互效应如图 6-13 所示。

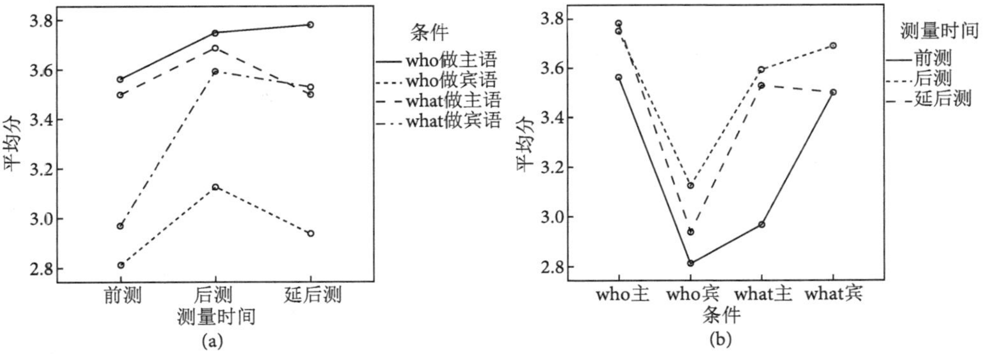

图 6-13　初三组 wh-疑问词移位选择题测量时间与条件的交互效应

6.2.1.2　组间三次测量 wh-疑问词移位习得对比

为对比两个学习阶段的受试者在三次测量中对不同条件 wh-疑问词移位的习得，我们以组别为组间变量，以四种疑问句条件为组内因素，进行 2（组别：初二组、初三组）× 3（测量时间：前测、后测、延后测）× 4（条件：who 做主语、who 做宾语、what 做主语、what 做宾语）的混合的重复测量。结果发现：组间差异显著，$F(1, 59)=6.060$，$p=0.017$；测量时间主效应显著，$F(2, 118)=9.913$，$p<0.001$；条件主效应显著，$F(2.238, 137.932)=37.648$，$p<0.001$；测量时间和组别交互作用不显著，$F(2, 118)=1.098$，$p=0.337$；条件和组别之间的交互作用呈边缘显著，$F(2.238, 137.932)=2.708$，$p=0.062$；测量时间和条件之间的交互作用显著，$F(4.884, 288.134)=3.138$，$p=0.005$；测量时间和条件及组别之间的三者的交互作用不显著，$F(4.884, 288.134)=0.977$，$p=0.440$。这说明，两组受试者对不同语法功能问句的习得基本具有同样的特征，且在三次测量中保持了类似的发展趋势。简单效应检验如表 6-31 所示。

表 6-31　初二、初三 wh-疑问词移位选择题四种条件习得三次测量组间对比

测量时间	疑问句条件	组别（*I*）	组别（*J*）	*I–J*	*SE*	*p*	结果
前测	who 做主语	1	2	0.024	0.173	0.892	1=2
	who 做宾语	1	2	−0.709*	0.319	0.030	1<2

续表

测量时间	疑问句条件	组别（I）	组别（J）	I–J	SE	p	结果
前测	what 做主语	1	2	−0.520	0.291	0.079	1<2（边缘）
	what 做宾语	1	2	−0.052	0.174	0.767	1=2
后测	who 做主语	1	2	−0.095	0.151	0.533	1=2
	who 做宾语	1	2	−0.746*	0.288	0.012	1<2
	what 做主语	1	2	−0.352	0.219	0.113	1=2
	what 做宾语	1	2	−0.377*	0.174	0.034	1<2
延后测	who 做主语	1	2	−0.092	0.148	0.539	1=2
	who 做宾语	1	2	−0.179	0.304	0.559	1=2
	what 做主语	1	2	−0.393	0.244	0.112	1=2
	what 做宾语	1	2	−0.017	0.198	0.931	1=2

注：1=初二组，2=初三组。

三次测量中，组别和四种条件的交互效应如图 6-14 所示。

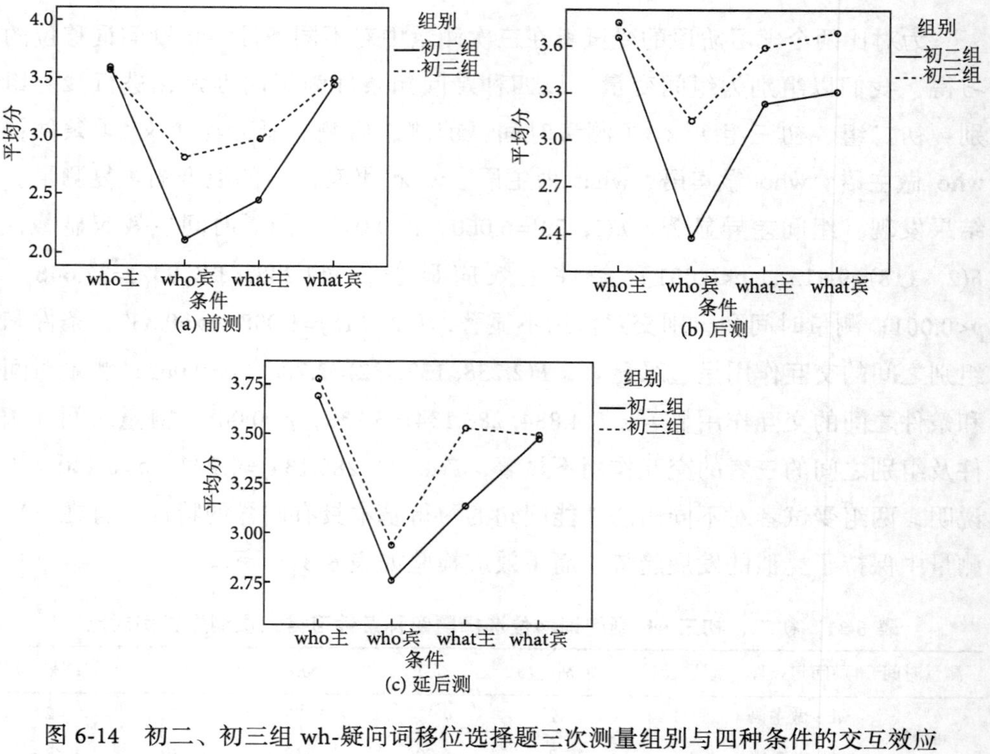

图 6-14　初二、初三组 wh-疑问词移位选择题三次测量组别与四种条件的交互效应

综上所述，两组在 wh-疑问词移位的习得方面存在一定差异。这些差异主要表现在以下几个方面：在前测中，初三组对 who 宾语问句和 what 主语问句的习得好于初二组；在后测中，初三组的 who 宾语问句和 what 宾语问句好于初二组，这种差异源于 PI 后，初二组的 what 主语问句有了显著提高，但 what 宾语问句有所下降，而初三组在 what 主语问句提高的同时，what 宾语问句也有相应提高；在延后测中，两组之间的差异消失。

总体而言，初三组在三次测量中的每个条件中的表现都好于初二组。PI 主要促进了初二组对 who 宾语问句、what 主语问句以及初三组 what 主语问句的习得，同时也促进了初二组向初三组水平的靠近。两组在三次测量中所表现出来的对 wh-问句中 wh-疑问词移位的习得难度顺序为：who 主语<what 宾语<what 主语<who 宾语。PI 促进了两组受试者对 wh-疑问词移位的习得，但并未改变习得的路径，即先习得 who 主语问句，其次为 what 宾语、what 主语和 who 宾语问句。两组受试者在三次测量中对四种条件 wh-疑问词移位的习得特征见图 6-15。

图 6-15　初二、初三组 wh-疑问词移位选择题四种条件问句习得特征三次测量雷达图

6.2.2　wh-疑问词移位习得过程口头产出任务数据分析

本小节将分析两个学习阶段受试者组内三次测量中 wh-疑问词移位的习得情况，并比较两组在三次测量中 wh-疑问词移位的习得情况。

6.2.2.1 组内三次测量 wh-疑问词移位习得状况

在 PI 下，两个学习阶段的受试者 wh-疑问词移位习得的口头产出呈现出什么样的特征？首先，在初二组中，四种条件下的论元疑问句正确句和主宾对调句的平均分和标准差如表 6-32 所示。

表 6-32 初二组 wh-疑问词移位口头产出四种条件问句三次测量的结果（*M*±*SD*）

疑问词语法功能		产出句	前测	后测	延后测
who	做主语	正确句	1.77 ± 1.27	2.23 ± 1.50	2.38 ± 1.44
		主宾对调句	0.04 ± 0.20	0.15 ± 0.61	0.19 ± 0.40
	做宾语	正确句	0.77 ± 0.99	1.85 ± 1.32	1.42 ± 1.41
		主宾对调句	1.08 ± 0.98	0.27 ± 0.67	0.35 ± 0.63
what	做主语	正确句	1.12 ± 1.14	1.69 ± 1.54	1.88 ± 1.31
		主宾对调句	0.65 ± 0.94	0.65 ± 1.06	0.23 ± 0.51
	做宾语	正确句	1.42 ± 1.39	1.73 ± 1.37	1.88 ± 1.42
		主宾对调句	0.15 ± 0.46	0.12 ± 0.33	0.27 ± 0.53

总体而言，三次测量中，正确句的产出为 who 做主语好于 who 做宾语，what 做宾语好于 what 做主语；四种条件下，who 做主语正确句均分最高；在 who 宾语条件和 what 主语条件中，主宾对调句的产出平均分高于 who 主语和 what 宾语条件。三次测量之间，各条件的前测得分最低，后测和延后测好于前测。为检验这些差异是否达到显著，我们以测量时间、wh-疑问词及其语法功能为组内因素对产出的正确句进行重复测量方差分析，结果见表 6-33。

表 6-33 初二组 wh-疑问词移位口头产出正确句重复测量方差分析结果

源	Ⅲ型平方和	*df*	*MS*	*F*	*p*	偏 η^2	实测幂
测量时间	26.276	2	13.138	10.020	0.000	0.286	0.980
误差（测量时间）	65.558	50	1.311				
wh-疑问词	1.038	1	1.038	1.020	0.322	0.039	0.163
误差（wh-疑问词）	25.462	25	1.018				
wh-疑问词语法功能	8.667	1	8.667	1.808	0.191	0.067	0.253
误差（wh-疑问词语法功能）	119.833	25	4.793				

续表

源	Ⅱ型平方和	*df*	*MS*	*F*	*p*	偏 η^2	实测幂
测量时间 × wh-疑问词	1.750	2	0.875	1.842	0.169	0.069	0.366
误差（测量时间 × wh-疑问词）	23.750	50	0.475				
测量时间 × wh-疑问词语法功能	1.237	2	0.619	0.903	0.412	0.035	0.197
误差（测量时间 × wh-疑问词语法功能）	34.263	50	0.685				
wh-疑问词 × wh-疑问词语法功能	15.705	1	15.705	10.969	0.003	0.305	0.889
误差（wh-疑问词 × wh-疑问词语法功能）	35.795	25	1.432				
测量时间 × wh-疑问词 × wh-疑问词语法功能	2.583	2	1.292	3.243	0.047	0.115	0.592
误差（测量时间 × wh-疑问词 × wh-疑问词语法功能）	19.917	50	0.398				

表 6-33 显示：测量时间主效应显著，$F(2, 50)=10.020$，$p<0.001$；wh-疑问词主效应不显著，$F(1, 25)=1.020$，$p=0.322$；wh-疑问词语法功能主效应不显著 $F(1, 25)=1.808$，$p=0.191$；测量时间和 wh-疑问词之间的交互作用不显著，$F(2, 50)=1.842$，$p=0.169$；测量时间和 wh-疑问词语法功能交互作用不显著，$F(2, 50)=0.903$，$p=0.412$；wh-疑问词和 wh-疑问词语法功能交互作用显著，$F(1, 25)=10.969$，$p=0.003$；测量时间、wh-疑问词和 wh-疑问词语法功能三者的交互作用显著，$F(2, 50)=3.243$，$p=0.047$。

简单效应分析发现：相同疑问词的不同语法功能相比，在前测中，who 在疑问句中做主语显著好于做宾语（$p=0.002$），存在主宾不对称现象；what 在疑问句中做宾语平均分高于做主语，但差异未达显著（$p=0.224$）。在后测中，who、what 做主语和做宾语差异均不显著（$p\geq 0.295$）。在延后测中，who 做主语显著好于 who 做宾语（$p=0.014$），主宾不对称现象再次出现；what 做主语等于 what 做宾语（$p=1.000$），不对称特征同前测。以上结果表明，在同一疑问词条件下，不同语法功能 wh-问句习得存在差异，PI 对 wh-疑问词不同语法功能问句的习得有一定的影响，但疑问词语法功能与测量时间无交互作用（图 6-16）。

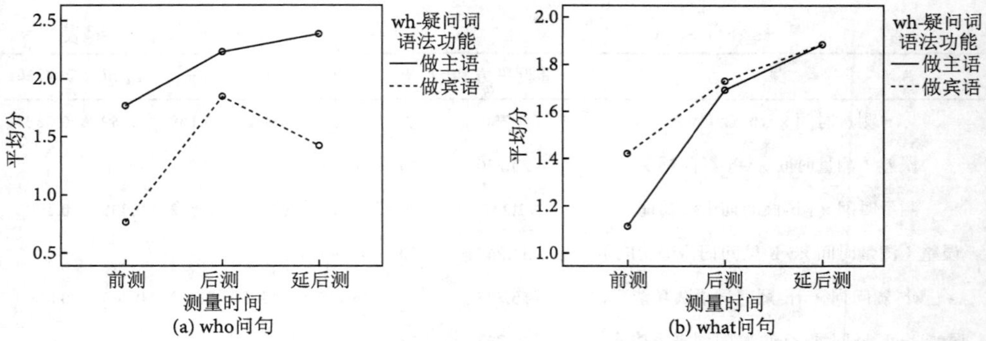

图 6-16　初二组 wh-疑问词移位口头产出 wh-疑问词语法功能与测量时间的交互效应

不同疑问词在相同语法功能下的比较表明：在前测中，当 wh-疑问词做主语时，受试者对 who 问句的习得显著优于 what 问句（p=0.005）；当 wh-疑问词做宾语时，他们对 what 问句的习得显著优于 who 问句（p=0.014）。在后测中，当 wh-疑问词做主语时，who 问句的均分高于 what 问句（p=0.050）；当 wh-疑问词做宾语时，what 问句的均分与 who 问句的差异不显著（p=0.559）。在延后测中，当 wh-疑问词做主语时，who 疑问句的均分高于 what 问句（p=0.051）；当 wh-疑问词做宾语时，what 疑问句的均分显著高于 who 问句（p=0.049）。以上结果表明，在相同语法功能条件下，受试者对不同疑问词问句的习得存在差异。PI 在一定程度上提升了他们对部分条件问句的习得成效，但未能消除他们对不同条件问句习得的差异。wh-疑问词相同语法功能中，疑问词与测量时间之间的交互效应见图 6-17。

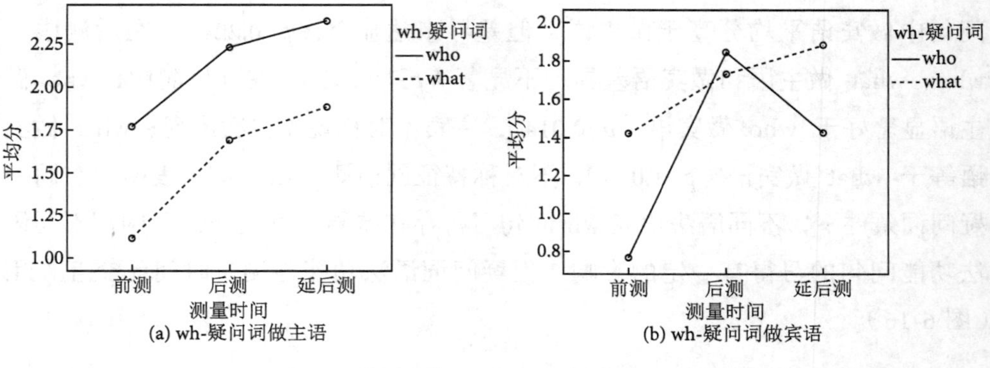

图 6-17　初三组 wh-疑问词移位口头产出 wh-疑问词与测量时间的交互效应

简单效应分析还表明，PI 的促学效果主要体现在 who 做宾语和 what 做主语条件下的 wh-问句的口头产出方面（表 6-34）。

表 6-34　初二组 wh-疑问词移位口头产出四种条件问句三次测量成对比较

疑问句条件	测量时间（*I*）	测量时间（*J*）	*I–J*	*SE*	*p*	结果
	1	2	−0.462	0.300	0.136	2=1
who 做主语	1	3	−0.615*	0.266	0.029	3>1
	2	3	−0.154	0.281	0.589	3=2
	1	2	−1.077*	0.254	0.000	2>1
who 做宾语	1	3	−0.654*	0.235	0.010	3>1
	2	3	0.423	0.243	0.094	3=2
	1	2	−0.577*	0.168	0.002	2>1
what 做主语	1	3	−0.769*	0.187	0.000	3>1
	2	3	−0.192	0.200	0.346	3=2
	1	2	−0.308	0.213	0.161	2=1
what 做宾语	1	3	−0.462	0.249	0.076	3=1
	2	3	−0.154	0.181	0.404	3=2

注：1=前测，2=后测，3=延后测。

主宾对调句数据重复测量方差分析多重比较发现，在后测和延后测中，产出的主宾对调句平均分相较于前测有显著下降（p=0.052 和 p=0.002），详见表 6-35。这说明 PI 在提升口头产出正确率的同时还能减少主宾对调句的产出。

表 6-35　初二组 wh-疑问词移位口头产出主宾对调句产出三次测量成对比较

测量时间（*I*）	测量时间（*J*）	*I–J*	*SE*	*p*	结果
1	2	0.183	0.089	0.052	2<1（边缘）
	3	0.221*	0.064	0.002	3<1
2	1	−0.183	0.089	0.052	2<1（边缘）
	3	0.038	0.077	0.621	2=3
3	1	−0.221*	0.064	0.002	3<1
	2	−0.038	0.077	0.621	2=3

注：1=前测，2=后测，3=延后测。

其次，初三组受试者四种条件论元疑问句正确句和主宾对调句的平均分和标准差见表 6-36。

表 6-36　初三组 wh-疑问词移位口头产出四种条件问句三次测量的结果（$M±SD$）

测量时间			前测	后测	延后测
who	做主语	正确句	2.34 ± 1.31	2.75 ± 1.16	2.13 ± 1.48
		主宾对调句	0.03 ± 0.18	0.00 ± 0.00	0.09 ± 0.30
	做宾语	正确句	0.94 ± 1.29	1.84 ± 1.51	1.69 ± 1.62
		主宾对调句	0.28 ± 0.52	0.38 ± 0.83	0.03 ± 0.18
what	做主语	正确句	1.78 ± 1.52	2.59 ± 1.24	2.19 ± 1.49
		主宾对调句	0.16 ± 0.37	0.16 ± 0.45	0.28 ± 0.52
	做宾语	正确句	1.63 ± 1.58	2.00 ± 1.63	1.81 ± 1.65
		主宾对调句	0.09 ± 0.30	0.03 ± 0.18	0.00 ± 0.00

总体而言，三次测量中，产出的正确句中 who 做主语好于 who 做宾语，what 做主语也好于 what 做宾语；四种条件下，who 做主语得分最高，who 做宾语最低；who 宾语条件和 what 主语条件中主宾对调句的产出平均分高于 who 主语和 what 宾语条件。三次测量之间，各条件的前测得分相对较低，后测和延后测大体上好于前测。为检验这些差异是否达到显著，我们以测量时间、wh-疑问词及其语法功能为组内因素对产出的正确句进行重复测量方差分析。结果见表 6-37。

表 6-37　初三组 wh-疑问词移位口头产出正确句重复测量方差分析结果

源	Ⅲ型平方和	df	MS	F	p	偏 η^2	实测幂
测量时间	25.083	2	12.542	11.826	0.000	0.276	0.993
误差（测量时间）	65.750	62	1.060				
wh-疑问词	0.260	1	0.260	0.560	0.460	0.018	0.112
误差（wh-疑问词）	14.406	31	0.465				
wh-疑问词语法功能	40.042	1	40.042	18.088	0.000	0.368	0.985
误差（wh-疑问词语法功能）	68.625	31	2.214				
测量时间 × wh-疑问词	0.146	2	0.073	0.138	0.871	0.004	0.070
误差（测量时间 × wh-疑问词）	32.688	62	0.527				
测量时间 × wh-疑问词语法功能	2.771	2	1.385	2.257	0.113	0.068	0.443

续表

源	Ⅱ型平方和	*df*	*MS*	*F*	*p*	偏 η^2	实测幂
误差（测量时间 × wh-疑问词语法功能）	38.063	62	0.614				
wh-疑问词 × wh-疑问词语法功能	7.042	1	7.042	8.986	0.005	0.225	0.827
误差（wh-疑问词 × wh-疑问词语法功能）	24.292	31	0.784				
测量时间 × wh-疑问词 × wh-疑问词语法功能	6.271	2	3.135	3.358	0.041	0.098	0.614
误差（测量时间 × wh-疑问词 × wh-疑问词语法功能）	57.896	62	0.934				

表 6-37 显示：测量时间主效应显著，$F(2,\ 62)=11.826$，$p<0.001$；wh-疑问词主效应不显著，$F(1,\ 31)=0.560$，$p=0.460$；wh-疑问词语法功能主效应显著，$F(1,\ 31)=18.088$，$p<0.001$；测量时间和 wh-疑问词之间的交互作用不显著，$F(2,\ 62)=0.138$，$p=0.871$；测量时间和 wh-疑问词语法功能交互作用不显著，$F(2,\ 62)=2.257$，$p=0.113$；wh-疑问词和其语法功能交互作用显著，$F(1,\ 31)=8.986$，$p=0.005$；测量时间、wh-疑问词和 wh-疑问词语法功能之间的三者的交互作用显著，$F(2, 62)=3.358$，$p=0.041$。

简单效应分析发现：相同疑问词的不同语法功能相比，在前测中，who 在疑问句中做主语显著好于做宾语（$p<0.001$），存在主宾不对称现象；what 在疑问句中做主语和做宾语差异不显著（$p=0.531$）。在后测中，who 做主语显著好于做宾语（$p<0.001$），what 做主语也显著好于 what 做宾语（$p=0.042$），出现主语优先的现象（但是 what 主语问句的主宾对调句仍多于 what 宾语问句）。在延后测中，who 和 what 做主语与做宾语差异均不显著（$p\geqslant 0.100$），主宾差异不再显著。以上结果表明，在同一疑问词条件下，不同语法功能 wh-问句习得存在差异，PI 对 wh-疑问词不同语法功能问句的习得有一定的影响，但疑问词语法功能与测量时间之间没有交互作用（图 6-18）。

相同语法功能条件下，不同疑问词 wh-问句的加工特征对比表明：在前测中，当 wh-疑问词做主语时受试者对 who 问句的习得成效显著优于 what 问句（$p=0.020$），当 wh-疑问词做宾语时他们对 what 问句的习得成效显著优于 who 问句（$p=0.006$）；在后测中与延后测中，受试者对 who 问句和 what 问句习得的差异均不显著（$p \geq 0.378$）。以上结果表明，在相同语法功能条件下，受试者对不同疑问词问句的习得存在差异，PI 促进了他们对不同条件 wh-问句的习得，消除了他们对 who 和 what 问句习得之间的差异。在相同的语法功能条件下，wh-疑问词与测量时间之间的交互效应见图 6-19。

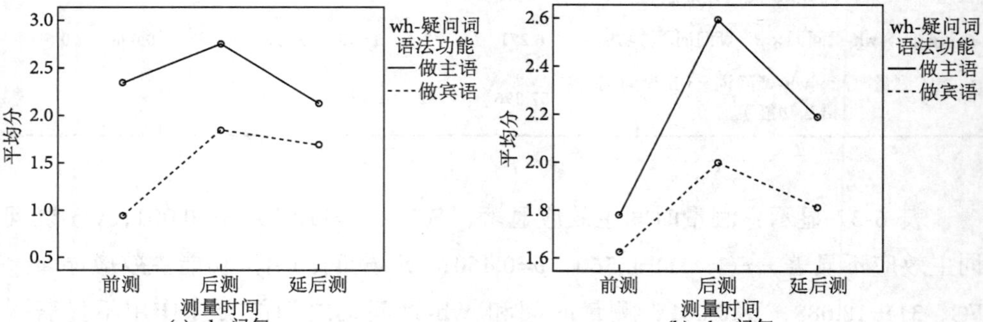

(a) who问句　　(b) what问句

图 6-18　初三组 wh-疑问词移位口头产出 wh-疑问词语法功能与测量时间的交互效应

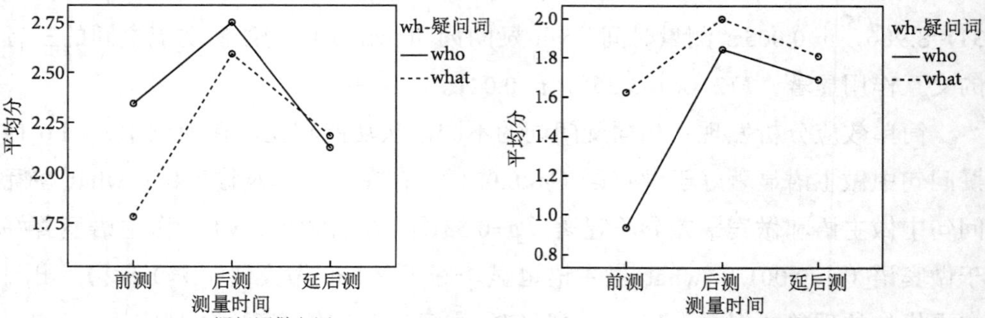

(a) wh-疑问词做主语　　(b) wh-疑问词做宾语

图 6-19　初三组 wh-疑问词移位口头产出 wh-疑问词与测量时间的交互效应

简单效应分析还表明，PI 的促学效果主要体现在 who 做宾语和 what 做主语条件下的 wh-问句的口头产出方面（表 6-38）。

表 6-38　初三组 wh-疑问词移位口头产出四种条件问句三次测量成对比较

疑问句条件	测量时间（I）	测量时间（J）	I–J	SE	p	结果
who 做主语	1	2	−0.406	0.253	0.119	2=1
	1	3	0.219	0.261	0.408	3=1
	2	3	0.625*	0.189	0.002	3<2

续表

疑问句条件	测量时间（I）	测量时间（J）	I–J	SE	p	结果
who 做宾语	1	2	−0.906*	0.198	0.000	2>1
	1	3	−0.750*	0.220	0.002	3>1
	2	3	0.156	0.220	0.484	3=2
what 做主语	1	2	−0.813*	0.222	0.001	2>1
	1	3	−0.406*	0.184	0.035	3>1
	2	3	0.406*	0.190	0.040	3=2
what 做宾语	1	2	−0.375	0.245	0.136	2=1
	1	3	−0.188	0.252	0.462	3=1
	2	3	0.188	0.203	0.363	3=2

注：1=前测，2=后测，3=延后测。

经过主宾对调句数据重复测量方差分析多重比较后发现，后测和延后测中产出的主宾对调句与前测相比没有显著差异（$p \geqslant 0.201$），具体数据见表 6-39。结合表 6-36 和表 6-39 的结果，我们可以推断差异不显著的原因是前测中主宾对调句的平均分并不高，因此改善的空间有限，导致后测和延后测与前测之间的差异未达到显著水平。

表 6-39　初三组 wh-疑问词移位口头产出主宾对调句产出三次测量成对比较

测量时间（I）	测量时间（J）	I–J	SE	p	结果
1	2	0.000	0.051	1.000	2=1
	3	0.039	0.030	0.201	3=1
2	1	0.000	0.051	1.000	2=1
	3	0.039	0.049	0.432	2=3
3	1	−0.039	0.030	0.201	3=1
	2	−0.039	0.049	0.432	2=3

注：1=前测，2=后测，3=延后测。

6.2.2.2　组间三次测量 wh-疑问词移位习得对比

为对比两个学习阶段的受试者在三次测量中对不同条件 wh-疑问词移位的习得，我们以组别为组间变量，以四种疑问句条件为组内因素，进行 2（组别：初二组、初三组）×3（测量时间：前测、后测、延后测）×4（条件：who 做主语、who 做宾语、what 做主语、what 做宾语）的混合的重复测量。结果发现：组间差异不显著，$F(1, 56)=1.160$，$p=0.286$；测量时间主效应显著，$F(2, 112)=19.862$，$p<0.001$；条件主效应显著，$F(2.021, 113.166)=12.812$，$p<0.001$；测量时间和组别之间的交互作用不显著，$F(2, 112)=2.042$，$p=0.135$；条件和组别之间的交互作用不显著，$F(2.021, 113.166)=1.315$，$p=0.271$；测量时间和条件之间的交互作用显著，$F(4.893, 274.015)=2.503$，$p=0.032$；测量时间和条件及组别之间的三者的交互作用不显著，$F(4.893, 274.015)=1.498$，$p=0.192$。这说明，两组受试者对不同语法功能问句的习得基本具有类似的特征。简单效应分析结果详见表 6-40。

表 6-40　初二、初三组 wh-疑问词移位口头产出四种条件问句习得三次测量组间对比

测量时间	条件	组别（*I*）	组别（*J*）	*I*–*J*	*SE*	*p*	结果
前测	who 主语	1	2	−0.575	0.342	0.098	1<2（边缘）
	who 宾语	1	2	−0.168	0.309	0.588	1=2
	what 主语	1	2	−0.666	0.360	0.070	1<2（边缘）
	what 宾语	1	2	−0.202	0.396	0.612	1=2
后测	who 主语	1	2	−0.519	0.350	0.144	1=2
	who 宾语	1	2	0.002	0.376	0.995	1=2
	what 主语	1	2	−0.901*	0.365	0.017	1<2
	what 宾语	1	2	−0.269	0.401	0.505	1=2
延后测	who 主语	1	2	0.260	0.386	0.504	1=2
	who 宾语	1	2	−0.264	0.404	0.516	1=2
	what 主语	1	2	−0.303	0.373	0.420	1=2
	what 宾语	1	2	0.072	0.411	0.861	1=2

注：1=初二组，2=初三组。

三次测量中，组别和四种条件的交互效应如图 6-20 所示。

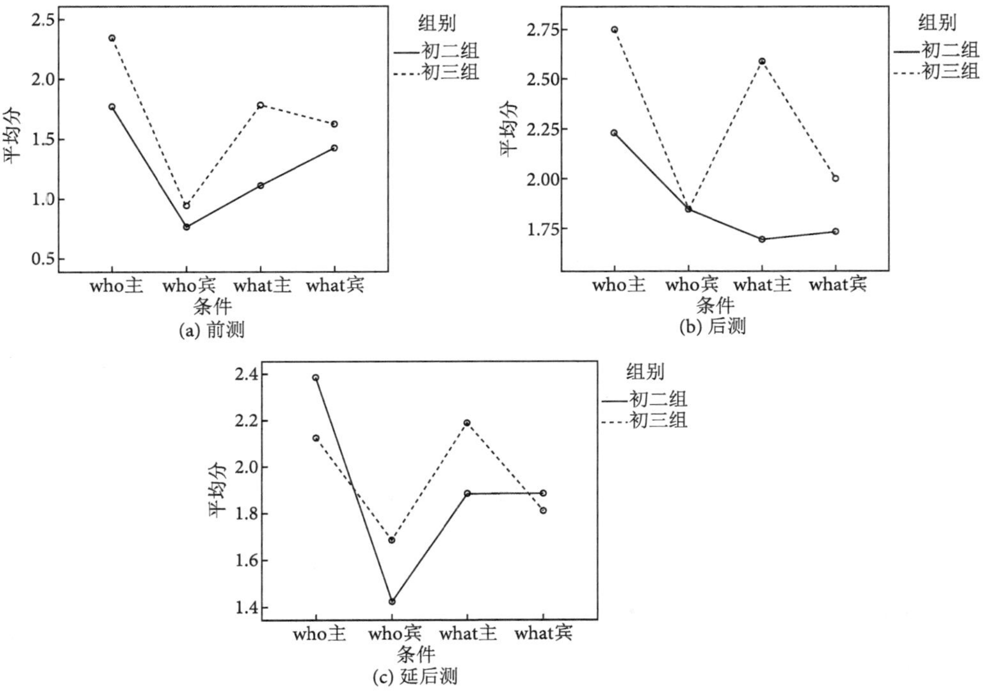

图 6-20　初二、初三组 wh-疑问词移位口头产出三次测量组别与四种条件的交互效应

综上所述，两组受试者对 wh-问句中 wh-疑问词移位的习得存在一定差异。这些差异主要体现在：在前测中初三组对 who 主语问句和 what 主语问句的习得好于初二组，在后测中初三组的 what 主语问句显著好于初二组，在延后测中两组之间的差异消失。

总体而言，初三组在三次测量中的平均分要高于初二组，且个别条件差异达到显著。PI 主要促进了初二组和初三组对 who 宾语问句和 what 主语问句的习得，同时也促使初二组向初三组水平靠近。初三组在三次测量中表现出对主语问句的偏好，但与理解任务中所表现出的趋势存在一定差别。在口头产出任务中，初三组表现出了 wh-主语问句易于 wh-宾语问句的趋势。总体而言，口头产出任务所表现出的总体习得难度为：who 主语问句最易习得，who 宾语问句最难习得。PI 提升了两组受试者对 wh-问句 wh-疑问词移位的习得成效，显著降低了初二组受试者对主宾对调句的产出，但并未改变习得的路径。两组受试者在三次测量中对四种条件 wh-疑问词移位的习得特征见图 6-21。

图 6-21 初二、初三组 wh-疑问词移位口头产出四种条件问句习得特征三次测量雷达图

6.3 讨 论

本节总结学习者 wh-移位习得的总体特征，并详细分析 PI 对 wh-疑问词移位习得的具体影响。

6.3.1 wh-疑问词移位习得总体特征

实验二的研究将不同 wh-疑问词及其语法功能作为考察变量，考察了受试者对 wh-问句中的另外一个移位，即 wh-疑问词移位的习得。结果显示，初级学习者在习得 who 问句时更倾向于将 who 作为句子主语，而在习得 what 问句时则更倾向于将 what 作为宾语，表现出相反方向的主宾习得不对称现象。四种条件下 wh-问句的习得总体难度顺序由易到难为：who 主语问句<what 宾语问句<what 主语问句<who 宾语问句。

在句子理解任务中，两组受试者的三次测量均表现出相似的习得特征。测量时间与四种条件（who 做主语、宾语，what 做主语、宾语）的交互效应不显著。who 主语问句最易习得，其次为 what 宾语、what 主语，who 宾语习得最难。这是 wh-问句结构的习得特征。在句子的产出任务前测中，两组受试者也表现出了 who 主语问句正确句产出平均分最高，而 who 宾语问句正确句产出平均分最低的现象。初三组的 what 主、宾问句产出差异不显著，但是

what 主语条件下受试者产出的主宾对调句多于 what 宾语条件。总体而言，口头产出难度与理解任务一致。

以上结果支持母语和二语 wh-问句习得研究文献中的一些发现。雷德福（Radford，1990）发现，母语儿童在习得 wh-问句的早期阶段也会将 who 宾语问句理解为 who 主语问句。中国初级学习者在习得 who 问句的过程中，也出现了类似现象。本章研究结果也与泰雅克和英格拉姆（Tyack & Ingram，1977）的发现一致，他们的研究发现 3 岁到 3 岁半的儿童对 who 主语问句（准确率为 75%）的理解好于 who 宾语问句（准确率为 52%），但同一批儿童对 what 主语问句（准确率为 22%）的理解又差于 what 宾语问句（准确率为 48%）。二语 wh-问句习得研究所采用的受试者多为高级水平学习者，通过考察他们对 who 问句的习得，有的研究发现二语学习者习得 wh-主语问句比宾语问句更容易，如李金华（Lee，2009）、陈晓湘等（2013）的相关研究；有的研究则得出了相反发现，如沙赫特和伊普（Schachter & Yip，1990）、贾夫斯和哈林顿（Juffs & Harrington，1995）、怀特和贾夫斯（White & Juffs，1998）以及贾夫斯（Juffs，2005）等的研究。但这些研究基本采用了 who 问句作为研究对象，极少数涉及 what 问句的习得状况。本章研究受试者在习得 who 问句和 what 问句中所表现出的习得特征丰富了二语 wh-问句结构习得的研究。

二语初级学习者在加工 wh-问句过程中表出现出了以上特征。输入加工策略可以解释习得特征的部分现象，但并不能完全解释。在第 7 章中，我们将进一步讨论这个问题。PI 可以加快习得进程，消除部分条件下存在的不对称现象，但总体上并未改变习得的自然顺序。中国初级学习者对英语 wh-问句的习得还受到其他哪些因素的影响，我们也将在第 7 章进一步讨论。

6.3.2 PI 对 wh-疑问词移位习得的影响

实验二发现初级学习者在加工二语 wh-问句的过程中表现出了对 who 主语问句和 what 宾语问句的偏好。他们在 wh-疑问词移位习得中采用了疑问词题元角色优先的加工策略，这导致他们在 wh-问句的理解和产出中表现出了困难。经过 SI 练习的干预，受试者在一定程度上改善了疑问词题元角色优先的加工策略，提升了对 wh-问句理解和产出的正确率。具体讨论如下。

6.3.2.1 对疑问词移位结构理解的影响

组内的习得成就数据表明，PI 对两个学习阶段的受试者在理解 wh-问句结构方面具有促进作用。进一步的数据分析表明，PI 主要提升了两组受试者对 who 宾语问句和 what 主语问句的理解正确率。其中初二组在这两个条件中前测与后测、延后测之间的差异达到了显著水平。初三组在 what 做主语条件中，后测、延后测与前测的差异也达到了显著水平。通过 SI 练习的干预，受试者注意到了 who 在句中也可充当受事角色，做宾语，而 what 也可充当施事角色，做主语，因而对 who 宾语问句和 what 主语问句的理解有了显著的提升。尤其在 what 主语问句中，初二组受试者的正确率从前测的 61%提升至后测的 81%，提高了 20 个百分点，接近了后测中 what 宾语问句的水平，主、宾问句习得差异不再显著；初三组的正确率从前测的 74%提升到了后测的 90%。在 who 宾语问句中，初二组的延后测与前测存在显著差异，表明 PI 具有显著促进理解的效果。这种效果并未在干预后立即显现，初级学习者在接受 who 在句中也可做宾语时有一个逐渐内化的过程。这也符合教学干预在一定程度上具有累积效应的观点（Ellis，2008）。此外，在后测与延后测中，尽管差异未达到显著（可能是因为受试者已基本习得 who 主语问句：两组前测中的正确率已高达 90%），两组的 who 主语问句也有所提高。这也符合学习幂定理（The Power Law of Learning）（Ortega，2009），即练习的效果到达一定程度后呈递减趋势，到了最后阶段，改善的程度相当小。而 what 主语问句有显著提高，这可能与干预过程中 what 问句的干预材料采用了有生命的动物相关，干预任务激活了受试者对 what 的再认识，帮助他们在句子的理解中抑制了 wh-疑问词题元角色优先的加工策略，使他们意识到 what 也可以指有生命的物体，可以充当施事，同时，这也可解释后测中两组的 what 问句主、宾差异不再显著。PI 过程有可能促发受试者对疑问句句法结构产生了认知上的变化（Valian & Casey，2003），克服了先前采用的不理想加工策略，提升了受试者对 wh-问句的理解能力。这也符合干预方式可直接影响学习者的认知方式，产生了正向的训练效果的观点（戴炜栋和蔡龙权，2001）。

组间的习得成就数据表明，两组在前测中存在显著差异。通过 PI，初二组受试者在每个条件问句方面向初三水平发展。在延后测中，两组之间的差异不再显著。

6.3.2.2　对疑问词移位结构产出的影响

研究结果表明，在初二和初三输入加工组中，相较于对照组，后测与延后测中 wh-疑问词移位的习得成效有显著提高。PI 显著促进了两组受试者对 wh-问句的正确产出，并且这种促学效果具有至少五周的保持时效。进一步的数据分析表明，PI 主要促进了这两组受试者在 who 做宾语和 what 做主语条件下的正确句的产出。同时，初二组受试者主宾对调句的产出率显著降低，而对照组则没有明显变化。这在一定程度上表明，wh-疑问词移位习得干预所采用的 SI 任务促进了受试者建立 who 和 what 问句句法形式和意义的正确联结。SI 练习具备了关键性任务的特点。如王和伊藤（Wong & Ito，2017）的研究所发现的那样，这些关键性任务可能改变了受试者对目标语结构的加工机制，使他们不再依赖原先采用的疑问词题元角色优先的加工策略去理解和产出问句（引出性口头产出任务须先理解，再产出 wh-问句）。王和伊藤首次采用眼动技术考察 PI 对法语使役结构的加工效应。他们的实验表明，传统组无论在正确率还是注视点上，后测与前测都没有明显差异。而 SI 组无论在正确率还是眼动模式上都与前测有显著不同，正确率为后测显著好于前测；注视点上，SI 组在听到句尾时候，对不相关图片的注视显著减少。更关键的是，他们在听到句子后半部分的冗余信息之前就已经根据句中的使役动词将注视点转移到了相关的图片上。SI 组对相关图片的注视点显著多于传统教学组（干预任务为造句练习）。本实验所采用的 SI 任务与王和伊藤的研究中的任务形式相同。受试者在阅读到 wh-问句后必须从两张图片中选择一张与所读到的句子相匹配的图片，这促使他们不得不抛弃之前根据 wh-疑问词去加工句子的加工偏好。结果无论是在理解任务还是产出任务中，对 wh-问句的习得都有了显著的提升。包括在个别条件中前测正确率已经较高的情况下，例如初三组在 who 做主语条件下前测的正确率已经达到 89%，后测又提高了 5 个百分点，正确率达到 94%，在延后测中的正确率又提升至 95%。

组间习得成就数据表明，总体而言，前测中两组差异不显著，但在个别条件下，初三组表现优于初二组。PI 同时促进了两组在个别条件下的产出正确率，促使初二组受试者的产出水平向初三组水平靠近。

综上所述，PI 优化了二语初级学习者对英语 wh-疑问句结构的加工处理。该干预不仅有效地促进了学习者对英语 wh-疑问句的理解，还促进了产出。这与绝大多数 PI 研究结果（VanPatten & Cadierno，1993；Xu，2001；Benati，2005；Marsden，2006）相一致，同时也支持许建斌（Xu，2001）的研究发现。许建斌的研究以台湾中学生为受试者，同样以英语 wh-问句为切入点，结果也发现 PI 不仅提升了受试者的理解水平，也提升了他们的产出水平。但由于延后测与前测相隔五个月，时间过长，所以延后测中输入加工组与控制组之间无显著差异。他的测量工具同样包含 who 和 what 问句，但遗憾的是他在统计中未将两者作对比。此外，他的研究还存在一个缺陷，即测量工具与干预任务相似程度过高，这影响了实验结果的效度与信度。本章研究的测量工具与干预材料类型不同，更加具体地考察了干预方法对不同学习阶段受试者对不同条件 wh-问句习得的影响。研究结果不仅进一步证实了 PI 的作用，也揭示了初级学习者对 wh-问句的习得过程。

此外，初级学习者在 wh-问句的习得中存在主宾不对称现象。我们发现，通过 PI，可以提升初级学习者对 wh-问句的习得速度，但未能消除 who 和 what 问句习得中存在的主宾不对称现象。

根据以上讨论，本章研究发现，PI 能够有效促进初级学习者对 wh-问句中心语和 wh-疑问词移位的习得，并且具有至少五周的保持效果。通过干预受试者加工 wh-问句的输入方式，受试者更好地建立了 wh-问句的句法结构与其形式的联结。虽然输入加工干预的过程未要求他们进行任何与目标语结构相关的输出操练，但他们的输出能力同样有了显著性提高。本章研究结果支持贝纳蒂（Benati，2001）、贝纳蒂等（Benati et al.，2008b）、卡迭诺（Cadierno，1995）以及法利（Farley，2001a）等的研究发现。此外，根据两个实验的结果，我们还发现 wh-移位特征的习得要比中心语移位特征的习得容易。实验二的受试者在理解任务和产出任务前测中的正确率均高于实验一的受试者，并且经过干预后实验二的受试者提升的幅度也大于实验一组。在实验二的后测和延后测中，初二组在理解任务中的正确率高达 80%以上，初三组正确率接近 90%。这表明他们已经基本掌握了 wh-移位特征。这可能反映了 PI 效果受输入加工策略的调节，学习者在加工 wh-问句中的两种移位时采用了不同的输入加工策略，其被干预的效果也不同。相较于中心语移位习得中所采用的输入加工策略，学习者在疑问词移位习得中所采用的输入加工策略更容易被克服。这一发现也符合皮耶尼曼等（Pienemann et al.，1988）提出的二语问句习得发展顺序，即先习得 wh-移位，后习得 I-to-C 移位（中心语移位）。本章研究的结果同时也支持陈中毅（2017）的研究，他的研究结果表明，中国学习者对中心语移位特征习得难度要高于对 wh-移位特征的习得难度。

基于输入加工的教学干预无须让受试者立即进行与目标语结构相关的任何输出，学习者没有输出压力，这有利于他们集中精力关注输入信息中的目标语法结构。这很可能也是促使学习者更好地习得了句法结构较为复杂的 wh-问句的原因。本章研究虽然未调查受试者对干预材料的具体态度，但通过与任课教师和部分同学进行交流，发现他们对 PI 的干预理念和干预材料持非常认同的态度。这也支持拉塞尔（Russell，2012）的研究发现。拉塞尔的研究考察英语大学生对西班牙语虚拟语气的学习，包含了对 PI 材料态度的问卷调查。结果表明，相较于传统组，输入加工组受试者更加喜欢干预的材料设计。高达 91.89%的受试者认为 PI 的材料新颖且富有洞见（new and insightful），86.49%的受试者认为 PI 的学习材料比他们曾接触过的教材更加有益于学习虚拟语气，70.27%的受试者认为 PI 的材料设计更易于理解。

本书研究表明，PI 不仅在形态句法特征（morpho-syntactic feature）方面有效，而且可以促进受试者对结构相对复杂的 wh-问句句法结构的习得。此外，该干预效果还受到学习阶段（初二、初三学习阶段）和输入加工策略等因素的调节。

第7章

wh-问句结构习得的输入加工机制

本章基于第5章和第6章的研究结果，探讨初级学习者wh-问句中填充语–空位依存关系习得的输入加工机制。第一节首先总结中心语移位实验和wh-疑问词移位实验的主要结果。第二节分析学习者在加工处理wh-问句结构时使用的输入加工策略，其中包括实词优先加工策略、句子定位加工策略、wh-疑问词题元角色优先加工策略和过度概括加工策略。第三节探究wh-问句结构习得的输入加工影响因素，这些因素包括句法结构复杂度、wh-疑问词的生命性、wh-问句的输入频率、输入加工教学干预、母语迁移等。第四节对本章的内容进行总结性讨论。

7.1 wh-问句结构习得实验主要结果

本节梳理第5章和第6章的研究结果，并汇总两个实验的发现。汇总顺序为：中心语移位组内句法特征和wh-疑问词不同语法功能习得三次测量的难度顺序，PI对中心语移位组内句法特征和wh-疑问词不同语法功能习得的影响，中心语移位句法特征和wh-疑问词不同语法功能三次测量组间对比，wh-疑问词移位习得的难度顺序，PI对wh-疑问词移位习得的影响，以及wh-疑问词移位习得三次测量的组间对比。

7.1.1 中心语移位习得

在中心语移位的习得方面，两个学习阶段的受试者在主句和内嵌子句之间的习得存在差异。初二组的习得成就在主句方面优于内嵌子句，而初三组则在内嵌子句方面表现更好。在 wh-疑问词语法功能方面，两组受试者习得 wh-疑问词做主语好于 wh-疑问词做宾语和做状语。初级学习者在加工 wh-问句结构时存在内在的层级，加工难度不同，习得状况也不同（表 7-1）。PI 对不同学习阶段的受试者、不同句法特征和 wh-疑问词不同语法功能的问句中心语移位习得产生了不同的影响。总体而言，PI 有效促进了两个阶段的学习者对不同句法特征和 wh-疑问词不同语法功能的习得。在绝大部分条件下，后测和延后测的表现显著优于前测（表 7-2）。在句子判断任务和口头产出任务中，两个学习阶段的受试者在不同条件的问句习得方面存在差异。PI 促进了初二组的 wh-问句水平向初三组水平方向发展，促进了初二组对内嵌子句 wh-问句的习得，并改善了初三组在主句 wh-问句中出现的返生现象（表 7-3）。

表 7-1　中心语移位组内句法特征和 wh-疑问词语法功能习得三次测量难度顺序

组别	任务类型	条件	前测	后测	延后测
初二	判断	句法特征	主句<内嵌子句	主句=内嵌子句	主句=内嵌子句
		wh-疑问词语法功能	做主语<做宾语、状语	做主语=做宾语=做状语	做主语<做状语
	产出	句法特征	主句=内嵌子句	主句<内嵌子句	主句<内嵌子句
		wh-疑问词语法功能	做主语<做宾语、状语	做主语<做宾语、状语	做主语<做宾语、状语
初三	判断	句法特征	内嵌子句<主句	内嵌子句<主句	内嵌子句<主句
		wh-疑问词语法功能	做主语<做宾语、状语	做主语、宾语<做状语	做主语=做宾语=做状语
	产出	句法特征	内嵌子句<主句	内嵌子句=主句	内嵌子句<主句
		wh-疑问词语法功能	做主语<做宾语、状语	做主语<做宾语、状语	做主语<做宾语、状语

表 7-2　PI 对中心语移位组内句法特征和 wh-疑问词语法功能习得的影响

组别	任务类型	句法特征		wh-疑问词语法功能		
		主句	内嵌子句	做主语	做宾语	做状语
初二	判断	pre=post=dp	pre<post/dp	pre<dp	pre<post/dp	pre=post=dp
	产出	pre<post/dp	pre<post/dp	pre<post/dp	pre<post/dp	pre<post/dp
初三	判断	pre/post<dp	pre<post/dp	pre=post=dp	pre<post/dp	pre<dp
	产出	pre<post/dp	pre/post<dp	pre<post/dp	pre<post/dp	pre=post=dp

注：pre=前测，post=后测，dp=延后测。

表 7-3　中心语移位组间句法特征和 wh-疑问词语法功能三次测量组间对比

任务类型	条件	分条件	前测	后测	延后测
判断	句型	主句	初二>初三	初二=初三	初二=初三
		内嵌子句	初二<初三	初二<初三	初二<初三
	功能	做主语	初二=初三	初二=初三	初二=初三
		做宾语	初二=初三	初二=初三	初二=初三
		做状语	初二=初三	初二=初三	初二<初三
产出	句型	主句	初二<初三	初二=初三	初二=初三
		内嵌子句	初二<初三	初二<初三	初二=初三
	功能	做主语	初二<初三	初二=初三	初二=初三
		做宾语	初二<初三	初二=初三	初二=初三
		做状语	初二<初三	初二=初三	初二=初三

7.1.2　wh-疑问词移位习得

在 wh-疑问词移位习得方面，两组受试者在对相同疑问词的不同语法功能的习得上存在显著差异，同时不同疑问词的相同语法功能习得之间也存在显著差异。总体呈现出的习得难度顺序为：who 做主语<what 做宾语<what 做主语<who 做宾语。PI 对不同阶段学习者、不同 wh-疑问词及其语法功能问句的 wh-疑问词移位习得的影响不同。总体而言，PI 有效促进了两个阶段的学习者对 wh-疑问词移位的习得。在绝大部分条件下，后测与延后测的表现显著好于前测（表 7-4）。具体来说，PI 主要提升了 who 做宾语和 what 做主语条件的习得，但未消除这两个条件分别与其他两个条件即 who 做主语和 what 做宾语之间的差异。后测和延后测中仍表现出 who 做宾语和 what 做主语这两个条件的习得相对较难的现象（表 7-5）。PI 促进了两个阶段受试者对大部分条件下 wh-疑问词移位的习得，促使初二阶段学习者的水平向初三阶段水平靠近。在延后测中，两组之间差异不再显著，两个学习阶段的受试者基本能够正确理解这四种条件的 wh-问句（表 7-6）。

表 7-4　wh-疑问词移位习得难度顺序

组别	任务类型	条件	前测	后测	延后测
初二	理解	同疑问词不同语法功能	who 主<who 宾	who 主<who 宾	who 主<who 宾
			what 宾<what 主	what 宾=what 主	what 宾<what 主
		同语法功能不同疑问词	who 主<what 主	who 主<what 主	who 主<what 主
			what 宾<who 宾	what 宾<who 宾	what 宾<who 宾
	产出	同疑问词不同语法功能	who 主<who 宾	who 主=who 宾	who 主<who 宾
			what 宾=what 主	what 宾=what 主	what 宾=what 主
		同语法功能不同疑问词	who 主<what 主	who 主<what 主	who 主<what 主
			what 宾<who 宾	what 宾=who 宾	what 宾<who 宾
初三	理解	同疑问词不同语法功能	who 主<who 宾	who 主<who 宾	who 主<who 宾
			what 宾<what 主	what 宾=what 主	what 宾=what 主
		同语法功能不同疑问词	who 主<what 主	who 主=what 主	who 主<what 主
			what 宾<who 宾	what 宾<who 宾	what 宾<who 宾
	产出	同疑问词不同语法功能	who 主<who 宾	who 主<who 宾	who 主=who 宾
			what 宾=what 主	what 主<what 宾	what 宾=what 主
		同语法功能不同疑问词	who 主<what 主	who 主=what 主	who 主=what 主
			what 宾<who 宾	what 宾=who 宾	what 宾=who 宾

表 7-5　PI 对 wh-疑问词移位习得的影响

组别	任务类型	who 主语问句	who 宾语问句	what 主语问句	what 宾语问句
初二	理解	pre=post=dp	pre<dp	pre<post/dp	pre=post=dp
	产出	pre<dp	pre<post/dp	pre<post/dp	pre=post=dp
初三	理解	pre=post=dp	pre=post=dp	pre<post/dp	pre<post/dp
	产出	pre<dp	pre<post/dp	pre<post/dp	pre=post=dp

注：pre=前测，post=后测，dp=延后测。

表 7-6　wh-疑问词移位三次测量组间对比

任务类型	条件	前测	后测	延后测
理解	who 主语	初二=初三	初二=初三	初二=初三
	who 宾语	初二<初三	初二<初三	初二=初三
	what 主语	初二<初三	初二=初三	初二=初三
	what 宾语	初二=初三	初二<初三	初二=初三

续表

任务类型	条件	前测	后测	延后测
产出	who 主语	初二<初三	初二=初三	初二=初三
	who 宾语	初二=初三	初二=初三	初二=初三
	what 主语	初二<初三	初二<初三	初二=初三
	what 宾语	初二=初三	初二=初三	初二=初三

7.2 wh-问句结构习得的输入加工策略

本节将基于两个实验的结果，阐述学习者习得 wh-问句结构的输入加工策略，具体包括实词优先加工策略、句子定位加工策略、wh-疑问词题元角色优先加工策略以及过度概括加工策略。

7.2.1 实词优先加工策略

范帕滕（VanPatten，1996，2005，2007）认为，二语学习者在加工目标语输入的过程中存在意义优先原则。据此原则，学习者在加工输入信息时，首先关注获得意义。意义优先原则的其中一个推论是实词优先原则，即学习者在对其他语言成分进行加工之前，首先对输入中的实词进行加工。

实验一中心语移位习得的结果表明，中国初级英语学习者在加工处理英语 wh-问句时采用了实词优先的加工策略，这支持了范帕滕提出的输入加工理论中的实词优先原则。wh-问句的意义主要通过疑问词来表达，助动词对疑问意义没有贡献，没有交际价值，是纯语法形式，是句子合法性的保证。二语初级学习者在加工 wh-问句的过程中，无法找到 do 的意义（或者功能），因此无法将 do 的形式与意义（功能）匹配起来（VanPatten et al.，2004）。此外，他们对反映在 do 上的人称和数更是无暇顾及，在加工处理疑问句的初期只依赖疑问词和其他实词来理解句子的意义，而忽略了助动词 do。具体表现如下。

在句子合法性判断任务的前测中，首先，初二组受试者不能够拒绝有 do

支持的 wh-疑问词做主语的主句问句，把句（1）判断为正确句，平均分仅为 1.97（满分 4 分），正确率不到 50%；同时，他们也不能拒绝无 do 支持的 wh-疑问词做宾语和状语的主句问句，错误地将句（2）这类句子判断为正确句，忽略了助动词 do，平均分仅分别为 2.03 和 1.82；内嵌子句 wh-问句无须助动词支持（即中心语移位），但受试者也不能把有 do 支持的 wh-疑问词做宾语和做状语的内嵌子句 wh-问句，例如句（3），判断为错误，平均分仅为 1.38 和 1.44，正确率低于 36%。其次，初三组同样也不能拒绝无 do 支持条件下的主句 wh-宾语和状语问句，正确率低于 45%。

（1）*Who did visit Bob in the office this morning?

（2）*Who Bob visited in the office this morning?

（3）*I want to know why did they visit Bob in the office this morning.

初级学习者的限时句子合法性判断任务结果表明，他们在中心语移位的习得方面存在困难。在限定时间内，他们还无法顾及并加工处理到助动词 do。在不同句法结构 wh-问句句法结构中，他们不能准确地设置助动词 do 这个参数。

在口头产出任务中，初二组在内嵌子句 wh-问句中，产出了大量倒置的宾语和状语问句（分别为 57%和 58%）。该口头产出任务采用的是引出性产出方法，在产出内嵌子句之前，PPT 上呈现的是一个主句。受试者在接收到主句的输入之后进行转述。根据产出结果，我们发现受试者在转述的过程中还不能够正确转换，将带有 do 支持的主句直接带入内嵌子句，产出了相当数量的如句（3）所示的句子。助动词 do 不影响句子意思的表达。初级学习者因注意资源有限，在有限的时间内为表达意义，无暇顾及内嵌子句 wh-问句的结构，直接采用主句形式完成了转述任务，表达了意义。其次，初三组在 wh-疑问词做宾语的主句问句中，产出了相当数量的如句（2）这一类型的句子。初三组受试者在初三这个学习阶段接触了大量内嵌子句 wh-问句的输入后，反而对主句 wh-问句的加工处理出现了返生现象。口头产出的结果也证明了这一点。受试者在接收 PPT 上的输入信息时，由于加工资源有限，获得任务要求后即刻产出相关问句时，不得不使用那些携带意义的实词或者语块进行输出

（VanPatten，1996），忽略了助动词 do 及 do 所携带的人称和时态特征。二语初级学习者 wh-问句习得所表现出的特征与儿童早期的问句输出特征类似。语言发展早期，儿童只采用实词加音调表达疑问，助动词出现较晚。贝卢吉（Bellugi，1965）分析了 3 名儿童的语言发展语料，将儿童早期的语言发展分为三个阶段，从 18 个月左右开始，每个阶段持续 4—5 个月。研究发现，助动词直到第三阶段才会出现，且多出现在一般疑问句中，而 wh-问句中的助动词出现则更晚。

以上分析表明，在 wh-问句习得的初级阶段，两组受试者在正确联结 wh-问句的句法形式和意义方面存在困难。由于加工资源有限，受试者主要依赖句中实词来理解句子意义。无论是在句子合法性判断任务还是句子产出任务中，都表现出对不同句法特征和不同条件下 wh-问句是否需要 do 支持这一特征的习得困难。

此外，两组受试者均表现出主语 wh-疑问句的习得比宾语和状语 wh-疑问句更容易的现象，且在内嵌子句中，主语 wh-疑问句与宾语和状语 wh-疑问句的差异显著，主语 wh-问句习得最容易。这也说明了受试者对疑问句的加工受实词优先策略的影响。无论在主句还是内嵌子句中，主语 wh-问句都无须 do 支持，因此产出相对容易；而宾语和状语 wh-问句在主句中需要 do 支持，在内嵌子句中则无须 do 支持，因此受试者无法在有限的时间内根据不同的句法特征（主句和内嵌子句）产出正确的句子。结果是，无论在主句还是内嵌子句中，主语 wh-问句的产出正确率都较高，且显著高于宾语和状语 wh-问句。

综上所述，两组受试者在句子合法性判断的任务中，尤其不能正确地拒绝有 do 支持的主句主语 wh-问句、无 do 支持的主句宾语和状语 wh-问句以及有 do 支持的内嵌子句 wh-问句，实词线索优于形态线索，竞争初级学习者有限的注意力资源。受试者无暇顾及助动词 do 及其所携带的人称和时态特征。在口头产出任务中，受试者也表现出了对助动词 do 的忽略，不能在规定时间内根据不同的句法特征准确产出 wh-问句。实词优先的加工策略影响了他们对英语 wh-问句的习得。wh-问句中心语移位是二语初级学习者一个习得的难点。本节研究的发现为范帕滕（VanPatten，1996，2004b，2004c）提出的输入加工原则提供了新的实证支持。

7.2.2　句子定位加工策略

实验一中心语移位习得的结果表明中国初级学习者在加工处理英语 wh-问句，尤其是内嵌子句 wh-问句的过程中也可能采用了句子定位的加工策略。皮耶尼曼（Pienemann，1998）提出的可处理性假设表明，各语言习得中主从句（main and subordinate clause）的习得是相对滞后的。从句句法特征相对主句更为复杂，通常比主句长。本节研究采用的宾语从句中，作为宾语成分的内嵌子句 wh-问句无须进行中心语移位，即无须助动词 do 支持，而有 do 支持的内嵌子句 wh-问句是不合乎语法的，受试者应该拒绝。但因 do 位于句中位置，根据范帕滕的输入加工理论，句首位置的成分通常首先得到加工，其次是句尾位置成分，而句中成分最不易被加工。实验一内嵌子句 wh-问句习得情况表明，初级学习者很可能也采用了句子定位的加工策略。因加工资源有限，内嵌子句相较于主句更复杂，初级学习者牺牲了对句法形式的注意以弥补意义加工的不足，最终未能注意到位于句子中间位置的内嵌子句 wh-问句中的助动词，降低了对有 do 支持的内嵌子句判断的正确率，同时也降低了口头产出句的正确率。句子合法性判断任务的前测数据表明，初二组受试者尤其不能拒绝有 do 支持的内嵌子句 wh-问句，在 wh-疑问词做宾语和状语的内嵌子句中，受试者的正确率仅为 35%左右；初三组也仅有一半的受试者正确地拒绝了有 do 支持的内嵌子句 wh-宾语和状语问句。口头产出数据同样表明了这一现象，初二组受试者将主句形式直接带入内嵌子句，初三组受试者即使意识到内嵌子句无须 do 支持，产出的问句中也存在大量动词时态的错误，他们还不能准确地将时态还原至动词上，产出内嵌子句 wh-问句的正确率较低。

这一发现与拉塞尔（Russell，2012）的研究发现一致。拉塞尔的研究考察英语大学生对西班牙语定语从句中虚拟语气的习得。虚拟语气结构相对复杂，且虚拟特征也处于句中位置，这成为西班牙语二语学习者的习得难点之一。这也与斯凯恩和福斯特（Skehan & Foster，2001）提出的“限制注意广度模型”（Limited Attentional Capacity Model）的观点相符合，即任务的复杂度影响二语学习者对句法形式的加工处理。

7.2.3 wh-疑问词题元角色优先加工策略

实验二的研究结果发现，二语初级学习者在加工处理 wh-问句时，存在 wh-疑问词题元角色优先的加工策略。题元角色指谓词所表达的活动或事件的参与者（论元）在结构中所扮演的角色（戴炜华，2007）。常见的题元角色有施事（Agent/Actor）、受事（Patient）、感受者（Experiencer）、受益者（Beneficiary）、目标（Goal）、来源（Source）和方位（Location）等（温宾利，2002）。根据题元层级（Jackendoff，1972），“who——谁”通常指人，人具有施动力，在生命性层级（Animacy Hierarchy，Becker，2014）中显著性最高，因此充当施事的优先性最强，最易获得施事的题元角色（Hopper & Thompson，1980；刘礼进，2003），投射为句子主语；而“what——什么”通常指无生命体，指物，更易获得述题/受事的题元角色，投射为句子宾语。初级学习者在加工 wh-问句时，表现出了将施事的角色优先分配给指人的 who、将受事的角色优先分配给非指人的 what 的输入加工策略。具体表现如下。

首先，在习得 who 主、宾问句和 what 主、宾问句中存在相反的不对称现象。两个学习阶段的受试者在句子理解任务的前测中，对 who 主语问句理解的正确率显著高于 who 宾语问句，而对 what 宾语问句理解的正确率显著高于 what 主语问句。具体来说，初二组受试者对 who 主语问句的理解正确率接近 90%，但对 who 宾语问句的理解的正确率仅为 53%，比 who 主语问句低了近 40 个百分点。两组受试者对 who 宾语问句的理解正确率在四种条件疑问句中最低，而 who 主语问句的理解正确率在四种条件疑问句中最高。这说明指人的 who 具有充当主语的绝对优势。what 宾语问句的正确率与 who 主语问句的正确率相当，初二组的正确率达 86%，初三组高达 88%，这说明 what 具有充当宾语的绝对优势。综上所述，两个学习阶段的受试者在句子的理解任务中，对 who 主、宾问句和 what 主、宾问句的习得表现出了截然相反的不对称现象。与句子理解任务类似，两组受试者在口头产出任务中也出现了同样的不对称的现象。明确地说，初二组在习得 who 问句时表现出主语问句显著优于宾语问句（p=0.002）；在习得 what 问句时，尽管差异未达显著（p=0.224），但宾语问句的平均得分高于主语问句。他们产出的主语和宾语对调句情况是，在

who 做主语的条件下，此类问句的产出数量显著少于 who 做宾语条件下的相应数量（p=0.002），即受试者很少将 who 主语问句产出为 who 宾语问句，更多的是将 who 宾语问句产出为 who 主语问句；而 what 问句中的情况与 who 问句正好相反，what 做主语条件下的主宾对调问句产出数量显著多于 what 做宾语条件下的相应数量（p<0.001）。初三组在习得 who 问句时主语问句显著优于宾语问句（p<0.001），表现出主宾不对称现象；他们产出的主宾对调句情况为，在 who 做主语的条件下，此类问句的产出数量显著少于 who 做宾语条件下的相应数量（p=0.018），即受试者很少将 who 主语问句产出为 who 宾语问句，更多的是将 who 宾语问句产出为 who 主语问句。也就是说，学习者总是倾向于使用 who 主语问句和 what 宾语问句，他们的 wh-问句习得因 wh-疑问词的不同而表现出了主宾不对称的现象。

其次，在习得相同语法功能的 wh-疑问词的问句中，受试者对 who 和 what 问句的习得之间存在显著差异，这进一步表明他们在加工疑问句的过程中采用了 wh-疑问词题元角色优先的策略。who 主语问句与 what 主语问句、who 宾语问句与 what 宾语问句具有相同的句法结构，因此受试者对它们加工处理的难度应该相当。但在句子理解任务前测中，两组受试者在 wh-疑问词做主语方面，均表现出了对 who 问句的习得成效显著优于 what 问句的现象；在 wh-疑问词做宾语时，他们又均表现出了对 what 问句的习得显著优于 who 问句的现象。与句子理解任务类似，在口头产出任务中，初二组在 wh-疑问词做主语方面对 who 问句的习得显著好于对 what 问句的习得（p=0.005），当 wh-疑问词做宾语时他们对 what 问句的习得显著优于对 who 问句的习得（p=0.014）；初三组在 wh-疑问词做主语方面对 who 问句的习得显著优于对 what 问句的习得（p=0.020），当 wh-疑问词在句中做宾语时他们对 what 问句的习得显著优于对 who 问句的习得（p=0.006）。初级学习者对 wh-问句的理解存在这样的倾向：who 问句应为主语问句，而 what 问句则应为宾语问句。受试者对 wh-疑问句的加工处理受到 wh-疑问词语义的影响。初级学习者在加工 wh-问句中存在 wh-疑问词题元角色优先的加工策略。

受疑问词题元角色的影响，中国初级英语学习者对 wh-问句的加工存在不对称现象，不对称特征因 wh-疑问词的不同而呈现差异。他们在加工 wh-问句时采用了疑问词语义优先的加工策略，从而导致了相反的主宾加工不对称现象。这种表现与沙赫特和伊普（Schachter & Yip，1990）以及贾夫斯（Juffs，2005）等的研究结果不同。他们发现高水平二语学习者对 wh-宾语问句的加工比主语问句容易，这主要归因于大脑在句子加工过程中采用从左到右的序列加工方式，学习者在长距离 wh-问句的加工中，对疑问词移位后留下的宾语语迹的重新分析（reanalysis）更加容易，无须回溯（backtracking），没有产生“花园路径”效应（garden-path effect，即暂时的局部歧义句的重新分析）。但本节研究中，受试者对 who 主语问句的加工显著易于 who 宾语问句，这与李金华（Lee，2009）和陈晓湘等（2013）的研究发现一致，但不对称加工的归因却不同于他们的分析。李金华和陈晓湘等认为，who 主语问句加工容易是因为主语问句中疑问词与其语迹之间的距离更近，支持距离依存理论（Gibson，2000），即句首 wh-疑问词与其语迹之间的距离影响习得难度。本节研究中，初级学习者对 who 和 what 问句的不同加工特征表明，他们的 wh-问句加工与疑问词语义紧密相关（潘娟，2022）。

wh-疑问词题元角色优先加工策略解释了学习者对 who 主语问句和 what 宾语问句的习得好于对 who 宾语和 what 主语问句的习得的现象，但是根据研究结果，初级学习者对 wh-问句的习得存在这样的顺序：who 做主语<what 做宾语<what 做主语<who 做宾语。为什么对 who 主语问句的习得易于 what 宾语问句、对 what 主语问句的习得易于 who 宾语问句呢？这很可能是因为初级学习者还存在范帕滕所提出的“第一个名词原则”的加工策略，即二语学习者倾向于将句中的第一个名词或者代词当作句子的主语，因此 wh-主语问句比宾语问句更易加工。初级学习者对 wh-问句的加工以 wh-疑问词题元角色优先策略为主导，同时受到“第一个名词原则”的影响。

雷德福（Radford，2009a）指出，与词汇不同，句子不是从记忆库中直接提取的，句子的结构是根据句法规则生成的，因而对句子的加工理解包含对句子各个成分的加工和句法表征的建立，是进行句法分析以建立句法结构与意义之间联结的过程。加工的过程是倾向于意义优先还是形式优先？本实验研究发现，二语初级学习者在加工处理 wh-问句中是意义优先，即 wh-疑问词语义优先。和母语儿童相似（Ervin-Tripp，1970），因受制于有限的加工资源，初级学习者未能进行句法分析，借助词序线索加工理解句子（即注意到 wh-疑问词是从主语还是宾语位置移出），而是依赖句首的 wh-疑问词，把有生命通常指人的 who 直接当作主语，把无生命通常非指人的 what 当作宾语，采用了疑问词题元角色优先的策略加工处理了 wh-问句。这一发现为范帕滕的输入加工理论中提出的意义优先原则提供了新的实证支持，不支持韩赵红和孙亚云（Han & Sun，2007）的研究结果，他们的研究认为，二语初学者在加工目标语视觉输入时倾向于形式优先而非意义优先，发现形义并行加工组略好于串行加工组。然而值得注意的是，他们的研究受试者是首次接触目标语的成人（平均年龄 27 岁），这与本节研究有所不同。

初级学习者在处理 wh-问句时，表现出了优先考虑 wh-疑问词的题元角色的加工策略。这是范帕滕（VanPatten，1996）提出的输入加工原则中的意义优先原则在疑问句的输入加工中的具体体现。本节研究结果进一步加强了输入加工理论中的意义优先原则的阐释力。

7.2.4　过度概括加工策略

对比两个学习阶段受试者主句和内嵌子句的习得，我们发现初二组主句的习得成就高于内嵌子句，而初三组则正好相反。这说明句法结构复杂度并不完全代表习得难度，初级学习者的 wh-问句习得还受到其他因素的影响，比如过度概括学习策略。仔细观察发现，初二组受试者将主句宾语和状语 wh-问句需要中心语移位的特征过度概括到了内嵌子句当中，而初三组受试者将内嵌子句无须中心语移位的特征反向概括到了主句当中，出现了返生现象。

在句子合法性判断任务中，初二组不能拒绝内嵌有 do 支持的宾语和状语疑问句，判断正确率低于 36%（平均分分别为 1.38 分和 1.44 分，满分 4 分），而在主句中，接受有 do 支持的宾语和状语问句的正确率高达 82%（平均分分别为 3.32 分和 3.26 分）。口头产出任务中，内嵌宾语问句倒置错误（平均分 2.28 分）和状语问句倒置错误（平均分 2.32 分）显著高于主句宾语问句倒置错误（平均分 0.68 分）和状语问句倒置错误（平均分 0.44 分）。初二组已学主句疑问句，尚未系统学习内嵌子句疑问句，虽然教材和校本练习中已经出现像句（6）这样的正面输入，但是数量不多，所以在判断句（5）时，他们会依据主句疑问句（4），将主句疑问句句法特征过度概括到内嵌问句（5）中。

（4）How do they clean the blackboard?

（5）*Can you tell me how do they clean the blackboard?

（6）Can you tell me how they clean the blackboard?

（7）*How they clean the blackboard?

与初二组正好相反，初三组内嵌宾语和状语疑问句习得好于主句，对正确句（即无 do 支持）的判断正确率高达 67%和 73%，对有 do 支持句的判断正确率达 56%和 52%。然而，他们在主句中却不能拒绝无 do 支持的宾语和状语问句，平均分分别只有 1.75 分和 1.50 分，判断正确率显著低于同等条件下的初二组，出现返生现象。这表明初三组受试者对主句宾语和状语疑问句需要 do 支持的知识掌握还不够牢固，在教科书开始系统介绍内嵌子句句法特征时，初三组接触了大量内嵌子句疑问句的正面输入，加上老师在总结语法项目时，一般会反复强调内嵌子句疑问句无须主语与助动词的倒置，也无须 do 支持，导致他们将内嵌子句疑问句的特征反向过度概括到了主句疑问句中，将句（7）判断为正确句。

这种过度概括现象在测量时间上也有明显的体现。在接受干预后，初二组的后测中，主句宾语和状语问句无 do 支持条件的判断正确率相较于前测有显著下降。这是随着他们在内嵌子句中对有 do 支持条件的内嵌子句的拒绝正确率的提高而产生的。也就是说，初二组受试者在习得内嵌子句无须中心语移位的过程中，将该特征过度概括到了主句中，认为主句的宾语和状语问句也无须 do 支持。在延后测中，这种过度概括现象得到了一定程度的改善。

由此可见，二语初级学习者在习得主句和内嵌宾语和状语 wh-问句时相互影响，且在输入加工过程中还采用了过度概括的学习策略（Ellis，1985）。

7.3 wh-问句结构习得的输入加工影响因素

影响 wh-问句结构习得的输入加工的因素比较复杂，主要包括句法结构复杂度、wh-疑问词的生命性、wh-问句的输入频率、输入加工教学干预和母语迁移等。

7.3.1 句法结构复杂度

从句法角度来看，目标语句法结构的复杂度可能是影响二语习得表现的最重要因素之一。根据研究结果，我们发现 wh-问句句法结构的复杂程度对初级学习者的 wh-问句结构的输入加工和习得产生了影响。

根据复杂性派生理论，句法移位操作越复杂，句子的加工处理难度就越大（Radford et al.，2009）。wh-问句中心语移位的数据结果表明，无论是初二组还是初三组的受试者，在句子合法性判断前测数据和口头产出三次测量数据中，wh-疑问词做主语显著优于 wh-疑问词做宾语和状语。这是英语 wh-问句的句法移位特征所致。根据生成语法，主语疑问句（8）生成只需一次移位，主语 what 通过和 T 建立一致关系，把第三人称单数句法特征复制到 T 上，同时从 T 上复制了现在时特征。C 吸引它从 T-spec 移位至 C-spec，同时满足了 C 的 TNS 和 EF 两个特征。而在主句宾语和状语疑问句（9）和（10）中，表层结构词序分别是由深层结构 he TNS see what 和 they TNS clean the blackboard how 经过两次移位生成的，即 what 和 how 移位至句首的 C-spec，中心语 T 移位至中心语 C 的位置，具体实现为 do 支持。主语疑问句和宾语、状语疑问句推导机制不同导致加工难度不同。主句宾、状语疑问句推导比主语疑问句更复杂，不仅需要 wh-疑问词移位，而且需要中心语移位，因此，主语疑问句（推导步骤少）比宾语和状语疑问句（推导步骤多）更容易习得。

（8）What gives you energy?

（9）What did he see?

（10）How do they clean the blackboard?

在内嵌子句中，虽然主语、宾语和状语疑问句都只进行了 wh-疑问词移位，而没有中心语移位，但是由于受试者在英语学习的过程中先接触到了主句的输入，而后才接触到内嵌子句的输入，在习得内嵌子句的初级阶段，他们还不能准确地重新设置中心语移位这个参数，因此对内嵌子句中的宾语和状语问句仍然进行了中心语的移位，导致其表现平均分低于主语问句，表现出了宾语和状语 wh-内嵌子句的习得困难。

那么，既然宾语和状语问句的推导过程相同，为什么宾语和状语问句的习得成就之间也存在差异呢？在 5.2.1 节中心语移位习得研究中，句子合法性判断任务表明，两个学习阶段的受试者在三次测量当中，对 wh-宾语问句的习得成就要高于状语问句。初二组的 wh-主语和宾语问句在后测和延后测中有显著提升，但 wh-状语问句却没有显著变化，这很可能也与移位复杂度相关。

英语中存在很多时间或地点状语在句首的句子，例如句（11）。二语学习者在主句状语疑问句（10）中不进行主语-助动词倒置还有另外一种可能。他们和母语儿童习得疑问句一样，认为状语疑问句中 wh-疑问词不是移位至句首的，而是直接嫁接到 IP 上（Stromswold，1990），句（11）的疑问句推导式如（12），这种推导过程比句（10）容易，也没有违反生成语法中论元准则原则和语迹原则（Chomsky，1981，1986）。具体来说，when 是附加语，不是论元，因而可以嫁接到 IP 上，生成更大的 IP；也没有违反语迹原则，即语迹需题元或先行语管辖，when 是直接嫁接到 IP 上的，没有移位，因而没有语迹。因此，受试者在加工宾语和状语问句的过程中，对状语问句的加工可能更多采用了句（12），因而在句子合法性判断任务中的平均分低于宾语问句（潘娟和吴明军，2019）。具体表现为，初二组受试者在句子合法性判断中更容易拒绝无 do 支持的主句宾语问句，更难拒绝无 do 支持的主句状语问句，更易接受无 do 支持的内嵌状语问句。同初二组，初三组受试者也是更难拒绝无 do 支持的主句状语问句，平均分低于同条件下的宾语问句，更易接受无 do 支持的内嵌状语问句，三次测量中的平均分都高于同等条件下的宾语问句。

（11）Yesterday I bought a book.

（12）[$_{IP}$ When [$_{IP}$ you bought the book]]

此外，与主句相比，内嵌子句的句法结构更加复杂，为什么前测中初二组受试者在主句中的表现好于内嵌子句，而初三组受试者在内嵌子句中的习得成就高于在主句中的习得成就呢？这很可能是与不同阶段的学习者所采用的过度概括学习策略相关，具体情况已在 7.2.4 节中进行了分析和讨论。

7.3.2　wh-疑问词的生命性

初级学习者在加工 wh-论元疑问词时，表现出优先加工 wh-疑问词题元角色的加工策略，这一加工策略的使用可能和 wh-疑问词的生命性有关。

生命性被视为与语言结构有关的语言外（extra-linguistic）特征［Comrie，1989，转引自刘礼进（2003）］。生命性影响着不同类型语言中的许多语法现象，影响一些语言结构和词汇的习得（Demuth et al.，2005；张京鱼等，2004）。刘礼进（2003）发现，在英语和汉语中，指人的 NP 比非指人的 NP 更容易充当及物句和不及物句的主语。李金满和王同顺（2007）发现生命性影响中国学习者对英语关系从句的习得。在关系从句中，有生命先行语引导的主语关系从句非常强势。但当先行语为无生命名词，而从句内名词有生命时，宾语关系从句的使用就超过了主语关系从句，生命性抵消了可及性的影响力。

本书研究发现，wh-疑问词的生命性也影响初级学习者对 wh-问句的习得。“who——谁”通常指人，人具有施动力，在生命性层级中显著性最高，因此充当施事的优先性最强，最易获得施事的角色（Hopper & Tompson，1980），实现句法论元时最易投射为句子的主语（刘礼进，2003）；“what——什么”通常指无生命体，指物，则更易获得述题的角色，实现句法论元时更易投射为句子的宾语。从语义上来讲，“who——谁”通常指有生命体，做主语是无标记用法，也就是说做主语“更基本、更自然、更常见”，做宾语是有标记用法，也就是说 who 做宾语“比较特殊，比较罕见”；“what——什么”通常指无生命体，做宾语是无标记用法，做主语是有标记用法（王宗炎，1988）。对语言发展来说，有标记[①]的形式总是给学习者带来更多的困难（Ortega，2009）。因此，学习者在 who 主语问句和 what 宾语问句中的习得成就应当好于 who 宾语问句和 what 主语问句。本实验二的结果证实了这一预测，有生命的 who 具有充当主语的绝对优势，而 what 具有充当宾语的绝对优势。首先，在相同 wh-疑问词不同语法功能方面，两个学习阶段的受试者在三次测量中，绝大部分条件下表现出了 who 主语问句显著好于 who 宾语问句、what 宾语问句好于 what 主语问句的现象，尽管在有些条件下差异未达到显著。其次，在习得相同语法功能 wh-疑问词问句中，who 和 what 问句之间存在显著差异，who 主语问句显著好于 what 主语问句，what 宾语问句显著好于 who 宾语问句。who 主语问句与 what 主语问句、who 宾语问句与 what 宾语问句具有相同的句法结构，加工处理的难度应该相当，为什么会出现这些差异？题元管辖或者先行语管辖或者距离依存理论均不能对此现象做出合理的解释。与母语儿童相类似，二语学习者在加工处理英语 wh-问句句法的过程中受到词汇生命性的影响（Ervin-Tripp，1970）。

本节研究结果表明，中国初级学习者在阅读 wh-问句时，在句法分析的过程中，倾向于依赖句首的 wh-疑问词去理解问句，而疑问词的生命性影响学习者对问句的加工效率。who 问句通常会被加工成主语问句，而 what 问句则通常被加工成宾语问句。该研究结果也进一步印证了输入加工理论：二语水平越低的学习者，大脑释放出的认知加工资源越有限，在加工输入的过程中无法整合词汇、语义及句法结构等层面的信息，只能优先加工句首成分，依赖词汇语义信息理解输入（VanPatten，1996）。

7.3.3 wh-问句的输入频率

目标语输入的频率也是影响语言加工和习得的一个重要因素。瓦利安和凯西（Valian & Casey，2003）等的研究发现，输入频率影响母语儿童疑问句的产出。wh-问句的输入频率是否影响初级学习者对 wh-问句的输入加工，从

---

① 标记性指的是一个范畴内部的不对称现象。标记理论（markedness theory）详见 Ellis（2008）。

而影响习得结果？我们统计了他们所接触的教科书和校本作业中的 wh-问句输入情况，以考察输入的频率是否与习得成就相关。

本节研究的受试者来自江苏省一所普通中学，我们在实验前对受试者做了背景调查，调查以问卷形式进行，包括受试者的年龄、学习英语的时间、在课外对所研究的语言项目的接触量与接触时间等。背景调查结果表明，这些受试者除了课堂英语学习和完成相应的英语家庭作业外，很少观看英语电视节目、阅读英语书籍以及与英语国家人士交流。因此，他们除了从教科书、校本作业等练习中接触 wh-问句外，基本无其他途径接受 wh-问句的输入。实验进行时，初二组受试者处在学习 8A（八年级上册课本）阶段，初三受试者处在学习 9A（九年级上册课本）阶段。罗兰和派因（Rowland & Pine，2000）的研究认为，每一种 wh-疑问词+助动词的组合都应当作为一个独立的频率个体（a separate frequency count unit），所以，我们在统计的过程中也作了详细归类，并且参考李金华（Lee，2009）的研究，去除了与本节研究相关性不大的程式语（formulaic expression），如“What do you think (of) …?”“How do you do?”等。主句主语问句为[wh-+实意动词+NP?]，主句宾语和状语问句为[wh-+do/does/did+NP+VP+…?]，内嵌子句为[主句+wh-+实意动词+NP]和[主句+wh-+NP+实意动词]。中心语移位相关输入在各阶段教学材料中的分布频率见表 7-7。

表 7-7　主句和内嵌子句 wh-问句在初中各阶段教学材料中的出现频率统计（单位：次）

教学材料	主句 wh-问句			内嵌子句 wh-问句		
	wh-疑问词做主语	wh-疑问词做宾语	wh-疑问词做状语	wh-疑问词做主语	wh-疑问词做宾语	wh-疑问词做状语
7A	1	20	12	0	0	0
7A 校本	20	57	37	0	2	2
7B	2	12	10	0	0	0
7B 校本	24	48	42	4	19	5
8A	0	9	5	0	2	0
8A 校本	31	42	41	2	24	6
合计（7A—8A）	78	188	147	6	47	13

续表

教学材料	主句 wh-问句			内嵌子句 wh-问句		
	wh-疑问词做主语	wh-疑问词做宾语	wh-疑问词做状语	wh-疑问词做主语	wh-疑问词做宾语	wh-疑问词做状语
8B	1	15	14	11	6	2
8B 校本	23	31	23	4	20	19
9A	2	5	19	4	10	7
9A 校本	23	21	37	3	30	25
合计（7A—9A）	127	260	240	28	113	66
9B	0	6	3	0	0	1
9B 校本	9	2	1	3	9	4
总合计	136	268	244	31	122	71

注：教材课本为《牛津初中英语》（王守仁和何锋，2013），校本为该学校根据课本编制的英语校本作业。

表 7-7 表明，两个阶段受试者所接受的 wh-问句的输入中，句法特征方面，主句 wh-问句的输入频率显著高于内嵌子句 wh-问句（初二阶段：$\chi^2=15.074$，$p=0.001$；初三阶段：$\chi^2=11.516$，$p=0.003$），这可解释为什么初二组主句 wh-问句的习得成就好于内嵌子句 wh-问句。wh-不同语法功能方面，做宾语的输入最为频繁，其次为做状语，做主语的输入最少，卡方检验结果表明，初二组所接触的不同语法功能的输入频率存在显著差异（主句：$\chi^2=44.896$，$p<0.001$；内嵌子句：$\chi^2=43.727$，$p<0.001$），初三组所接触的不同语法功能的输入频率也存在显著差异（主句：$\chi^2=49.215$，$p<0.001$；内嵌子句：$\chi^2=52.551$，$p<0.001$）。wh-疑问词不同语法功能的输入频次与受试者的习得特征并不完全吻合，他们在习得主语问句中的成就最高，可在输入中，wh-疑问词做主语的频率最低。组间，初三组所接受的不同句法特征和 wh-疑问词不同语法功能的频率显著高于初二组（$\chi^2=28.770$，$p<0.001$），进一步卡方检验的结果表明，两组在主句中的输入差异不显著（$\chi^2=1.668$，$p=0.434$），在内嵌子句中的输入量差异呈边缘显著（$\chi^2=5.719$，$p=0.057$）。这可以解释为什么初三组受试者的内嵌子句习得好于初二组受试者。

wh-疑问词移位相关输入在各阶段教学材料中的分布频率见表 7-8。

表 7-8　who/what 论元问句在初中各阶段教学材料中的出现频率统计（单位：次）

教学材料	who 主语问句	who 宾语问句	what 主语问句	what 宾语问句
7A	1	2	0	18
7A 校本	18	0	2	57
7B	0	0	2	12
7B 校本	22	2	2	46
8A	0	0	0	9
8A 校本	25	2	6	40
合计（7A—8A）	66	6	12	182
8B	1	2	0	13
8B 校本	14	2	9	29
9A	0	0	2	4
9A 校本	10	2	13	19
合计（7A—9A）	91	12	36	247
9B	0	0	0	6
9B 校本	7	0	2	2
总合计	98	12	38	255

表 7-8 表明，两个阶段受试者所接触的输入材料中，what 宾语问句的频率最高，其次为 who 主语问句，再次为 what 主语问句，who 宾语问句的输入量最少（what 宾语问句>who 主语问句>what 主语问句>who 宾语问句）。不同阶段四种条件的输入频率之间的差异显著（初二阶段：$p<0.001$；初三阶段：$p<0.001$）。组间，整体上两组所接触的四种条件问句的输入差异不显著（$\chi^2=5.945$，$p=0.114$）。根据受试者对 wh-疑问词移位的习得特征，两组受试者对 who 主语的习得最好，其次为 what 宾语问句，再次为 what 主语问句，who 宾语问句最难习得。输入频率与习得特征并不完全吻合。

综上所述，教学材料中的 wh-问句输入频率与受试者在习得中心语移位和 wh-疑问词移位方面所表现出的习得特征并不完全一致。这表明输入频率只是影响学习者对 wh-问句习得成就的部分因素。该结果支持何洪霞等（2019）在韩语母语者习得汉语 wh-疑问词“谁”方面的研究。

7.3.4 输入加工教学干预

本书结果表明 PI 影响 wh-问句习得的输入加工。帮助二语学习者建立并加强目标语形式和意义的联结是 PI 的主要目标。摩根-肖特和鲍登（Morgan-Short & Bowden，2006）认为无论是输入教学还是输出教学干预形式，其有效性主要在于是否能够帮助受试者建立并加强语言形式与意义的正确联结，而形式-意义联结的建立又受诸多因素影响。

wh-问句中心语移位中，助动词 do 对问句意义的贡献不大，是句子合法性的保证，助动词原型 do 本身也不携带任何语义信息，因而在输入加工的过程中很容易被忽略，尤其对处于初级阶段的二语学习者来说，他们的句法加工器还不能将 do 投射成一个 IP，也就是说初级学习者还不能将限定屈折的意义和 do 这个形式进行正确联结，不能准确加工处理 wh-问句的句法结构。前测的数据表明，无论是在判断任务还是口头产出任务中，受试者对 wh-问句句法形式的习得偏离了目标语的正确形式。输入加工教学能否有效干预助动词 do 的习得，帮助受试者建立 do 与其意义/功能的联结呢？范帕滕（VanPatten，1996）认为这是可以实现的，因为 do 常携带数和时态等特征，这些特征是有意义的。他认为在设计 SI 练习时，可通过 do 所携带的数和时态这些特征让学习者注意到 do 这个功能词的形式，建立 do 的形式与其功能及意义的联系，而后进入下一步的加工并被调适进二语学习者的发展系统。本节研究干预首先通过向受试者讲解 wh-问句的构成方式，让受试者了解到助动词形式在 wh-问句中的角色，接下来的策略提醒，让受试者进一步加强了对问句结构的注意，SI 各项练习又凸显了助动词，促使受试者在获得问句意义的过程中准确加工处理了不同结构的问句形式。干预任务均以意义为主，但兼顾了形式。干预过程中，受试者或者建立了新的 wh-问句句法形式和意义的联结，或者巩固了原先已建立却并不牢固的联结，或者更正了之前建立的却并不准确的联结，在后测和延后测中，两个学习阶段受试者的问句句法形式背离目标语的情况均有显著改善，句子合法性判断任务和口头产出任务的平均分有了显著提高。wh-问句中心语移位特征较为复杂，在不同句法特征和 wh-疑问词不同语法功能条件下各不相同，因此建立其形式与意义的正确联结是一个循环往复的非线性过程。初三组受试者在初二阶段就已接受主句 wh-问句的输入，建立起了初步的联结，但随着内嵌子句 wh-问句这个新输入频率的增加，他们原先建立起来但并不牢固的联结又受到了影响，因而出现了返生现象。经过干预，又有显著回升。这说明，输入加工干预能够有效促进初级水平学习者建立并强化 wh-问句形式与意义的正确联结。

在 wh-疑问词移位特征方面，尽管汉语 wh-问句中的疑问词留在原位，但口头产出前测数据表明，受试者均能将 wh-疑问词移位至句首，然而这并不表明他们已习得英语 wh-疑问词移位这一特征。或因受制于有限的加工资源，初级学习者的句法加工器直接根据句首的 wh-疑问词分配施事、述题/受事角色，导致他们在理解任务中不能正确理解问句意义，将句法形式与意义进行了错误匹配。但通过 SI 练习的干预，受试者注意到 who 并非总是施事，做主语，而 what 也并非总是受事，做宾语，他们重新建立了论元问句的形式和意义的正确联结。后测、延后测中两组受试者无论在理解任务还是产出任务上的表现都有了显著提高。

范帕滕（VanPatten，2004a）还认为学习者建立形式-意义联结的过程并非总是有意识的。即使在 EI 学习中注意到了语法规则，学习者也未必能够在输入加工的过程中建立起形式-意义的正确联结。只有通过加工处理语言的形式去获得意义才能在完成任务的过程中促进对形式的习得。本节研究中句子合法性判断任务后的问卷调查数据表明，尽管两个学习阶段的大部分受试者汇报他们并未采用相关规则，但在后测、延后测中的表现同样有所提升，这或许说明实验所采用的 SI 练习具备关键性性质，证明了罗斯基和布莱·沃洛曼（Loschky & Bley-Vroman，1993）的观点，即关键性任务是真正激发学习者在习得特定语言结构的过程中将形式和意义进行正确联结的重要因素。

形式-意义联结需要一个过程，初级学习者对 wh-问句习得所表现出的特征也表明这是一个循环往复的过程。范帕滕（VanPatten，1996）还提出对于与意义联系不紧密的形式，PI 也可对其进行干预，但是 SI 练习需精心地设计，并且促学的效果也有待进一步的实证研究。而本节研究的中心语移位实验在一定程度上为此类研究提供了参考，同时也为干预的效果提供了新证据。

二语习得中形式-意义联结的习得是一个复杂的过程，初级学习者 wh-问句句法形式-意义联结的建立和巩固受到多种因素的影响。

7.3.5 母语迁移

母语迁移对二语习得有着不可避免的影响。母语迁移可能也是影响 wh-问句习得的输入加工因素之一。

在汉语中，所有疑问句都采用疑问词留在原位的形式，无须进行 wh-疑问词移位，这是汉语问句的标准形式（Hu，2019）①。此外，汉语中也不需要进行中心语移位或 do 支持。相比之下，在英语中，主句、宾语和状语的 wh-问句需要进行 wh-疑问词移位和中心语移位或 do 支持，而主句主语疑问句和内嵌子句疑问句只需要进行 wh-疑问词移位，且在汉语中有完全对应的句式，如句（13）和句（14）、句（15）和句（16）。

（13）Who kissed Bob?

（14）谁吻了鲍勃？

（15）Do you know who kissed Bob?

（16）你知道谁吻了鲍勃吗？

在中心语移位习得实验中，两个学习阶段的受试者都表现出了 wh-主语问句习得最好，显著好于宾语和状语问句的现象。在句子合法性判断任务前测中，初二组对无 do 支持主句问句的接受率高达 82%（平均分 3.26 分，满分 4 分），初三组对无 do 支持内嵌子句的接受率高达 77%（平均分 3.06 分）；在口头产出任务中，初二组产出的主句内嵌子句正确率高达 52%（平均分 2.08 分），显著好于宾语内嵌子句（平均分为 0）和状语内嵌子句（平均分 0.04 分）。初三组产出的主句内嵌子句正确率高达 59%（平均分 2.37 分），显著好于宾语内嵌子句（平均分 1.47 分）和状语内嵌子句（平均分 1.43 分）。受试者在主语问句中的习得显著好于宾语和状语问句，这很可能是迁移了汉语 wh-问

① 汉语的“为什么”似乎有点特殊，可在句首，也可在句中。例如：i. 为什么他昨天没来？ii. 他为什么昨天没来？iii. 他昨天为什么没来？

句无须移位的特征。这些结果支持何洪霞等（2019）的研究，他们发现韩语母语者在汉语 wh-疑问词“谁”三种用法（谁——疑问、谁——全指、谁——虚指）的习得中，“谁——疑问”的习得成就最高，可能是因为在韩语和汉语这两种语言中，“谁——疑问”的句法限制最为相似。

综上所述，母语迁移也是问句输入加工的影响因素之一，能部分解释初级学习者对英语 wh-问句的习得情况。

7.4　讨　　论

二语初级学习者在加工处理英语 wh-问句时，采用了实词优先、句子定位、wh-疑问词题元角色优先和过度概括的加工策略。这些策略的使用可能受到多种因素的影响，这些因素包括句法结构复杂度、wh-疑问词的生命性、wh-问句的输入频率、输入加工教学干预以及母语迁移等。这些加工策略以及影响因素让初级学习者在习得 wh-问句的过程中表现出了一定的难度顺序，即 wh-主语问句习得最容易，其次为 wh-宾语问句和状语问句。同时，在习得 who 和 what 论元问句的过程中，初级学习者还表现出 who 主语问句最易习得的现象，其次分别为 what 宾语问句、what 主语问句和 who 宾语问句。初级学习者习得 wh-问句有着相对固定的顺序，但不同学习阶段的受试者对 wh-问句的习得也表现出特定阶段的独特特征。初级学习者的 wh-问句习得的输入加工表现出渐进性和非线性发展两种机制。

第 8 章

结论与启示

本章总结本书的主要发现、创新之处以及研究的启示，并指出研究的不足之处和对未来研究的展望。

8.1 研究结论

本书以英语 wh-问句中的填充语-空位依存关系为研究对象，以中国初二和初三两个学习阶段的初级学习者为受试者，考察了 PI 对 wh-问句结构习得的影响，具体研究了对 wh-问句中涉及的两个移位，即中心语移位和 wh-疑问词移位的习得影响。研究发现如下。

第一，二语初级学习者在加工处理英语 wh-问句结构的过程中表现出了实词优先、句子定位和 wh-疑问词题元角色优先的输入加工策略。受试者在 wh-问句中心语移位习得中存在先加工句中实词以获得句子意义，而忽略助动词 do，不能准确设置助动词 do 这个参数的现象。在 wh-疑问词移位习得中，初级学习者使用 wh-疑问词优先加工的策略。受制于有限的加工资源，他们未能进行语法分析，借助词序线索加工理解句子（注意到 wh-疑问词在句中承担主语或宾语角色），而是依赖句首的 wh-疑问词，认为有生命指人的 who 就是施事，做主语，而无生命非指人的 what 就是受事，做宾语，采用了 wh-疑问词题元角色优先的策略加工处理了 wh-问句。

第二，PI 能够有效促进初级学习者对中心语移位习得的理解和产出，并具有长时效应。本书研究发现，致力于改变学习者在语言理解中使用不当认知加工策略的 PI，改善了初级学习者对 wh-问句中心语移位的习得。两个学习阶段的实验组在句子合法性判断和句子的口头产出方面，在后测与延后测中的表现均显著优于前测，实验组的表现也显著优于对照组。这说明，PI 在一定程度上帮助受试者克服了先前存在的自发的、内在的加工偏好，注意到了 wh-问句中的助动词形式，优化了他们对 wh-问句句法形式的加工。具体到不同句法特征（主句、内嵌子句）、wh-疑问词不同语法功能等条件方面，PI 有效促进了两组受试者在绝大部分条件下习得中心语移位，这与绝大部分 PI 实证研究的结果一致。

第三，SI 练习能够有效促进初级学习者对 wh-疑问词移位习得的理解和产出，并具有长时效应。SI 练习的目标不仅仅是引起学习者对目标语形式的注意，还能促使受试者改变不当的认知加工策略，建立更好的形式与意义之间的联结。两个学习阶段的实验组在句子理解和句子的口头产出方面的后测和延后测中表现均显著优于前测，实验组的表现也显著优于对照组。这说明，PI 在一定程度上帮助受试者克服了先前存在的 wh-疑问词意义优先的加工策略，优化了他们对 wh-问句句法形式的加工处理，提升了他们对 wh-问句的习得成就。这与大多数 PI 实证研究的结果一致。

第四，初级学习者对 wh-问句结构的习得有着相对固定的顺序。在中心语移位习得中，初级学习者最容易习得 wh-主语问句，其次是 wh-宾语问句，而 wh-状语问句则是最难习得的。在 wh-问句移位习得中，初级学习者最容易习得 who 主语问句，其次是 what 宾语问句和 what 主语问句，而 who 宾语问句则是最难习得的。这种习得顺序表现出了一定的层级性。通过 PI，初二组受试者的水平得以向初三组水平方向发展。然而，无论是在理解任务还是产出任务上，测量时间与 wh-疑问词语法功能的交互作用都不显著，测量时间与 wh-疑问词移位四种条件问句的交互效应也不显著。这充分说明初级学习者的 wh-问句习得具有一定的顺序性。

第五，初级学习者的 wh-问句结构的习得表现出渐进性和非线性发展两种机制。在前测中，初三组在绝大部分条件下的习得成就优于初二组。PI 促进了初二组（尤其是内嵌子句 wh-问句）的水平向初三组水平方向发展，但初三组在习得 wh-问句（尤其是主句 wh-问句）的过程中，仍表现出了返生现象。

两组受试者的测量时间和句法特征交互效应均显著，这说明初级学习者 wh-问句的习得过程并非线性的。wh-问句结构习得初期存在不稳定性。初二阶段习得了主句 wh-问句结构后，随着内嵌子句 wh-问句的输入频率增加，到了初三阶段，学习者对主句 wh-问句的结构又偏离了目标语的正确形式。经过干预，他们又很快恢复了对主句句法结构的习得。与其他目标语结构的习得类似，初级学习者在习得英语 wh-问句的过程中也表现出了非线性发展的特征。

第六，PI 虽未改变 wh-问句结构的习得路径，但加速了习得。PI 在促进受试者对 wh-问句加工处理的过程中，未改变受试者对 wh-问句的习得路径，但是激发了不同的心理认知过程，影响了习得的进度和程度。输入加工策略可解释受试者在习得过程中表现出的特定特征，中国初级学习者 wh-问句习得的输入加工影响因素包括英语句法结构复杂度、wh-疑问词的生命性、wh-问句的输入频率、输入加工教学干预以及母语迁移等。PI 的干预效果符合教学干预对二语习得的影响研究。本书的结果为教学干预对二语习得的影响提供了新的实证支持，即外语教学能够加快语言习得进程，但不改变习得路径（Pienemann，1989；Ellis，1989）。

8.2 研究创新

本书具有以下几点创新性。

第一，本书首次将输入加工教学方法应用于干预中国初级英语学习者对 wh-问句的习得。至今尚无相关实证研究探究 PI 是否能够促进中国学习者对英语 wh-问句的习得，因此本书具有首创性。近 20 年来，在国际上，PI 的研究数量持续增长，最新的研究已经采用眼动技术准确考察二语学习者在接受干预前后对目标语加工模式的变化，探究学习者对目标语的加工机制。然而，与国际上 PI 研究的潮流相反，国内有关 PI 的研究寥寥无几。仅有的几项研究也未涉及该方法对目标语句法结构的促学效果。因此，本书考察了 PI 在中国课堂教学环境下对中国初级英语学习者 wh-问句习得的影响，填补了该领域研究的空白。

第二，本书首次从输入加工的视角探究制约二语 wh-问句结构习得的因素，并解释 wh-问句的习得顺序。作为中国中学生英语学习的重点和难点之一，wh-问句的习得一直是备受关注的话题。然而，迄今为止，还没有研究从输入加工的角度去分析学习者在英语 wh-问句习得中遇到的困难，也没有相关研究考察 PI 是否有助于他们克服这些困难。因此，本书从初级英语学习者对 wh-问句的习得现状出发，探究学习者可能采用的相关输入加工策略，并进一步明确了学习者在加工处理 wh-问句的过程中存在的加工偏见和采用的加工策略。这些具体的加工策略能够较好地解释学习者在习得 wh-问句的过程中呈现出的特征以及习得顺序。

第三，本书将 PI 研究所涉及的目标语结构拓展至句法结构层面，丰富和发展了 PI 研究。截至目前，输入加工教学方法干预的目标语结构主要集中在动词的屈折形态变化、时态、语态以及形态句法方面，除了法利（Farley，2004）的研究，针对句法内部特征（例如疑问句的中心语移位、wh-移位）的干预鲜见。将该方法用于干预英语 wh-问句习得的研究仅检索到三项（两篇博士学位论文、一篇硕士学位论文），这三项研究均未关注受试者在 wh-问句习得中呈现的特征，以及干预前后这些特征的变化，只笼统地比较了前后测的结果。英语疑问句的结构比较复杂，疑问句的发展反映了语言习得的发展，探究学习者在接受干预前后 wh-问句习得的动态发展过程能够进一步阐释 PI 的效应。本书将 PI 研究拓展至句法结构层面的干预，考察了该方法对 wh-问句中两个移位习得的影响，对比干预前后的受试者对各个条件 wh-问句的习得特征，进一步阐明了 PI 对习得的影响，拓展了 PI 的适用范畴，同时也为其主要效应提供了新的实证支持。

第四，本书丰富和发展了输入加工理论。范帕滕的输入加工理论自建立以来已经经历了二十多年的完善。随着实证研究的不断深入，该理论也得到了不断的发展。随着 PI 被应用到对不同目标语结构的干预上，与目标语结构密切相关的输入加工策略也逐渐细化。本书的结果进一步丰富和发展了原理论。初级学习者在习得 wh-问句的过程中表现出了实词优先、句子定位和 wh-疑问词题元角色优先的加工策略。其中，wh-疑问词题元角色优先加工策略是受试者在加工 wh-问句过程中所采用的具体策略。此外，二语学习者对 wh-问句的加工还受到“第一个名词原则”的影响。随着 PI 研究领域的拓展，受试者所表现出的加工策略也更加具体化。对 wh-问句输入加工策略的研究验证了输入加工理论的效度，同时其研究的结果又增强了该理论的解释力。这在一定程度上丰富和发展了输入加工理论。

第五，本书探究了中国初级英语学习者 wh-问句结构习得的输入加工机制。虽然有关疑问句习得机制的研究较多，但其中大部分研究对象为中高级水平的学习者，初级水平学习者在习得 wh-问句方面的特征尚未得到深入研究。目前还没有系统的相关研究探究中国初级学习者的中心语移位习得特征和 wh-疑问词移位习得的输入加工机制。初级学习者在习得 wh-问句方面的习得顺序、不对称现象以及导致这些现象的相关因素也缺乏深入探讨。本书以 wh-问句中涉及的两个移位为切入点，考察了 PI 对二语初级学习者 wh-问句习得的影响，并系统探究了初级学习者 wh-问句的习得的输入加工策略及其影响因素。

第六，本书的实验采用 E-Prime 技术进行数据收集，具有创新性。为了克服在传统的纸笔答题模式中受试者将前后出现相同的句型修改为相同判断的缺点，我们采用了 E-Prime 技术对测量工具中的句子合法性判断任务和理解任务进行编程。测量任务完全随机呈现，句子合法性判断任务为限时任务，理解任务无时间限制，自定步速。受试者根据要求在计算机上完成，E-Prime 自动记录正确率和反应时。其中，反应时可作为衡量受试者是否认真答题的一个指标。对于不符合答题要求的受试者，其数据未进入最后的统计分析。这种方法更加高效、准确地记录了受试者对 wh-问句的习得状况，使得测量结果的效度得到了更好的保证。

8.3 研究启示

本书将 PI 应用于初级学习者对 wh-问句中填充语-空位依存关系的习得。研究结果有如下几点启示。

第一，PI 可用于干预目标语句法结构的习得。PI 多被用于干预目标语动词的屈折形态变化、时态、语态以及形态句法方面的习得。本书进一步表明，

PI 也能够用来干预二语学习者对句法结构相对复杂的 wh-问句的输入加工，帮助学习者建立 wh-问句句法形式与意义的联结，促进 wh-问句的习得。无论是什么样的目标语结构，如果我们能够准确地找出学习者存在的输入加工策略，就能够针对这些加工策略进行干预材料的设计，通过控制干预材料或操纵干预方式引导学习者产生认知上的变化，从而优化他们对目标语的输入加工（与范帕滕私人通信）。此外，根据研究结果，我们发现 PI 对不同条件下 wh-问句习得的影响不同。这说明输入加工难度与句法结构复杂度有一定的关系，也支持教学干预的效果与句法的内在结构有关（Spada & Tomita，2010）。

第二，外语学习的过程是一种“亲力亲为”的过程，有效的干预方法应该促进学习者的主动参与。语言本质上不是被“教”会的，而是被学习者“学”会的（刘援和邹为诚，2011）。输入加工教学方法在干预不同目标语结构上产生了效果，正是缘于它帮助了学习的主体——学生参与到了学习活动中，在完成学习任务（SI）的过程中提升了对客体——目标语结构的认知层级。研究表明，SI 练习任务在 PI 中发挥关键的作用，EI 只起到辅助作用。这正说明外界的“教”不是学习者学会语言的决定性因素，只有通过让学习者参与到有意义的 SI 练习中去，从实践中学习，才能领会和掌握语言形式的表意功能，建立形式与意义的联结。在 wh-问句学习的过程中，学习者仅仅接收 wh-问句句法结构显性知识的输入是不足以让学习者掌握其中的两个移位特征的。他们的中介语 wh-问句表现出了不对称现象。通过完成有语境、有意义的交际任务，学习者改善了对 wh-问句的加工处理，注意到助动词的意义和功能，注意到不同 wh-疑问词的不同语义角色和语法功能，逐渐掌握了 wh-问句的句法结构。尽管干预时长有限，学习者却在有限的干预时间内获得了有效的提升。

第三，外语教学干预是必要的外部驱动力。对于处在外语学习环境中的初级学习者来说，干预显得尤为必要，因为他们在课外很难接触到相关输入以及负面证据。干预能够有效帮助他们建立并强化语言形式和意义的正确联结，实现英语课程标准中“在实际运用中体会和领悟语言形式的表意功能”的目标。对于复杂的目标语结构，仅有输入，学习者难以习得，还会产生石化现象。wh-问句的句法结构比较复杂，因纯粹的输入缺乏负面证据，初级学习者不能准确掌握 wh-问句。要提高他们理解和使用 wh-问句形式的正确率，最有效的方式之一还是通过正规的教学干预。本书研究表明，对 wh-问句的习得进行干预，能够有效提升初级学习者对 wh-问句习得的效率。虽然未改变 wh-问句的习得顺序，但是在后测和延后测中，一些不对称特征之间的差异不再显著，两个学习阶段受试者组间差异缩小。五周后的延后测效果仍有较好保持，这进一步证明教学干预可以加速初级学习者对语言形式的掌握，提高二语习得效率。

第四，wh-问句的教学须因材施教，迎“难”而上。不同学习阶段的学习者对不同的句法特征和 wh-疑问词不同语法功能问句的习得难度存在差异。因此，在教学过程中，应该根据学习者所处阶段，遵循学习者在习得过程中表现出的难度顺序，决定教学资源的投入，做到因材施教，详略得当，准确把握教学的重点和难点。例如，对于低水平的学习者，复杂的 wh-问句句法结构的讲解可能并不起作用，反而会加重他们的理解负担。通过让学习者投入到学习任务中，例如 SI 任务中，先体验 wh-问句结构的变化所表达的不同意义，效果可能会更好。此外，主语 wh-问句的习得难度较低，教师就无须再将主要精力花在主语 wh-问句的教学上；而 who 宾语问句和 what 主语问句的理解容易出错，教师需要有针对性地进行教学设计，采用有认知价值的学习内容，让学习者参与到能够满足认知需求的学习活动中去。

第五，初中英语教材中的 wh-问句数量和分布需要进行科学合理的调整。本书对初中英语教材中 wh-问句的逻辑分布具有重要启示。初步统计结果显示，教材中 wh-问句的数量不足且分布也欠合理。中心语移位（尤其是需要 do 支持的 wh-宾语和状语问句）是初级学习者的习得难点。然而，据统计，教材中此类 wh-问句的输入频率并不高，除了校本课程作业中的相关输入外，教材为学习者提供的 wh-问句输入量并不充足。初三阶段学习者在主句 wh-问句的习得中出现返生现象，而初三阶段的教材 9A 中主句 wh-宾语问句只出现 5 次，9B 中主句 wh-状语问句只出现 3 次，相比其他学段几册课本，出现频率属最低。教材中 wh-疑问词相同语法功能的问句在教材中的复现率也并没有表现出什么规律性和科学性。此外，我们发现疑问词 whom 在 9A 第三单元（王守仁和何锋，2013）中才出现。本书认为，如果 whom 的出现有所提前，那么可能有助于初级学习者对 wh-问句的理解。因为在习得早期，初级学习者面对一种语言形式对应多种意义/功能的情况，常常出现习得困难。实验也证明了他们容易将 who 宾语问句理解成 who 主语问句这一事实。如果 whom 的出现提前，学习者将一种形式与一种意义或功能进行联结没有困难，随着他们对 wh-问句的熟悉，再进行 who 宾语问句的输入，who 宾语问句或许会更容易被接受。

8.4　研究局限与展望

本书采用课堂实验法，实验设计严谨，实施过程规范，实验数据收集处理科学，但仍存在一些局限性。

第一，由于本书采用的是离线测试任务，尽管采用了 E-Prime 技术对测量工具进行了编程，但仅获取了正确率，反应时只发挥了筛选受试者进入最后统计的作用。今后的研究可以采用在线测试任务，从而更加全面地考察 PI 对 wh-问句习得的影响。例如，可以像王和伊藤（Wong & Ito，2017）的研究那样，采用眼动技术考察 PI 对法语使役结构的影响。这样的研究不仅能够获得受试者完成任务的正确率，还能准确收集到他们的眼动模式，从而准确地观察学习者如何对目标语进行加工。

第二，PI 时长有限。根据罗德·埃利斯（Ellis R，2008）对教学干预量的分类（根据干预时间分为简单干预、短时干预、中等时长干预和长时间干预），本书的两个实验干预时长仅仅属于简单干预（brief treatment）。对于两组受试者在某些条件下 wh-问句习得未有显著变化，或许与干预的时长相关。有关 PI 的研究，干预时长也不尽相同。干预时长这一变量至今未受研究者关注，或许也是调节该方法效果的因素之一。在今后的研究中，应进一步探讨干预时长对输入加工教学效果的影响。

第三，为了将对受试者所在学校正常教学秩序的干扰降到最低，我们需要更加严格地控制干预者因素。我们采用了受试者的任课教师作为实验的干预教师，让他们经过培训后进行随堂干预。为了排除干预者的影响因素，今后的干预可以参照拉塞尔（Russell，2012）的研究，将干预的材料编程，学生可以在电脑上进行自主的学习，电脑会对 SI 练习给予自动的正误反馈，这也可以排除学习者之间的相互干扰，最终测试的结果可以最大限度地归因于干预手段。

第四，本书采用了混合设计，包括两个学习阶段的初级学习者、两种测量手段（理解和产出）以及三次测量。在研究初期，实验组还包括一个传统教学干预组。由于因素过多，最终统计分析未包含传统组。传统组与输入加工组在某些条件下存在差异。传统教学组因采用以输出操练为主的干预方式，未采用 SI 任务。因此，在某些条件下，学习者在问句习得方面存在更为严重的过度概括现象，即目标语结构特征之间的负迁移现象更为严重。由于篇幅限制，我们未能将传统组的数据包含在统计分析中。详细比较两种干预手段之间的差异更有助于我们进一步了解各教学干预方法的优缺点，并确定其在不同目标语结构和不同对象中的适用性。这将是今后研究的重点。

综上所述，未来的研究急需在现有基础上进一步完善与拓展。首先，研究者可借助先进的技术手段，如事件相关电位（event-related potential，ERP）或眼动追踪技术，结合反应时、眼动模式等多维数据，深入剖析学习者的语言加工过程，全面探讨其语言习得的输入加工机制。这种技术结合能够精细化地揭示语言处理中的神经反应与注意力分配，进一步揭示不同输入条件下学习者的语言加工特征。其次，研究应进一步探讨干预时长对语言输入加工效果的影响，评估不同干预时长的效果差异，以寻找最佳干预时机，从而优化 PI 教学的效果。此外，未来的研究可以采用更加规范的干预方式，如编程化自动反馈系统，减少人为干扰，确保实验的精确性与结果的可靠性，以更科学地评估 PI 的教学效果。最后，研究应深入比较不同教学方法与策略的优缺点，特别是输出导向法与输入加工干预方法在不同目标语结构学习中的适用性和效果，从而为外语教学提供更为坚实的实证依据与理论支持。

参 考 文 献

陈晓湘，刘红艳，郭兴荣，等. 2013. 中国英语学习者长距离 wh-问句习得中主宾语不对称现象研究. 外语教学与研究, 45(4): 543-556, 640.

陈中毅. 2017. 中国英语学习者 wh-单子句习得中句法移位及特征词汇化难度的不对称性. 外语教学与研究, 49(6): 847-858, 960.

陈中毅，丛茂萍. 2023. 动词驱动还是填充语驱动？：来自动词及物性错配效应的证据. 外语教学与研究, 55(5): 727-738, 800.

戴炜栋，蔡龙权. 2001. 中介语的认知发生基础. 外语与外语教学, (9): 2-5, 25.

戴炜栋，陈莉萍. 2005. 二语语法教学理论综述. 外语教学与研究, 37(2): 92-99,160.

戴炜华. 2007. 新编英汉语言学词典. 上海: 上海外语教育出版社.

董燕萍. 1996. 英语 WH-问句构成上的限制. 现代外语, (2): 54-58.

冯辉，张素敏. 2012. 输入加工教学法和传统语法教学的主要效应及训练迁移效应. 外语与外语教学, (4): 60-65.

何洪霞，王萍丽，王楠楠. 2019. 韩国语母语者汉语 wh-词“谁”的习得研究. 语言教学与研究, (2): 38-48.

衡仁权. 2007. 国外语法教学研究的最新发展综述. 外语界, (6): 25-34.

胡文仲. 1982. 交际教学法初探. 外国语(上海外国语学院学报), (5): 8.

金立鑫. 1993. 语法意义和语法形式简论. 汉语学习, (2): 27-29.

李金满，王同顺. 2007. 当可及性遇到生命性: 中国学习者英语关系从句使用行为研究. 外语教学与研究, 39(3): 198-205.

李筱菊. 1984. 浅谈外语教学的交际教学法. 现代外语, (1): 18-23.

刘礼进. 2003. 生命性对英汉语 NP 用法的作用: 一项语料考察. 外语教学与研究, 35(2): 111-119.

刘援，邹为诚. 2011. 体验式外语教学理论再探. 中国外语, 8(6): 47-52.

伦道夫・夸克，西德尼・戈林鲍姆，杰弗里・利奇，等. 1985. 英语语法大全. 上海: 华东师范大学出版社.

罗恒, 方开罗. 2007. 汉语、英语、法语时态指示词比较. 双语学习, (9): 160-161.
潘娟. 2018. 输入加工教学法: 理论基础、构成与特征. 外语教育研究, 6(4): 19-24.
潘娟. 2022. 中国初级英语学习者 wh-论元问句输入加工研究. 外语与外语教学, (5): 78-86, 147.
潘娟, 吴明军. 2019. 中国初级学习者英语 wh-问句不对称习得研究. 解放军外国语学院学报, 42(1): 119-128.
桑紫林. 2016. 《教学二语习得简介》述评. 外语教学理论与实践, (2): 95-97.
王守仁, 何锋. 2013. 义务教育教科书·英语（八年级上册）. 南京: 江苏凤凰出版社传媒股份有限公司.
王宗炎. 1988. 英汉应用语言学词典. 长沙: 湖南教育出版社.
温宾利. 2002. 当代句法学导论. 北京: 外语教学与研究出版社.
肖礼全. 2005. 对中国英语教学宏观模式的思考. 外语教学, (5): 35-42.
杨田芳. 2017. 汉语儿童疑问句习得研究综述. 现代语文(学术综合版), (6): 107-108.
曾国才. 2014. 英语 Wh-疑问构式的双突显(FFG)语义认知模型研究. 西安外国语大学学报, 22(2): 19-22.
张京鱼, 张长宗, 问小娟. 2004. 有生性在中学生英语心理谓词习得中的认知作用. 外语教学与研究, 36(5): 351-356.
张素敏. 2012. 输入加工法的初始和迁移效应. 上海: 上海外国语大学.
张素敏. 2014. 外语学习动机角度下的输入加工教学和 3P 语法教学对比研究. 解放军外国语学院学报, (6): 74-82.
张素敏, 陈先奎. 2015. 外语学习动机对显性信息加工的作用研究. 外语界, (2): 44-52.
张一平. 2006. “Focus on Form”在第二语言教学中的理论和实践. 西安外国语学院学报, 14(4): 43-47.
章振邦. 2003. 新编英语语法教程(学生用书). 4 版. 上海: 上海外语教育出版社.
中华人民共和国教育部. 2012. 义务教育英语课程标准(2011 年版). 北京: 北京师范大学出版社.
中华人民共和国教育部. 2022. 义务教育英语课程标准(2022 年版). 北京: 北京师范大学出版社.
邹为诚. 2019. 把握外语教学的发展方向，提升外语教师的教学实践能力. 中国外语, 16(6): 1, 10-11.
Allen, L. Q. 2000. Form-meaning connections and the French causative: An experiment in processing instruction. *Studies in Second Language Acquisition*, 22: 69-84.
Ambridge, B., Rowland, C. F., Theakston, A. L., et al. 2006. Comparing different accounts of

inversion errors in children's non-subject wh-questions: 'What experimental data can tell us?'. *Journal of Child Language*, 33(3): 519-557.

Becker, M. 2014. *The Acquisition of Syntactic Structure Animacy and Thematic Alignment*. Cambridge: Cambridge University Press.

Bellugi, U. 1965. The development of interrogative structures in children's speech. In K. Riegel (Ed.), *The Development of Language Functions* (pp. 103-138). University of Michigan Language Development Program, Report No. 8.

Bellugi, U. 1971. Simplification in children's language. In R. Huxley & E. Ingram (Eds.), *Language Acquisition: Models and Methods* (pp. 103-138). New York: Academic Press.

Benati, A. 2001. A comparative study of the effects of processing instruction and output-based instruction on the acquisition of the Italian future tense. *Language Teaching Research*, 5(2): 95-127.

Benati, A. 2003. The effects of structured input activities and explicit information on the acquisition of the Italian future tense. In B. VanPatten (Ed.), *Processing Instruction: Theory, Research and Commentary* (pp. 211-229). Mahwah: Lawrence Erlbaum Associates.

Benati, A. 2004. The effects of processing instruction and its components on the acquisition of gender agreement in Italian. *Language Awareness*, 13(2): 67-80.

Benati, A. 2005. The effects of processing instruction, traditional instruction and meaning—output instruction on the acquisition of the English past simple tense. *Language Teaching Research*, 9(1): 67-93.

Benati, A. 2009. *Japanese Language Teaching: A Communicative Approach*. New York: Continuum.

Benati, A. & Lee, J. F. 2008. *Grammar Acquisition and Processing Instruction: Secondary and Cumulative Effects*. Bristol: Multilingual Matters.

Benati, A., Lee, J. F. & Houghton, S. D. 2008a. From processing instruction on the acquisition of English past tense to secondary transfer-of-training effects on English third person singular present tense. In A. Benati & J. F. Lee (Eds.), *Grammar Acquisition and Processing Instruction: Secondary and Cumulative Effects* (pp. 121-188). Bristol: Multilingual Matters.

Benati, A., Lee, J. F. & Laval, C. 2008b. From processing instruction on the acquisition of French imparfait to secondary transfer-of-training effects on French subjunctive and to cumulative transfer-of-training effects with French causative constructions. In A. Benati & J. F. Lee (Eds.), *Grammar Acquisition and Processing Instruction: Secondary and Cumulative Effects* (pp. 121-157). Toronto: Multilingual Matters.

Bialystok, E. 1979. An analytical view of second language competence: A model and some evidence. *The Modern Language Journal*, 63(5/6): 257-262.

Bialystok, E. 1982. On the relationship between knowing and using linguistic forms. *Applied Linguistics*, Ⅲ: 181-206.

Brown, R. 1968. The development of wh-questions in child speech. *Journal of Verbal Learning and Verbal Behavior*, 7: 279-290.

Cadierno, T. 1995. Formal instruction from a processing perspective: An investigation into the Spanish past tense. *Modern Language Journal*, 79: 179-193.

Carroll, S. 2001. *Input and Evidence: The Raw Material of Second Language Acquisition*. Netherlands: John Benjamins.

Celce-Murcia, M. & Larsen-Freeman, D. 1999. *The Grammar Book: An ESL/EFL Teacher's Course* (2nd edn.). Boston : Heinle & Heinle.

ÇELİK-YAZICI, İ. 2007. *A Study of the Effects of Processing Instruction on the Development of English Wh-Questions Used by Turkish EFL Learners*. Adana: Çukurova University.

Chomsky, N. 1981. *Lectures on Government and Binding*. Dordrecht: Foris.

Chomsky, N. 1986. *Barriers*. Cambridge: The MIT Press.

Chomsky, N. 1995. *The Minimalist Program*. Cambridge: The MIT Press.

Cinque, G. 1990. *Types of A-bar Dependencies*. Cambridge: The MIT Press.

Clahsen, H. & Felser, C. 2006. Grammatical processing in language learners. *Applied Psycholinguistics*, 27: 3-42.

Clifton, C., Frazier, L. & Rayner, K. 1994. Introduction. In C. Clifton, L. Frazier & K. Rayner (Eds.), *Perspectives on Sentence Processing* (pp. 1-12). Mahwah: Lawrence Erlbaum Associates.

Collentine, J. G. 1995. The development of complex syntax and mood-selection abilities by intermediate-level learners of Spanish. *Hispania*, 78: 122-135.

Contemori, C., Carlson, M. & Marinis, T. 2017. On-line processing of English which-questions by children and adults: A visual world paradigm study. *Journal of Child Language*, 45(2): 415-441.

Corder, S. P. 1967. The significance of learner's errors. *International Review of Applied Linguistics*, 5: 161-170.

Crain, S. & Thornton, R. 1988. *Innateness and Wh-movement*. Paper presented at the 13th Annual Boston University Conference on Language Development, Boston.

Culman, H., Henry, N. & VanPatten, B. 2009. The role of explicit information in instructed SLA: An on-line study with processing instruction and German accusative case inflections. *Die Unterrichtspraxis/Teaching German*, 42(1): 19-31.

DeKeyser, R. 1997. Beyond explicit rule learning: automatizing second language morphosyntax.

SSLA, 19: 195-221.

DeKeyser, R. 2008. Implicit and explicit learning. In M. Long & C. Doughty (Eds.), *The Handbook of Second Language Acquisition* (pp. 312-348). Oxford: Blackwell.

Dekeyser, R. & Prieto Botana, G. 2015. The effectiveness of processing Instruction in L2 grammar acquisition: A narrative review. *Applied Linguistics*, 36(3): 290-305.

Demuth, K., Machobane M., Moloi, F., et al. 2005. Learning animacy hierarchy effects in Sesotho double object applicatives. *Language*, 81: 421-427.

de Villiers, J. 1991. Why questions? In T. L. Maxfield & B. Plunkett (Eds.), *Papers in the Acquisition of wh: Proceedings of the UMass Roundtable May 1990* (pp. 155-173). Amherst: University of Massachusetts Occasional Papers.

Eckman, F. R., Moravcsik, E. A. & Wirth, J. R. 1989. Implicational universals and interrogative structures in the interlanguage of ESL learners. *Language Learning*, 39(2): 173-205.

Ellis, N. 2004. The processes of second language acquisition. In B. VanPatten, J. Williams, S. Rott, et al. (Eds.), *Form-Meaning Connections in Second Language Acquisition* (pp. 49-76). Mahwah: Lawrence Erlbaum Associates.

Ellis, N. 2005. At the interface: Dynamic interactions of explicit and implicit language knowledge. *Studies in Second Language Acquisition*, 27(2): 305-352.

Ellis, R. 1985. *Understanding Second Language Acquisition*. Shanghai: Shanghai Foreign Language Education Press.

Ellis, R. 1989. Are classroom and naturalistic acquisition the same? A study of the classroom acquisition of German word order rules. *Studies in Second Language Acquisition*, 11(3): 305-328.

Ellis, R. 1990. *Instructed Second Language Acquisition*. Oxford: Basil Blackwell.

Ellis, R. 1997. *SLA Research and Language Teaching*. Oxford: Oxford University Press.

Ellis, R. 2005. *Instructed Second Language Acquisition: A Literature Review*. Wellington: Ministry of Education, New Zealand.

Ellis, R. 2006. Input-based approaches to teaching grammar: A review of classroom-oriented research. *Foreign Language Teaching & Research in Basic Education*, (2): 40-45.

Ellis, R. 2008. *The Study of Second Language Acquisition* (2nd edn.). Shanghai: Shanghai Foreign Language Education Press.

Erlam, R. 2003. Evaluating the relative effectiveness of structured-input and output-based instruction in foreign language learning: Results from an experimental study. *Studies in Second Language Acquisition*, 25: 559-582.

Erlam, R. 2006. Elicited imitation as a measure of L2 implicit knowledge: An empirical validation study. *Applied Linguistics*, 27: 464-491.

Ervin-Tripp, S. 1970. Discourse agreement: How children answer questions. In J. Hayes (Ed.), *Cognition and the Development of Language* (pp. 79-108). New York: Wiley.

Farley, A. P. 2001a. Authentic processing instruction and the Spanish subjunctive. *Hispania*, 84(2): 289-299.

Farley, A. P. 2001b. Processing instruction and meaning-based output instruction: A comparative study. *Spanish Applied Linguistics*, 5(2): 57-93.

Farley, A. P. 2004. Processing instruction and the Spanish subjunctive: Is explicit information needed? In B. VanPatten (Ed.), *Processing Instruction: Theory, Research and Commentary* (pp. 231-243). Mahwah: Lawrence Erlbaum Associates.

Farley, A. & Aslan, E. 2012. The relative effects of processing instruction and meaning-based output instruction on L2 acquisition of the English subjunctive. *ELT Research Journal*, 1(2): 120-141.

Fernandez, C. 2008. Reexamining the role of explicit information in processing instruction. *Studies in Second Language Acquisition*, 30: 277-305.

Gass, S. 1994. The reliability of second language grammaticality judgments. In E. Tarone, S. Gass & A. Cohen (Eds.), *Research Methodology in Second Language Acquisition* (pp. 303-322). Mahwah: Lawrence Erlbaum Associates.

Gass, S. 1997. *Input, Interaction, and the Second Language Learner*. Mahwah: Lawrence Erlbaum Associates.

Gass, S. 2004. Context and second language acquisition. In B. VanPatten, J. Williams, S. Rott, et al. (Eds.), *Form-Meaning Connections in Second Language Acquisition* (pp. 77-90). Mahwah: Lawrence Erlbaum Associates.

Gass, S. M. & Selinker, L. 2008. *Second Language Acquisition: An Introductory Course* (3rd edn.) . New York: Routledge.

Gazdar, G. 1981. Unbounded dependencies and coordinate structure. *Linguistic Inquiry*, 12: 155-184.

Gibson, E. 2000. The dependency locality theory: A distance-based theory of linguistic complexity. In Y. Miyashita, A. Marantz & W. O. Neil (Eds.), *Image, Language, Brain* (pp. 95-126). Cambridge: The MIT Press.

Han, Z. H. & Sun, Y. Y. 2007. First exposure: A replication of Han and Peverly. In Z. Han & R. Rast (Eds.), *First Exposure to a Second Language* (pp. 7-39). Cambridge: Cambridge University

Press.

Harley, B. & Swain, M. 1984. The interlanguage of immersion students and its implications for second language teaching. In A. Davies, C. Criper, & A. Howatt (Eds.), *Interlanguage* (pp. 291-311). Edinburgh: Edinburgh University Press.

Harrington, M. 2001. Sentence processing. In P. Robinson (Ed.), *Cognition and Second Language Instruction* (pp. 91-124) . Cambridge: Cambridge University Press.

Hawkins, R. 2001. *Second Language Syntax*. Oxford: Blackwell.

Haznedar, B. 2003. The status of functional categories in child second language acquisition: Evidence from the acquisition of CP. *Second Language Research*, 19: 1-41.

Henry, N., Culman, H., VanPatten, B. 2009. More on the effects of explicit information in instructed SLA: A partial replication and a response to Fernandez (2008). *Studies in Second Language Acquisition*, 31(4): 559-575.

Hopper, P. & Thompson, S. A. 1980. Transitivity in grammar and discourse. *Language*, 56: 251-299.

Hossein, N. & Fotos, S. 2004. Current developments in research on the teaching of grammar. *Annual Review of Applied Linguistics*, 2004, 24: 126-145.

Housen, A. & Pierrard, M. 2005. *Investigations in Instructed Second Language Acquistion*. Berlin: Mouton de Gruyter.

Hu, J. 2019. *Prominence and Locality in Grammar: The Syntax and Semantics of Wh-questions and Reflexives*. New York: Routledge.

Hymes, D. 1972. On communicative competence. In J. Pride & J. Holmes (Eds.), *Sociolinguistics* (pp. 269-293). Harmondsworth: Penguin.

Jackendoff, R. 1972. *Semantic Interpretation in Generative Grammar*. Cambridge: The MIT Press.

Johnston, M. 1985. *Syntactic and Morphological Progressions in Learner English*. Canberra: Department of Immigration and Ethnic Affairs.

Juffs, A. 2005. The influence of first language on the processing of wh-movement in English as a second language. *Second Language Research*, 21(2): 121-151.

Juffs, A. & Harrington, M. 1995. Parsing effects in second language sentence processing: Subject and object asymmetries in wh-extraction. *Studies in Second Language Acquisition*, 17(4): 483-516.

Keating, G. D. & Farley, A. P. 2008. Processing instruction, meaning-based output instruction, and meaning-based drills: Impacts on classroom L2 acquisition of Spanish object pronouns. *Hispania*, 91(3): 639-650.

Klapper, J. & Rees, J. 2003. Reviewing the case for explicit grammar instruction in the university foreign language learning context. *Language Teaching Research*, 7: 285-314.

Klein, W. 1998. The contribution of second language acquisition research. *Language Learning*, 48(4): 527-549.

Krashen, S. D. 1982. *Principles and Practice in Second Language Acquisition*. Oxford: Pergamon Press.

Krashen, S. D. 1985. *The Input Hypothesis: Issues and Implications*. London: Longman.

Landis, J. R. & Koch, G. G. 1977. An application of hierarchical Kappa-type statistics in the assessment of majority agreement among multiple observers. *Biometrics*, 33(2): 363-374.

Lapkin, S., Hart, D. & Swain, M. 1991. Early and middle French immersion programs: French language outcomes. *Canadian Modern Language Review*, 48(1): 11-40.

Larsen-Freeman, D. 2009. *Teaching Language: From Grammar to Grammaring*. Beijing: Foreign Language Teaching and Research Press.

Larsen-Freeman, D. & Long, M. H. 1991. *An Introduction to Second Language Acquisition Research*. London: Routledge .

Lee, J. F. & Benati, A. 2007. Comparing modes of delivering PI and MOI on Italian and French subjunctive. In J. F. Lee & A. G. Benati (Eds.), *Delivering Processing Instruction in Classrooms and in Virtual Contexts* (pp. 99-136). London: Equinox.

Lee, J. F. & VanPatten, B. 2003. *Making Communicative Language Teaching Happen*. New York: McGraw-Hill College.

Lee, J. H. 2009. A subject-object asymmetry in the comprehension of wh-questions by Korean learners of English. *Applied Linguistics*, 31(1): 136-155.

Lee, S. Y. 2008. Argument-adjunct asymmetry in the acquisition of inversion in wh-questions by Korean learners of English. *Language Learning*, 58(3): 625-663.

Leow, R. P. 1996. Grammaticality judgment tasks and second-language development. In J. E. Alatis, C. A. Straehle, M. Ronkin, et al. (Eds.), *Linguistics, Language Acquisition, and Language Variation: Current Trends and Future Prospects* (pp. 126-139). Washington, DC: Georgetown University Press.

Loewen, S. 2013. Instructed second language acquisition. In C. Chapelle (Ed.), *The Encyclopedia of Applied Linguistics* (pp. 2716-2718). Malden: Blackwell Publishing.

Loewen, S. 2015. *Introduction to Instructed Second Language Acquisition*. New York: Routledge.

Loewen, S. & Reinders, H. 2011. *Key Concepts in Second Language Acquisition*. London: Palgrave Macmillan.

Long, M. H. 1991. Focus on form: A design feature in language teaching methodology. In K. de Bot, R. Ginsberg & C. Kramsch (Eds.), *Foreign Language Research in Cross-Cultural Perspective* (pp. 39-52). Amsterdam: John Benjamins.

Loschky, L. & Bley-Vroman, R. 1993. Grammar and task-based learning. In G. Crookes and S. Gass (Eds.), *Tasks and Language Learning: Integrating Theory and Practice* (pp. 123-167). Bristol: Multilingual Matters.

Mackey, A. 2006. Feedback, noticing and instructed second language learning. *Applied Linguistics*, 27(3): 405-430.

Mandell, P. 1999. On the reliability of grammaticality judgement tests in second language acquisition research. *Second Language Research*, 15: 73-99.

Marsden, E. 2006. Exploring input processing in the classroom: An experimental comparison of processing instruction and enriched input. *Language Learning*, 56(3): 507-566.

Marsden, E. & Chen, H. Y. 2011. The roles of structured input activities in processing instruction and the kinds of knowledge they promote. *Language Learning*, 61(4): 1058-1098.

McLaughlin, B. 1978. The monitor model: Some methodological considerations. *Language Learning*, 28(2): 309-332.

Mitchell, R. 2000. Applied linguistics and evidence-based classroom practice: The case of foreign language grammar pedagogy. *Applied Linguistics*, 21(3): 281-303.

Morgan-Short, K. & Bowden, H. W. 2006. Processing instruction and meaningful output-based instruction: Effects on second language development. *Studies in Second Language Acquisition*, 28: 31-65.

O'Grady, W. 2003. The radical middle: Nativism without universal grammar. In C. J. Doughty and M. H. Long (Eds.), *The Handbook of Second Language Acquisition* (pp. 43-62). Malden: Blackwell.

Oh, H. K. 2010. *A Study of the Effects of Processing Instruction vs. Traditional Instruction on the Acquisition of English Wh-Questions by Korean EFL Students*. Lawrence: The University of Kansas.

Ortega, L. 2009. *Understanding Second Language Acquisition*. London: Hodder Education.

Parker, S. 1999. On the behavior of definite articles in Chamicuro. *Language*, 75(3): 552-562.

Paulston, C. B. 1972. The sequencing of structural pattern drills. *TESOL Quarterly*, 5(3): 197-208.

Perkins, L. & Lidz, J. 2020. Filler-gap dependency comprehension at 15 months: The role of vocabulary. *Language Acquisition*, 27(1): 98-115.

Pesetsky, D. & Torrego, E. 2001. T-to-C movement: Causes and consequences. In M. Kenstowicz

(Ed.), *A Life in Language* (pp. 355-426). Cambridge: The MIT Press.

Pienemann, M. 1989. Is language teachable? Psycholinguistic experiments and hypotheses. *Applied Linguistics*, 10: 52-79.

Pienemann, M. 1998. *Language Processing and Second Language Development: Processability Theory*. Philadelphia: John Benjamins.

Pienemann, M., Johnston, M. & Brindley, G. 1988. Constructing an acquisition-based procedure for second language assessment. *Studies in Second Language Acquisition*, 10(2): 217-243.

Pozzan, L. & Quirk, E. 2014. Second language acquisition of English questions: An elicited production study. *Applied Psycholinguistics*, 35(6): 1055-1086.

Prieto Botana, G. 2013. *The Role of Task-essentialness and Explicit Information in Processing Instruction*. University of Maryland, College Park.

Pritchett, B. L. 1992. *Grammatical Competence and Parsing Performance*. Chicago: University of Chicago Press.

Qin, J. 2008. The effect of processing instruction and dictogloss tasks on acquisition of the English passive voice. *Language Teaching Research*, 12(1): 61-82.

Radford, A. 1988. *Transformational Grammar*. Cambridge: Cambridge University Press.

Radford, A. 1990. *Syntactic Theory and the Acquisition of English Syntax: The Nature of Early Child Grammars of English*. Oxford: Blackwell.

Radford, A. 2009a. *An Introduction to English Sentence Structure*. Cambridge: Cambridge University Press.

Radford, A. 2009b. *Analysing English Sentences: A Minimalist Approach*. Cambridge: Cambridge University Press.

Radford, A., Atkinson, M., Britain, D., et al. 2009. *Linguistics: An Introduction* (2nd edn.). Cambridge: Cambridge University Press.

Richards, J. C. 1998. *The Context of Language Teaching*. Cambridge: Cambridge University Press.

Richards, J. C. & Rodgers, T. 2001. *Approaches and Methods in Language Teaching* (2nd edn.). Cambridge: Cambridge University Press.

Rowland, C. F. & Pine, J. M. 2003. The development of inversion in wh-questions: A reply to Van Valin. *Journal of Child Language*, 30: 197-212.

Rowland, C. F. & Pine, J. M. 2000. Subject-auxiliary inversion errors and wh-question acquisition: 'what children do know?'. *Journal of Child Language*, 27(1): 157-181.

Russell, V. 2012. Learning complex grammar in the virtual classroom: A comparison of processing instruction, structured input, computerized visual input enhancement, and traditional instruction. *Foreign Language Annals*, 45(1): 42-71.

Salaberry, M. R. 1997. The role of input and output practice in second language acquisition. *The Canadian Modern Language Review*, 53(2): 422-451.

Sanz, C. & Morgan-Short, K. 2004. Positive evidence versus explicit rule presentation and explicit negative feedback: A computer-assisted study. *Language Learning*, 54(1): 35-78.

Sarma, J. 1991. *The Acquisition of Wh-questions in English*. The University of Connecticut, Storrs.

Schachter, J. & Yip, V. 1990. Grammaticality judgements: Why does anyone object to subject extraction? *Studies in Second Language Acquisition*, 12(4): 379-392.

Seliger, H. W. 1979. On the nature and function of language rules in language teaching. *TESOL Quarterly*, 13(3): 359-369.

Sharwood-Smith, M. 1981. Consciousness-raising and the second language learner. *Applied Linguistics*, (2): 159-168.

Sharwood-Smith, M. 2015. A commentary on processing instruction. *International Review of Applied Linguistics in Language Teaching*, 53(2): 271-275.

Shintani, N., Li, S. & Ellis, R. 2013. Comprehension-based versus production-based grammar instruction: A meta-analysis of comparative studies. *Language Learning*, 63(2): 296-329.

Skehan, P. & Foster, P. 2001. Cognition and tasks. In P. Robinson (Ed.), *Cognition and Second Language Instruction* (pp. 183-205). Cambridge: Cambridge University Press.

Spada, N. 1987. Relationships between instructional differences and learning outcomes: A process-product study of communicative language teaching. *Applied Linguistics*, 8(2): 137-161.

Spada, N. & Lightbown, P. M. 1989. Intensive ESL programmes in Quebec primary schools. *TESL Canada Journal*, 7(1): 11-32.

Spada, N. & Lightbown, P. M. 1999. Instruction, first language influence, and developmental readiness in second language acquisition. *The Modern Language Journal*, 83(1): 1-22.

Spada, N. & Tomita, Y. 2010. Interactions between type of instruction and type of language feature: A meta-analysis. *Language Learning*, 60(2): 263-308.

Stevick, E. 1980. *Teaching Languages: A Way and Ways*. Rowley: Newbury House Publishers.

Stromswold, K. 1990. *Learnability and the Acquisition of Auxiliaries*. Massachusetts Institute of Technology, Cambridge.

Stromswold, K. 1995. The acquisition of subject and object wh-questions. *Language Acquisition*, 4: 5-48.

Swain, M. & Lapkin, S. 1989. Canadian immersion and adult second language teaching: What's the connection? *The Modern Language Journal*, 73(2): 150-159.

Swan, M. & Walter, C. 2011. *Oxford English Grammar Course Basic*. Oxford: Oxford University Press.

Thornton, R. 2008. Why continuity. *Natural Language and Linguistic Theory*, 26: 107-146.

Toth, P. D. 2006. Processing instruction and a role for output in second language acquisition. *Language Learning*, 56(2): 319-385.

Truscott, J. 1996. The case against grammar correction in L2 writing classes. *Language Learning*, 46: 327-369.

Tyack, D. & Ingram, D. 1977. Children's production and comprehension of questions. *Journal of Child Language*, 4: 211-224.

Uludag, O. & VanPatten, B. 2012. The comparative effects of processing instruction and dictogloss on the acquisition of the English passive by speakers of Turkish. *International Review of Applied Linguistics in Language Teaching*, 50(3): 189-212.

Valian, V. & Casey, L. 2003. Young children's acquisition of wh-questions: The role of structured input. *Journal of Child Language*, 30(1): 117-143.

VanPatten, B. 1996. *Input Processing and Grammar Instruction in SLA*. Norwood: Ablex.

VanPatten, B. 2000a. Processing instruction as form-meaning connections: Issues in theory and research. In J. F. Lee & A. Valdman (Eds.), *Form and Meaning: Multiple Perspectives* (pp. 43-68). Boston: Heinle & Heinle.

VanPatten, B. 2000b. Thirty years of input (or intake, the neglected sibling). In B. Swierzbin, F. Morris, M. Anderson, et al. (Eds.), *Social and Cognitive Factors in Second Language Acquisition* (pp. 287-311). Somerville: Cascadilla Press.

VanPatten, B. 2002. Processing instruction: An update. *Language Learning*, 52(4): 755-803.

VanPatten, B. 2004a. Form-meaning connections in second language acquisition. In B. VanPatten, J. Williams, S. Rott, et al. (Eds.), *Form-meaning Connections in Second Language Acquisition* (pp. 1-28). Mahwah: Lawrence Erlbaum Associates.

VanPatten, B. 2004b. Input processing in second language acquisition. In B. VanPatten (Ed.), *Processing Instruction: Theory and Practice* (pp. 1-31). Mahwah: Lawrence Erlbaum Associates.

VanPatten, B. 2004c. *Processing Instruction: Theory, Research and Commentary*. Mahwah: Lawrence Erlbaum Associates.

VanPatten, B. 2005. Processing instruction. In C. Sanz (Ed.), *Mind and Context in Adult Second Language Acquisition* (pp. 267-281). Washington, DC: Georgetown University Press.

VanPatten, B. 2007. Input processing in adult second language acquisition. In B. VanPatten & J. Williams (Eds.), *Theories in Second Language Acquisition: An Introduction* (pp. 115-136).

Mahwah: Lawrence Erlbaum Associates.

VanPatten, B. 2008. Processing matters in input enhancement. In T. Piske & M. Young-Scholten (Eds.), *Input Matters in SLA* (pp. 47-61). Clevedon: Multilingual Matters.

VanPatten, B. 2012. Input processing. In S. Gass & A. Mackey (Eds.), *The Handbook of Second Language Acquisition* (pp. 268-281). New York: Routledge.

VanPatten, B. 2014. Input processing by novices: Issues in the nature of processing and in research methods. In Z. Han & R. Rast (Eds.), *First Exposure to a Second Language: Learners' Initial Input Processing* (pp. 193-207). Cambridge: Cambridge University Press.

VanPatten, B. 2015. Foundations of processing instruction. *International Review of Applied Linguistics in Language Teaching*, 53(2): 91-109.

VanPatten, B. & Cadierno, T. 1993. Explicit instruction and input processing. *Studies in Second Language Acquisition*, 15(2): 225-243.

VanPatten, B. & Fernandez, C. 2004. The long-term effects of PI. In B. VanPatten (Ed.), *Processing Instruction: Theory, Research and Commentary* (pp. 273-289). Mahwah: Lawrence Erlbaum Associates.

VanPatten, B. & Keating, G. D. 2007. *Getting Tense: Lexical Preference, L1 Transfer and Native and Non-native Processing of Temporal Reference*. Paper presented at the American Association for Applied Linguistics (AAAL), Costa Mesa, CA.

VanPatten, B. & Oikkenon, S. 1996. Explanation versus structured input in processing instruction. *Studies in Second Language Acquisition*, 18: 495-510.

VanPatten, B. & Rothman, J. 2014. Against "rules". In A. Benati, C. Laval & M. J. Arche (Eds.), *The Grammar Dimension in Instructed Second Language Acquisition: Theory, Research, and Practice* (pp. 15-35). London: Bloomsbury Academic.

VanPatten, B. & Sanz, C. 1995. From input to output: Processing instruction and communicative tasks. In F. Eckamn, D. Highland, P. W. Lee, et al. (Eds.), *Second Language Acquisition Theory and Pedagogy* (pp. 169-185). Mahwah: Lawrence Erlbaum Associates.

VanPatten, B., Williams, J. & Rott, S. 2004. Input and output in establishing form-meaning connections. In B. VanPatten, J. Williams, S. Rott, et al. (Eds.), *Form-meaning Connections in Second Language Acquisition* (pp. 29-47). Mahwah: Lawrence Erlbaum Associates.

VanPatten, B., Collopy, E., Price, J. E., et al. 2013. Explicit information, grammatical sensitivity, and the first-noun principle: A cross-linguistic study in processing instruction. *The Modern Language Journal*, 97(2): 506-527.

VanPatten, B., Inclezan, D., Salazar, H., et al. 2009. Processing instruction and dictogloss: A study on object pronouns and word order in Spanish. *Foreign Language Annals*, 42(3): 557-575.

White, L. 1987. Against comprehensible input: The input hypothesis and the development of second-language competence. *Applied Linguistics*, 8(2): 95-110.

White, L. & Juffs, A. 1998. Constraints on wh-movement in two different contexts of nonnative language acquisition: Competence and processing. In S. Flynn, G. Martohardjono & W. O'Neil (Eds.), *The Generative Study of Second Language Acquisition* (pp. 111-129). Mahwah: Lawrence Erlbaum Associates.

Wong, W. 2004. Processing instruction in French: The roles of explicit information and structured input. In B. VanPatten (Ed.), *Processing Instruction: Theory, Research, and Commentary* (pp. 187-209). Mahwah: Lawrence Erlbaum Associates.

Wong, W. & Ito, K. 2017. The effects of processing instruction and traditional instruction on L2 online processing of the causative construction in French: An eye-tracking study. *Studies in Second Language Acquisition*, 40(2): 241-268.

Xu, J. 2001. *Using Processing Instruction to Teach Wh-questions in Secondary EFL Classes in Taiwan*. Tsing Hua University, Taiwan, Xinzhu.

Yuan, B. 2018. *An Incremental Model of L2 Speech Production Mechanisms—Developmental Evidence from Structural Priming of Object Ellipsis in L2 Chinese Speech Production*. Paper presented at the SLA Research in China in the New Era: Inter-disciplines and Multi-languages, Qingdao, China.

附　　录

附录一　PI 材料包（中心语移位）

Processing instructional packet for wh-questions (the head movement)

主句 wh-问句

wh-问句由疑问代词 who、whom、whose、what、which 和疑问副词 where、when、why、how 或者短语 how many、how long 等引导，就句中人、物、时间、地点、原因等提出疑问。这些疑问词除 how 以外，都以 wh-开首，所以也叫 wh-question。如果句子是单句，这样的疑问句称为主句 wh-问句，比如：

Who did you see at school?

Why did you go there?

How many people saw you there?

How long did you stay there?

wh-问句的语序

1）wh-疑问词做宾语/状语（副词）

如果对句子的宾语或状语进行提问，那么句子就用非陈述句的语序。句子开头是一个 wh-疑问词或短语，然后是一个辅助动词，随后是句子的主语，即 wh-疑问词+辅助动词+主语。辅助动词可以是助动词如 do（does、did 等）、be（is、are、was 等）和 have（has、had 等），也可以是情态动词如 will、can、might、should 等。

Examples: WH-WORD+ AUXILIARY/MODAL+ SUBJECT+ VERB+ …

John is going to school. Where *is John* going?

Peter bought a book. What *did Peter buy*?

We will go to the movies on Friday. When *will we go to* the movies?

2）wh-疑问词做主语

特殊疑问句通常以特殊疑问词或短语做开头。如果特殊疑问词做句子的主语，那么问句就要用陈述句的语序，即 wh-疑问词+动词（Verb）+宾语（Object）。wh-疑问词直接替代要提问的主语，不再需要助动词。

Q: **Who** bought a book?

A: **John** bought a book.

请注意!!!

我们在学习中会出现以下问题。

在 wh-疑问词做宾语/状语时，忘记将助动词/情态动词和主语倒装、忘记助动词 do，导致说出以下句子或将它们判断为正确句：

*Where John is going?

*What Peter buy?

*When we go to the movies?

在 wh-疑问词做主语时，又会将“*Who did buy a book?”判断为正确句。

出现以上错误的原因可能有：①我们平时没有注意到助动词，因为从 wh-疑问词中，我们立刻获得了疑问句的意义，助动词对我们获得意义没有影响；②在学习疑问句的开始阶段，分不清 wh-疑问词是做主语还是宾语；③受汉语影响，因为汉语的疑问句是陈述句的语序。

内嵌子句 wh-问句

特殊疑问句还可以嵌入句子内部。既可嵌入陈述句，也可嵌入一般疑问句。

在陈述句中：

I don't know where I put my keys.

I have no idea where he is going.

I am not sure what time the store opens.

在一般疑问句中：

Do you know what time it is?

Can you tell me when the movie starts?

Can you tell me who takes care of the children?

请注意!!!

内嵌子句 wh-问句和一般的单句疑问句在语序上不一样，必须用陈述句的语序，如：

What time is it?

Can you tell me what time it is?

尽管内嵌子句 wh-问句也以 wh-疑问词或者 wh-短语开头，但是在 wh-疑问词/短语和主语之间没有助动词。比如：

Why **does** your sister make pumpkin lanterns?

变成内嵌子句疑问句后，疑问词 why 和主语 you 之间就不再需要助动词 do 了，变为"Can you tell me why your sister makes pumpkin lanterns?"，同时动词的时态需和数与主语保持一致。

请注意!!!

我们在学习内嵌子句 wh-问句和长距离 wh-问句（这里不详细讲解）时通常会出现以下问题。

不能将内嵌子句 wh-问句的语序恢复为陈述句的语序，仍然保留简单疑问句中的助动词或者情态动词，导致说出以下错误的句子或将其判断为正确句：

*Can you tell me why does your sister make pumpkin lanterns?

出现以上错误可能是因为句子太长，我们在理解句子的过程中，忽略了处于句中位置的助动词，也可能是因为在英语疑问句的学习中，我们先学了单句 wh-问句，后学了内嵌子句 wh-问句，当遇见 wh-疑问词，就会想到要加上助动词进行提问。

主句 wh-问句练习

ACTIVITY A

A lawyer is questioning a witness to a crime(罪行). Complete his questions with the choices given.

1. Lawyer: ________ you return home?   a) What time did   b) How did

Witness: I returned home just before midnight.

2. Lawyer: ________ you get home?   a) When did   b) How did

Witness: Someone picked me.

3. Lawyer: a) Who picked you?   b) Who did you pick?

Witness: A friend from work.

4. Lawyer: ________ happened next?   a) What   b) Which one

Witness: I opened my door and saw someone on my living room floor.

5. Lawyer: a) Who did you see?   b) Who saw you?

Witness: I saw David Smith.

6. Lawyer: a) Who called you?   b) Who did you call?

Witness: I called the police.

7. Lawyer: ______ Mr. Smith?

a) How long have you known   b) How long you have known

Witness: For two years.

8. Lawyer: ________ did the police arrive?   a) When did   b) How did

Witness: In about ten minutes.

9. Lawyer: ________ police officers came?   a) How many   b) How soon

Witness: I don't remember the number of officers. Why?

Lawyer: I'm asking the questions here. Please just answer.

ACTIVITY B

Please match the picture with the sentence or the sentence with the picture.

1. Who talks to Bill? (　)

A. Picture A　　　　　B. Picture B

A　　　　　B

2. Who does the tiger kick? (　)

A. The pig.　　　　　B. The cow.

3. Who does the pig push? (　)

A. The monkey.　　　　　B. The cow.

4. What does the cat pull? (　)

A. The tiger.　　　　B. The monkey.

5. (　) A. Who looks at the teacher?　　B. Who does the teacher look at?

6. (　) A. What kisses the cat?　　B. What does the cat kiss?

（略）

ACTIVITY C

Megan wrote a letter to her friend, Jane. The letter got wet, and now Jane can't read some parts of it. Read the following letter first. Then your teacher is going to read some questions to get the missing information. Listen to the teacher and try to put the question into the correct place in the letter.

Dear Jane,

Hi! I just moved to (1) __________. I left Chicago because (2) ___________. (3)__________ moved with me, and we are sharing an apartment. I got a job in a (4)__________. It started (5) __________. The people seem nice.

Our apartment is great. It has three rooms. One of the rooms has carpet(地毯), and two of them have beautiful wood floors. The rent isn't too high, either. We each pay $250 a month. We need to buy some (6) __________. Ann's brother wants to visit her, so we really need an extra bed.

By the way, (7) ________ called last Sunday. I also spoke to (8) __________. They want to visit us in (9) ________.

Would you like to come, too? Is that a good time for you?

Write and let me know.

Love,

Megan

TEACHER'S SCRIPT:

Where did you get a job?

Who called last Sunday?

Where did you move?

When do they want to visit you?

Why did you leave Chicago?

Who did you speak to?

Who moved with you?

When did it start?

What do you need to buy?

ACTIVITY D

You are on the phone with a friend. There is a bad connection. Listen to the following sentences. Then listen again. Circle the letter of the question you need to ask in order to get the correct information.

1. a. Who did you see at the restaurant?
   b. Who saw you at the restaurant?
2. a. Which car did the truck crash into?
   b. Which car crashed into the truck?
3. a. When did it happen?
   b. Why did it happen?
4. a. Whose mother did you call?
   b. Whose mother called you?
5. a. Who did you report it?
   b. Who reported it?
6. a. How many people heard the shouts(呼喊)?
   b. How many shouts did you hear?
7. a. Who saw the man?
   b. Who did the man see?
8. a. Why do you have to hang up(挂断电话)?
   b. When do you have to hang up?

TEACHER'S SCRIPT:

(When they listen to the teacher's script, students should be able to know whether the missing word is a subject or an object in order to pick the correct question.)

1. I saw … at the restaurant.

2. The … car hit the truck.
3. It happened at …
4. … mother called me.
5. I reported it to …
6. There were … shouts.
7. … saw the man.
8. I have to hang up now because …

ACTIVITY E

Think of something exciting or interesting that you once saw and answer the following wh-questions. Then work in pairs and ask the same questions to your partner and share your stories. (The person who asks questions reads from the page. The person who listens to his or her partner's questions should listen to the other person without looking at the questions on the page.)

1. What did you see?/Who did you see?
2. When did you see him/her/it?
3. Where did you see him/her/it?
4. Who else saw him/her/it?

内嵌子句 wh-问句练习

ACTIVITY A

Look at the pictures above and match the dialogue with the picture. Work in pairs and have one person read the dialogs randomly(任意地) so that the listener pays attention to what he or she hears and picks the correct picture that matches the content of the dialogue. Take turns reading the dialogs and have the other person listen to them while only looking at the pictures and pick the correct picture that matches the dialogue. The person who reads the dialogue lets his or her partner know if the answer is correct or not. (内嵌子句疑问词后用陈述句语序哦！)

1. Q: Do you know when the plane to China leaves?

A: The plane to China leaves at 2:00 p.m.

2. Q: Could you please tell me who is repairing my car?

A: David is repairing your car.

3. Q: Can you tell me what Miss Li wrote on the blackboard?

A: She wrote a poem on the blackboard.

4. Q: Can you tell me why Dad went to the police station?

A: He went to the police station to work.

5. Q: I want to know who you will give this robot dog to.

A: I will give it to my best friend Amy.

6. Q: I wonder why you put the flowers here.

A: I put the flowers here because today is Women' Day.

7. Q: Could you tell me when your mum went to work?

A: She went to work at 8:30 a.m.

8. Q: I wonder why you always take bus to work.

A: I take bus to work because I cannot drive.

9. Q: Can you tell me how you like this TV set?

A: I like it very much.

10. Q: Could you please tell me where Mr. and Mrs. Wang live?

A: They live in a small house.

ACTIVITY B

Two foreign exchange students are visiting Taizhou City.

Look at their questions below and circle the right answer(s) to complete the sentence. Note that some questions may have two correct answers. (注意：正确答案不止一个哦！)

1. 商量如何出行

Martin: There's so much to see in Taizhou City. **a)** Do you have any idea how we can go there?/**b)** How can we go there?/**c)** Do you know how can we go there?

Vivian: No, but we could take a bus tour of the city first, and then decide.

Martin: **a)**Do yo know how much a bus tour costs?/**b)** How much does a bus tour cost?/**c)** Do you know how much does a bus tour cost?

Vivian: Why don't we ask someone about it?

2. 在出租车上

Driver: **a)** Where / **b)** How do you want to go?

Martin: Mei Lanfang Park. **a)** Do you know where it is?/**b)** Where is it?/**c)** Do you know where is it?

Driver: Sure. Get in and I'll take you there.

Martin: (whispering to Vivian) **a)** Do you know how much we should tip(付小费) the taxi driver?/**b)** Do you know how much should we tip the taxi driver./**c)** How much should we tip the taxi driver?

Vivian: (whispering to Martin) I don't know. Let us ask the driver how much tips he usually gets?

3. 在餐馆

Martin: **a)** I wonder who cooked the meal?/**b)** Who cooked the meal?

Vivian: I have no idea who cooked it, but it is delicious. It tasted like it has garlic(大蒜) and ginger(生姜). I'll ask the waiter. Excuse me, **a)** we want to know who cooked the meal?/**b)** who cooked the meal?

Waiter: Our chef Mr. Smith cooked the meal today. **a)** Can you tell me how do you like it?/**b)** Can you tell me how you like it?/**c)** How do you like it?

Martin & Vivian: We like it very much.

4. 问路

Martin: Excuse me. **a)** Can you tell me where *Lao Jie* is?/**b)** Where is *Lao Jie*?/**c)** Can you tell me where is *Lao Jie*?

Officer: Sure. Just turn right at the corner and go straight for two hundred meters. It's on your right side.

5. 商量如何回到住处

Vivian: Shall we go back to our School now?

Martin: Yes. Let's take a taxi. **a)** Do you know how much will a taxi cost us?/**b)** How much will a taxi cost us?/**c)** Do you know how much a taxi will cost us?

Vivian: I don't know. It should be very expensive. Why not take a bus?

Martin: OK.

ACTIVITY C

You are given the following questions, which were asked during Mille's visit to Sunshine Zoo. Some were asked by Mille, and some were asked by the Zoo keeper, Peter. Read the questions. Decide who asked each question and put a check mark in the right box. If you were Mille, would you ask the same question? (注意内嵌子句中 wh-疑问词后是陈述句语序，而不是倒装语序哦！)

Questions	Mille	Peter	Would you ask this?
1. Can you tell me what the tigers eat every day?			
2. Could you tell me how elephants sleep?			
3. Could you tell me what animals you and your classmates like?			
4. Why do you work as a zoo keeper?			
5. Can you tell me who the young panda's father is?			
6. Who clean the tigers' room every day?			
7. Could you tell me why you visit our zoo by yourself today?			
8. Can you tell me how you wash the little monkey?			

ACTIVITY D

Frank White is a financial(金融) manager. Look at his Yesterday activities. Your teacher is going to read some questions and you are going to write answers for them by looking at the activities below.

Yesterday

9:00-10:00	meet with Ms. Jacobs
10:00-11:00	write weekly reports

11:00-12:00	talk to the boss
12:00-13:00	have lunch with Mr. Web at KFC
13:00-15:00	take class at City University
15:00-16:00	discuss business with Alan
16:00-17:00	do sports

Answers:

1.

2.

3.

4.

5.

6.

7.

TEACHER'S SCRIPT:

1. Can you tell me who Mr. White met with?

2. Do you know what kind of reports he wrote?

3. Do you know who he talked to?

4. Could you please tell me who Mr. White had lunch with at KFC?

5. Do you know where Mr. White took class?

6. Do you have any idea who Mr. White discussed business with?

7. Do you know what Mr. White did at 16:00-17:00?

ACTIVITY E

While you are walking in the street, a person stops you to ask some questions for an international survey(调查) about TV. Complete this survey.

Then work in small groups. Compare answers. Do you and your classmates have similar responses? (注意内嵌子句中 wh-疑问词后是陈述句语序，而不是倒装语序哦！)

Questions	Your responses
1. Do you know how many channels you can watch on TV?	
2. Can you tell me what programs you recommend?/Can you tell me what programs you don't recommend?	
3. Do you have any idea who the most popular TV stars are?	
4. Could you tell us why young kids love watching TV?	
5. Can you tell us when you watch TV during the day?	

附录二　PI 干预材料包（wh-疑问词移位）

一、请根据图画做选择

摘自 Swan, M. & Walter, C. 2011. *Oxford English Grammar Course Basic*. Oxford: Oxford University Press: 106-108.

1. Who loves Fred?

A. Alice.　　B. Alice and Mary.

2. Who does Fred love?

A. Mary.　　B. Alice.

3. Who loves Ann?

A. Joe.　　B. Pete.

4. Who does Pete love?

A. Ann.　　B. Joe.

5. 问：________

答：Mary.

A. Who does Joe love?

B. Who loves Joe?

6. 问：________

答：Pete.

A. Who loves Ann?

B. Who does Ann love?

7. 问：________

答：Joe.

A. Who loves Mary?

B. Who does Mary love?

8. 问：________

答：Ann.

A. Who does Pete love?

B. Who loves Pete?

（what 问句的论元均为动物名称，此处略）

二、根据下列各题中的问句，在对应的图片上打钩

1. Who is kissing the rat?

2. What is the goat pushing?

3. Who is chasing the camel?

4. What is biting the zebra?

（略）

三、表意题略

附录三　测量工具句子合法性判断任务

条件	判断题
1. 单句主语无 do 支持	1. What ran after the cat before dinner last night? 2. What hit the school bus on the way to school this morning? 3. Who visited Bob in the office this morning? 4. Who kissed John in the coffee shop last night?
2. 单句主语有 do 支持	5. What did run after the cat before dinner last night? 6. What did hit the school bus on the way to school this morning? 7. Who did visit Bob in the office this morning? 8. Who did kiss John in the coffee shop last night?
3. 单句宾语无 do 支持	9. What the cat ran after before dinner last night? 10. What the school bus hit on the way to school this morning? 11. Who Bob visited in the office this morning? 12. Who John kissed in the coffee shop last night?
4. 单句宾语有 do 支持	13. What did the cat run after before dinner last night? 14. What did the school bus hit on the way to school this morning? 15. Who did Bob visit in the office this morning? 16. Who did John kiss in the coffee shop last night?
5. 单句状语无 do 支持	17. How he ran after the cat before dinner last night? 18. How it hit the school bus on the way to school this morning? 19. Why they visited Bob in the office this morning? 20. Why she kissed John in the coffee shop last night?
6. 单句状语有 do 支持	21. How did he run after the cat before dinner last night? 22. How did it hit the school bus on the way to school this morning? 23. Why did they visit Bob in the office this morning? 24. Why did she kiss John in the coffee shop last night?

续表

条件	判断题
7. 内嵌子句主语无 do 支持	25. I want to know what ran after the cat before dinner last night. 26. I want to know what hit the car on the way to school this morning. 27. I want to know who visited Bob in the office this morning. 28. I want to know who kissed John in the coffee shop last night.
8. 内嵌子句主语有 do 支持	29. I want to know what did run after the cat before dinner last night. 30. I want to know what did hit the car on the way to school this morning. 31. I want to know who did visit Bob in the office this morning. 32. I want to know who did kiss John in the coffee shop last night.
9. 内嵌子句宾语无 do 支持	33. I want to know what the cat ran after before dinner last night. 34. I want to know what the car hit on the way to school this morning. 35. I want to know who Bob visited in the office this morning. 36. I want to know who John kissed in the coffee shop last night.
10. 内嵌子句宾语有 do 支持	37. I want to know what did the cat run after before dinner last night. 38. I want to know what did the car hit on the way to school this morning. 39. I want to know who did Bob visit in the office this morning. 40. I want to know who did John kiss in the coffee shop last night.
11. 内嵌子句状语无 do 支持	41. I want to know how he ran after the cat before dinner last night. 42. I want to know how it hit the school bus on the way to school this morning. 43. I want to know why they visited Bob in the office this morning. 44. I want to know why she kissed John in the coffee shop last night.
12. 内嵌子句状语有 do 支持	45. I want to know how did he run after the cat before dinner last night. 46. I want to know how did it hit the school bus on the way to school this morning. 47. I want to know why did they visit Bob in the office this morning. 48. I want to know why did she kiss John in the coffee shop last night.

附录四　测量工具口头产出（中心语移位)

主句 wh-问句测量程序（protocol for main wh-questions）:

幻灯片1

幻灯片2

幻灯片3

- 练习句

Someone is singing upstairs. Ask Miss Lee who.

Mille is eating something. Ask Miss Lee what.

Maybe David called Miss Lee. Ask Miss Lee.

May be Lily is sleeping. Ask Miss Lee.

- 实验句

主语疑问句

Someone called Tommy. Ask Miss Lee who.

Someone followed the police. Ask Miss Lee who.

Something surprised Alice. Ask Miss Lee what.

Something burned the boy. Ask Miss Lee what.

宾语疑问句

Timmy called somebody. Ask Miss Lee who(m).

John followed someone. Ask Miss Lee who(m).

Alice heard something. Ask Miss Lee what.

Suzy cooked something. Ask Miss Lee what.

附加语疑问句

Henry called his Mum. Ask Miss Lee why.

John followed the policeman. Ask Miss Lee why.

Peter painted the picture. Ask Miss Lee how.

Mary cooked the food. Ask Miss Lee how.

内嵌子句 wh-问句测量程序（protocol for embedded wh-questions）:

- 练习句

Who is singing? What does Peter want to know?

Helen saw something. What does Peter want to know?

Maybe Betty called Miss Lee. What does Peter want to know?

May be Lily is sleeping. What does Peter want to know?

- 实验句（引句）

主语疑问句

Who called Tommy?

Who saw/followed the policeman?

What surprised Alice?

What burned the boy?

宾语疑问句

Who did Tommy call?

Who did John follow/see?

What did Alice hear?

What did Suzy cook?

附加语疑问句

Why did Henry call his mum?

Why did John follow the policeman?

How did Peter paint the picture?

How did Mary cook the food?

附录五　测量工具选择题（wh-疑问词移位）

根据下列各题中的问句，找出合理的答案

1. Who scolded(责骂) Tom in the office?

A. Tom scolded Sue.

B. Sue scolded Tom.

C. I don't know.

2. Who called(打电话) Sue last night?

A. Sue called Joe last night.

B. Joe called Sue last night.

C. I don't know.

3. What did the cat chase(追逐) on the playground?

A. The dog chased the cat.

B. The cat chased the dog.

C. I don't know.

4. What bit(咬) the lion in the wood?

A. The tiger bit the lion.

B. The lion bit the tiger.

C. I don't know.

（略）

附录六　测量工具口头产出（wh-疑问词移位）

主句 wh-问句测量程序（protocol for main wh-questions）：

- 练习句

Someone is singing upstairs. Ask Miss Lee who.

Mille is eating something. Ask Miss Lee what.

Maybe David called Miss Lee. Ask Miss Lee.

May be Lily is sleeping. Ask Miss Lee.

- 实验句

主语疑问句 who

Someone called the grandma. Ask Miss Lee who.

Someone followed the police. Ask Miss Lee who.

Someone kissed the lady. Ask Miss Lee who.

Someone visited the boys. Ask Miss Lee who.

主语疑问句 what

Something pushed the man. Ask Miss Lee what.

Something burned the boy. Ask Miss Lee what.

Something killed the soldiers. Ask Miss Lee what.

Something kicked the cow. Ask Miss Lee what.

宾语疑问句 who

The grandma called someone. Ask Miss Lee who.

The police followed someone. Ask Miss Lee who.

The lady kissed someone. Ask Miss Lee who.

The boys visited someone. Ask Miss Lee who.

宾语疑问句 what

The man pushed something. Ask Miss Lee what.

The boy burned something. Ask Miss Lee what.

The soldiers killed something. Ask Miss Lee what.

The cow kicked something. Ask Miss Lee what.

附录七 后测、延后测句子合法性判断任务后续调查问卷

学号____________ 姓名____________ 班级____________

请回想一下：你在做刚才的判断题时，大多是依据什么来判断的？请勾选以下选项。

1. 我大部分时间，都是凭感觉来判断的（觉得可能是对的，就按了 Y；觉得看起来怪怪的，就按了 N）。

2. 我大部分时间，都是按照语法规则去判断的。

如果你选 2 的话，你用了什么样的规则？（你可以写规则，也可以举例）

____

____

3. 其他（如果你是依据别的方式来做判断的，就请你写下来）

____

附录八 背 景 调 查

感谢你的参与，请诚实回答以下问题，这将影响本次研究的结果。

学号________ 姓名________ 性别________ 班级________ 年龄________

1. 你学习英语有几年了？______________

2. 除了英语你还学过其他外语吗？

是______________ 否______________

如果是，是什么语种？______________ 学习时间______________

3. 你是否去过说英语的国家？

是______________ 否______________

如果是，去了哪些国家/城市？______________

待了多久？______________

4. 除课堂外，你接触过英语疑问句的专门练习吗？

是______________ 否______________

如果是，学习地点______________ 学习时间______________

5. 你是否经常看英语杂志？

是______________ 否______________

你是否经常看英语电视电影？

是______________ 否______________

你是否经常浏览英语网页？

是______________ 否______________

你是否经常以其他任何形式接触英语？

是______________ 否______________

6. 你的家庭中是否有人可以辅导你学英语？

是______________ 否______________

如果是，是谁？______________

7. 你参加校外英语辅导课的学习吗？

a. 本班老师组织的辅导课

①一直参加 ②经常参加 ③偶尔参加 ④从未参加

b. 大学生家教

①一直参加 ②经常参加 ③偶尔参加 ④从未参加

c. 退休教师家教

①一直参加 ②经常参加 ③偶尔参加 ④从未参加

d. 外语培训机构辅导班

①一直参加 ②经常参加 ③偶尔参加 ④从未参加

e. 外语夏令营等活动

①一直参加 ②经常参加 ③偶尔参加 ④从未参加